RUDOLF STEINER GESAMTAUSGABE

SCHRIFTEN UND VORTRÄGE ZUR GESCHICHTE
DER ANTHROPOSOPHISCHEN BEWEGUNG
UND DER ANTHROPOSOPHISCHEN GESELLSCHAFT

RUDOLF STEINER

DAS LEBENDIGE WESEN DER ANTHROPOSOPHIE UND SEINE PFLEGE

Bisher erschienene Bände der Schriften und Vorträge zur Geschichte der anthroposophischen Bewegung und der Anthroposophischen Gesellschaft

Die okkulte Bewegung im 19. Jahrhundert und ihre Beziehung zur Weltkultur. 13 Vorträge, Dornach 10. Oktober bis 7. November 1915 (Bibl.-Nr. 254)

Anthroposophische Gemeinschaftsbildung. 10 Vorträge, Stuttgart und Dornach, Januar bis März 1923 (Bibl.-Nr. 257)

Die Geschichte und die Bedingungen der anthroposophischen Bewegung im Verhältnis zur Anthroposophischen Gesellschaft. Eine Anregung zur Selbstbesinnung. 8 Vorträge, Dornach 10. bis 17. Juni 1923 (Bibl.-Nr. 258)

Die Zivilisationsaufgaben der Anthroposophie und der Anthroposophischen Gesellschaft – Die Gründungen der Landesgesellschaften. Vorträge und Ansprachen, Februar bis Dezember 1923 (Bibl.-Nr. 259)

Die Weihnachtstagung zur Begründung der Allgemeinen Anthroposophischen Gesellschaft 1923/24. Grundsteinlegung, Vorträge und Ansprachen, Statutenberatung, Jahresausklang und Jahreswende 1923/24 (Bibl.-Nr. 260)

Die Konstitution der Allgemeinen Anthroposophischen Gesellschaft und der Freien Hochschule für Geisteswissenschaft – Der Wiederaufbau des Goetheanum. Gesammelte Aufsätze, Aufzeichnungen und Ansprachen, Januar 1924 bis März 1925 (Bibl.-Nr. 260a)

Unsere Toten. Ansprachen, Gedenkworte und Meditationssprüche 1906 – 1924 (Bibl.-Nr. 261)

Rudolf Steiner / Marie Steiner-von Sivers: Briefwechsel und Dokumente 1901 bis 1925 (Bibl.-Nr. 262)

Zur Geschichte und aus den Inhalten der Ersten Abteilung der Esoterischen Schule von 1904 bis 1914. Briefe, Rundbriefe, Dokumente, Vorträge (Bibl.-Nr. 264)

RUDOLF STEINER

Die okkulte Bewegung im neunzehnten Jahrhundert und ihre Beziehung zur Weltkultur

Bedeutsames aus dem äußeren Geistesleben um die Mitte des neunzehnten Jahrhunderts

Dreizehn Vorträge, gehalten in Dornach
vom 10. Oktober bis 7. November 1915

1986
RUDOLF STEINER-VERLAG
DORNACH/SCHWEIZ

Nach vom Vortragenden nicht durchgesehenen Nachschriften
herausgegeben von der Rudolf Steiner-Nachlaßverwaltung
Die Herausgabe besorgten Hella Wiesberger und Günther Schubert

1. Auflage (Vorträge 1–10, Manuskriptdruck), Dornach 1931
2. Auflage (erste Buchausgabe), Dornach 1939
3., neu durchgesehene, verbesserte und erweiterte Auflage
Gesamtausgabe Dornach 1969
4. Auflage, Gesamtausgabe Dornach 1986

Einzelausgabe
Dornach, 31. Oktober, 1. und 7. November 1915
«Bedeutsames aus dem äußeren Geistesleben um die Mitte
des neunzehnten Jahrhunderts», Dornach 1939

Bibliographie-Nr. 254
Zeichen auf dem Einband von Rudolf Steiner, Schrift von B. Marzahn
Zeichnungen im Text nach Angaben in den Nachschriften, ausgeführt von Leonore Uhlig

Printed in Germany by Greiserdruck, Rastatt
ISBN 3-7274-2540-7

Zu den Veröffentlichungen aus dem Vortragswerk von Rudolf Steiner

Die Grundlage der anthroposophisch orientierten Geisteswissenschaft bilden die von Rudolf Steiner (1861–1925) geschriebenen und veröffentlichten Werke. Daneben hielt er in den Jahren 1900 bis 1924 zahlreiche Vorträge und Kurse, sowohl öffentlich wie auch für die Mitglieder der Theosophischen, später Anthroposophischen Gesellschaft. Er selbst wollte ursprünglich, daß seine durchwegs frei gehaltenen Vorträge nicht schriftlich festgehalten würden, da sie als «mündliche, nicht zum Druck bestimmte Mitteilungen» gedacht waren. Nachdem aber zunehmend unvollständige und fehlerhafte Hörernachschriften angefertigt und verbreitet wurden, sah er sich veranlaßt, das Nachschreiben zu regeln. Mit dieser Aufgabe betraute er Marie Steiner-von Sivers. Ihr oblag die Bestimmung der Stenographierenden, die Verwaltung der Nachschriften und die für die Herausgabe notwendige Durchsicht der Texte. Da Rudolf Steiner aus Zeitmangel nur in ganz wenigen Fällen die Nachschriften selbst korrigieren konnte, muß gegenüber allen Vortragsveröffentlichungen sein Vorbehalt berücksichtigt werden: «Es wird eben nur hingenommen werden müssen, daß in den von mir nicht nachgesehenen Vorlagen sich Fehlerhaftes findet.»

Über das Verhältnis der Mitgliedervorträge, welche zunächst nur als interne Manuskriptdrucke zugänglich waren, zu seinen öffentlichen Schriften äußert sich Rudolf Steiner in seiner Selbstbiographie «Mein Lebensgang» (35. Kapitel). Der entsprechende Wortlaut ist am Schluß dieses Bandes wiedergegeben. Das dort Gesagte gilt gleichermaßen auch für die Kurse zu einzelnen Fachgebieten, welche sich an einen begrenzten, mit den Grundlagen der Geisteswissenschaft vertrauten Teilnehmerkreis richteten.

Nach dem Tode von Marie Steiner (1867–1948) wurde gemäß ihren Richtlinien mit der Herausgabe einer Rudolf Steiner Gesamtausgabe begonnen. Der vorliegende Band bildet einen Bestandteil dieser Gesamtausgabe. Soweit erforderlich, finden sich nähere Angaben zu den Textunterlagen am Beginn der Hinweise.

INHALT

DIE OKKULTE BEWEGUNG IM NEUNZEHNTEN JAHRHUNDERT UND IHRE BEZIEHUNG ZUR WELTKULTUR

BEDEUTSAMES AUS DEM ÄUSSEREN GEISTESLEBEN UM DIE MITTE DES NEUNZEHNTEN JAHRHUNDERTS

ERSTER VORTRAG

Dornach, 10. Oktober 1915

Wenn Sie solche Auseinandersetzungen nehmen, wie wir sie in der letzten Zeit gepflogen haben, so werden Sie einsehen, wie in unserer Zeit, nicht aus menschlicher Willkür heraus, sondern gewissermaßen aus einer geschichtlichen Notwendigkeit, eine materialistische Weltanschauung, ein materialistisches Denken herrscht.

Wer die Entwickelung der Menschheit in bezug auf deren geistige Angelegenheiten kennt, der weiß, daß im Grunde genommen alle früheren Jahrhunderte und Jahrtausende eine größere Teilnahme der Menschheit an dem spirituellen Leben zeigten als die letzten vier bis fünf Jahrhunderte. Wir wissen ja, mit welcher allgemeinen Erscheinung dies zusammenhängt. Wir wissen, daß ganz ursprünglich in der Erdenentwickelung die Menschheit die Erbschaft des alten Mondenhellsehens hatte. Wir können uns auch eine Vorstellung darüber machen, daß in den ersten Zeiten der Erdenentwickelung dieses alte Hellsehen sehr bedeutend, sehr rege war, so daß dazumal die Menschen außerordentlich viel gewissermaßen spirituell überschauen konnten. Dann wurde das alte Hellsehen geringer und geringer, es traten die Zeiten ein, in denen für die große Mehrzahl der Menschen die Fähigkeit, in die geistige Welt hineinzuschauen, hingeschwunden war, und es trat die Zeit ein, in der für die menschliche Seelenentwickelung als Ersatz das Mysterium von Golgatha eintrat. Aber es blieb immer noch ein gewisser Rest der alten menschlichen Seelenfähigkeiten zurück, und diesen Rest finden wir, wenn wir zum Beispiel den Blick auf dasjenige richten, was bis ins 14., 15., auch noch bis ins 16., 17. Jahrhundert hinein Naturwissenschaft war. Denn diese war etwas ganz anderes als die heutige Naturwissenschaft; es war eine Naturwissenschaft, die zum Teil noch, wenn auch nicht mit einem klaren imaginativen Hellsehen, so doch mit den Überresten alter Inspirationen und Intuitionen rechnen konnte, die dann verarbeitet wurden von den sogenannten Alchimisten. Solch ein Alchimist, wenn er ehrlich war und nicht auf egoistischen Gewinn ausging, arbeitete in gewisser Beziehung noch mit den alten Inspirationen und Intuitionen. Indem er äußerlich hantierte, wirkten in ihm, wenn auch nicht mehr mit einem starken Wissen, doch noch die alten Reste des Hellsehens. Aber immer geringer wurde die Zahl der Menschen, welche solche alte hellseherische Reste hatten. Ich habe schon oft angedeutet: diese hellseherischen Reste können heute sehr leicht herausgeholt werden aus dem menschlichen Gemüte in dem atavistisch-visionären Hellsehen. Wir haben in der verschiedensten Weise gezeigt, wie in unserer heutigen Zeit dieses atavistisch-visionäre Hellsehen auftreten kann.

Aus alledem aber wird Ihnen hervorgehen, daß, je mehr wir uns in der Menschheitsentwickelung unserer Zeit nähern, wir es doch zu tun haben mit einer Abnahme alter Seelenkräfte und mit einem Heraufkommen von solchen Neigungen der menschlichen Seele, die mehr auf die Beobachtung der äußeren sinnlichen Welt gehen. Es bereitete sich das langsam vor und hat wirklich im 19. Jahrhundert seinen Höhepunkt erlangt, gerade in der Mitte des 19. Jahrhunderts. So wenig klar dies auch heute noch dem Menschen ist, der sich mit diesen Dingen weniger beschäftigt, so klar wird es dem Menschen der Zukunft sein, daß wirklich in bezug auf die materialistischen Neigungen in der zweiten Hälfte des 19. Jahrhunderts, namentlich um die Mitte des 19. Jahrhunderts, ein Höhepunkt war. Die stärksten materialistischen Neigungen entwickelten sich da. Aber jede Neigung hat zur gleichen Zeit zur Folge, daß sich gewisse Talente ausbilden. Und das Große, das Gewaltige, das sich in der materialistischen wissenschaftlichen Methode ausgebildet hat, das rührt eben davon her, daß diese Neigungen der Seele, sich an die äußere sinnliche Welt zu halten, damals aufgetaucht sind.

Nun müssen wir uns aber das, was eben gewissermaßen als Entwickelungsmoment der Menschheit angegeben worden ist, begleitet denken von einer anderen Erscheinung. Wenn Sie sich im Geiste zurückversetzen in die Urzeiten der geistigen Menschheitsentwickelung, so werden Sie finden: Dazumal waren, namentlich in bezug auf spirituelles Wissen, die Menschen in einer verhältnismäßig glücklichen Lage. Die meisten, fast alle Menschen wußten von der geistigen Welt durch unmittelbare Anschauung. So wie die heutigen Menschen von den Mineralien, Pflanzen und Tieren Wahrnehmungen haben, so wie sie von Tönen und Farben wissen, so wußten diese Menschen von der geistigen Welt. Sie wußten auch ganz im Konkreten von dieser geistigen Welt, so daß es in diesen alten Zeiten niemand eigentlich gab, der nicht in der Zeit, in der das volle Wachbewußtsein für die äußere sinnliche Welt schlafend oder träumend herabgedämmert war, mit den in seinem Leben ihm nahegestandenen Toten einen Zusammenhang gehabt hätte. Man konnte gewissermaßen während des Wachzustandes mit den Lebenden, während des Schlaf- oder Traumzustandes mit den Toten verkehren. Eine Lehre darüber, daß es eine Unsterblichkeit der Seele gibt, wäre in den Urzeiten der Menschheit selbstverständlich eine überflüssige Sache gewesen, so wie es heute eine überflüssige Sache wäre, zu beweisen, daß es Pflanzen gibt. Denken Sie, wie das wäre, wenn heute jemand beweisen wollte: es gibt Pflanzen. So aber wäre es in den Urzeiten gewesen, wenn jemand hätte beweisen wollen: es gibt ein Seelenleben auch nach dem Tode.

Diese Fähigkeit, mit der geistigen Welt zusammenzuleben, hat sich nach und nach in der Menschheit verloren. Gewiß waren immer einzelne da, die das Sehertum ausbildeten, die die Gelegenheit benutzten, welche der Menschheit noch gegeben war, ein besonderes Sehertum auszubilden. Aber auch das wurde immer schwieriger. Wie bildete man in alten Zeiten ein besonderes Sehertum aus? Sehen Sie, wenn man zum Beispiel heute noch mit Innigkeit die Philosophie *Platos* oder das, was von der Philosophie *Heraklits* vorhanden ist, durcharbeitet, so muß man diese Philosophien, insbesondere die älteren griechischen Philosophien ganz anders nehmen als die Philosophien der späteren Zeit. Versuchen Sie einmal das erste Kapitel der «Rätsel der Philosophie» zu lesen, wo ich dargestellt habe, wie diese alten Philosophen, *Thales* und *Parmenides, Anaximenes* und *Heraklit* noch zusammenhängen mit ihrem Temperament. Das ist bisher noch nicht dargestellt worden. Es ist das zum erstenmal in meinem Buche «Die Rätsel der Philosophie» dargestellt. Es wird daher noch eine lange Zeit brauchen, bis es geglaubt werden wird. Das macht aber nichts. Bis zu Plato hat man das Gefühl, die Philosophie, die da geboten wird, ergreift noch den ganzen Menschen. Das hört auf bei *Aristoteles.* Bei dem hat man das Gefühl, daß man es mit einer gelernten, einer Gelehrtenphilosophie zu tun hat. Daher gehört auch noch etwas mehr dazu, Plato zu verstehen, als der heutige Philosoph gewöhnlich aufzubringen vermag. Daher kommt es auch, daß zwischen Plato und Aristoteles eine Kluft besteht. Aristoteles ist schon Gelehrter im neueren Sinne, Plato ist der letzte Philosoph im alten griechischen Sinne, er ist ein Philosoph, der noch etwas von den lebendigen Begriffen hat. Solange man solch eine Philosophie hat, geht der Zusammenhang mit der geistigen Welt nicht verloren, und sie hat sich lange, bis ins Mittelalter hinein, fortgepflanzt. Das Mittelalter hat die Philosophie nicht fortgebildet, sondern hat die aristotelische Philosophie übernommen. Und es tat in bezug auf seine Zeit gut daran, diese aristotelische Philosophie bis zu einer gewissen Zeit einfach zu übernehmen. Auch die platonische Philosophie wurde übernommen.

Nun, solange in alten Zeiten wenigstens die Anlagen da waren zu einem gewissen Hellsehen, da geschah etwas sehr Bedeutsames, wenn die Menschen diese Philosophie auf sich wirken ließen. Heute wirkt eine Philosophie nur auf den Kopf, nur auf das Denken. Daher meiden so viele die Philosophie, weil sie das Denken nicht lieben. Und besonders weil es keine Sensationen bietet, wollen sie Philosophie nicht studieren. Die alte Philosophie aber, hereingenommen in die menschliche Seele, befruchtete noch durch ihre größere lebendige Gewalt die zurückgebliebenen Reste der seherischen Anlagen. Eine solche Philosophie war noch die platonische, selbst noch die aristotelische. Sie waren noch nicht so abstrakt wie die heutigen Philosophien, sie befruchteten noch die seherischen Anlagen. Und so geschah es, daß diejenigen Menschen, die sich solcher Philosophie hingaben, die sonst unter das Niveau hinuntersinkenden seherischen Anlagen befruchteten. So entstanden die Seher. Weil nun das, was man über die physische Welt lernen mußte – und auch die Philosophie –, nur für den physischen Plan Bedeutung hatte, aber immer mehr an Bedeutung gewann, entfernte man sich mehr und mehr von den Resten des alten Hellsehens. Da konnte man nicht mehr hinunter. Es gab immer mehr Schwierigkeiten, ein Seher zu werden. Das wird erst wieder möglich sein, wenn die neue Methode, deren Anfang gemacht worden ist mit «Wie erlangt man Erkenntnisse der höheren Welten?», der Menschheit plausibel erscheinen wird.

Sie sehen, es geht also zunächst durchaus abwärts, um bei einer materialistischen Periode anzukommen, die, wie wir sahen, ihren Höhepunkt, man könnte auch sagen Tiefpunkt, in der Mitte des 19. Jahrhunderts hat. Es ist sicher: Die Verhältnisse werden immer schwieriger und schwieriger, aber es dürfen doch nicht gewissermaßen die Fäden zerrissen werden mit den früheren Entwickelungsimpulsen der Menschheit.

Wenn wir uns die Linien aufzeichnen, wie sich das Sehertum entwickelt hat, dann ist es so:

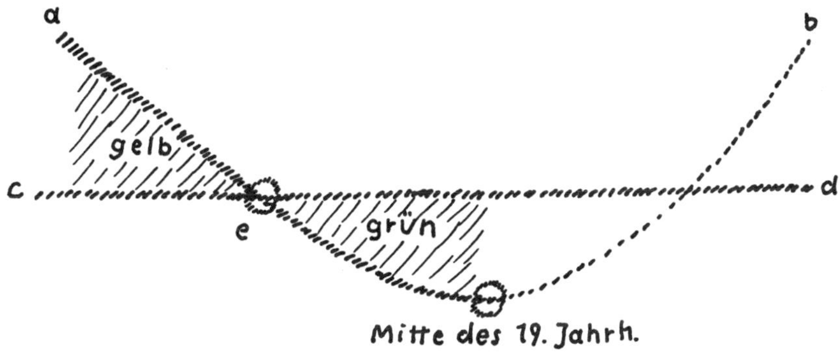

Hier (gelb) ist das Sehertum noch vorhanden in voller Blüte, es schwindet immer mehr und mehr (grün); hier hätten wir die Mitte des 19. Jahrhunderts, den Tiefpunkt, und da müßte es wieder hinaufgehen.

Aber wenn wir nun das Verstehen der geistigen Welt nehmen – ja, das Verstehen der geistigen Welt ist wieder etwas anderes als das Sehertum. So wie die Wissenschaft für die Welt etwas anderes ist als bloße Sinneswahrnehmung, so ist das Hellsehen etwas anderes als das Verstehen des Gesehenen. So kommt es, daß in den ältesten Zeiten die Menschen sich zum großen Teile mit dem Sehen begnügt haben, daß sie überhaupt nicht dazu kamen, viel nachzudenken; sie hatten alles in ihrem Sehertum gegeben. Aber immer mehr und mehr kam auch das Denken herauf. So daß ich die Linie des Denkens über die geistigen Welten so ziehen kann (siehe Zeichnung): Das wäre die Linie des Schauens, des Sehens: a–b, und das wäre die Linie des Denkens: c–d.

In den alten Zeiten des Sehens ist der Mensch mit seinem Sehen beschäftigt, da liegt das Denken gewissermaßen im Unterbewußten der Seele. Die alten Seher denken nicht. Es ist ihnen alles durch ihr Sehen unmittelbar gegeben. Erst in den Zeiten um das 3. bis 4. Jahrtausend ergreift das Denken das Sehen. Da gab es eine Blütezeit in der indischen, persischen, ägyptisch-chaldäischen und auch in der ganz alten griechischen Kultur; eine Blütezeit, in welcher in der Menschenseele das noch ganz frische Denken sich vermählte mit dem Schauen. Da war das Denken noch nicht so ausspintisiert wie in unserer Zeit. Da hatte man einige große, umfassende Begriffe und dazu das Schauen (e). So etwas war, wenn auch da schon abgeschwächt, zum Beispiel besonders heimisch bei den Sehern, welche die samothrakischen Mysterien gründeten und darin brachten die große, monumentale Lehre von den vier Göttern: Axieros, Axiokersos, Axiokersa und Kadmillos. Diese große, monumentale Lehre von den vier kabirischen Göttern, die einstmals vorhanden war auf der thrakischen Insel Samos, in Samothrakien, war so, daß derjenige, der in sie eingeweiht wurde, einige große Begriffe bekam und damit dann verbinden konnte, was noch an Ergebnissen des alten Sehertums vorhanden war. Vielleicht können wir auch solche Dinge noch einmal genauer schildern.

Dann sehen wir gewissermaßen das Sehertum versinken unter die Schwelle des Bewußtseins. Es wurde immer schwieriger, heraufzubringen aus den Tiefen der Seele das Sehertum. Aber natürlich konnte man einige der Begriffe behalten, sogar weiter ausbilden, und so kam endlich eine Zeit herauf, in der es Eingeweihte gab, die nicht notwendigerweise Seher zu sein brauchten; also wohlgemerkt, Eingeweihte, die nicht notwendigerweise Seher zu sein brauchten.

An den verschiedenen Orten, an denen diese Eingeweihten Vereinigungen hatten, in den Eingeweihtenschulen, nahm man einfach das, was zum Teil von alten Zeiten her aufbewahrt war, von dem also gesagt werden konnte, alte Seher haben es gesehen, zum Teil nahm man auch dasjenige, was heraufgeholt werden konnte von Menschen, die noch die atavistischen Anlagen des Hellsehens hatten. Davon überzeugte man sich zum Teil durch historische Überlieferungen, zum Teil durch Experimente. Man überzeugte sich davon, daß es wahr ist, was man dachte. Aber nach und nach gab es in diesen Vereinigungen immer weniger Menschen, die noch in die geistige Welt hineinschauen konnten, und immer mehr solche, die die Theorie von der geistigen Welt hatten und diese in Symbolen und dergleichen ausdrückten.

Denken Sie nur einmal darüber nach, was sich daraus ergeben mußte in der Zeit um die Mitte des 19. Jahrhunderts, wo die materialistischen Neigungen der Menschen auf einem Tiefpunkte angelangt waren. Es gab selbstverständlich Leute, die wußten, daß es eine geistige Welt gibt und die auch wußten, was in der geistigen Welt darinnen ist, die aber die geistige Welt nie gesehen hatten. Ja, gerade die hervorragendsten Wissenden im 19. Jahrhundert waren solche Menschen, die eigentlich gar nichts irgendwie gesehen haben von der geistigen Welt, die aber wußten, daß es eine geistige Welt gibt und die nachdenken konnten über die geistige Welt, die auch neue Wahrheiten finden konnten mit Hilfe gewisser Methoden, mit Hilfe einer gewissen Symbolik, die in der alten Tradition aufbewahrt waren. Wenn man zum Beispiel, um nur eines zu sagen, einen Menschen aufzeichnet, so kann man nichts Besonderes daraus gewinnen, wenn man das Bild anschaut. Wenn man aber eine menschliche Gestalt mit einem Löwenkopf aufzeichnet und eine andere mit einem Stierkopf, dann kann derjenige, der gelernt hat solche Dinge auszudeuten, sehr vieles aus einer solchen symbolischen Darstellung entnehmen. Oder wenn man einen Stier mit einem Menschenkopf oder einen Löwen mit einem Menschenkopf malt, so kann derjenige, der in solche Dinge eingeweiht ist, sehr viel daraus lernen. Solche Symbole wurden sehr viel aufgezeichnet und es gab dann ernsthafte Vereinigungen, bei denen man die symbolische Sprache lernen konnte, über die ich nicht mehr sagen will, als ich gesagt habe, da die Eingeweihtenschulen diese Symbole sehr streng behütet und sie niemand mitgeteilt haben, der sich nicht verpflichtet hatte, über diese Dinge zu schweigen. Man brauchte, um ein guter Wissender zu sein, überhaupt nur diese symbolische Sprache, das heißt eine gewisse symbolische Schrift.

So war also der Stand in der Mitte des 19. Jahrhunderts, daß die allgemeine Menschheit, gerade die zivilisierte Menschheit, tief im Unterbewußtsein alles Schauen des Geistigen hatte, daß diese Menschheit jedoch nur materialistische Neigungen hatte. Aber es gab eine große Anzahl von Leuten, welche wußten, daß es eine geistige Welt gibt, welche wußten, daß ebenso wie wir von der Luft umgeben sind, wir von einer geistigen Welt umgeben sind. Diese Menschen waren aber zugleich mit einer gewissen Verantwortlichkeit belastet, denn sie konnten auf keine unmittelbar vorhandenen Fähigkeiten verweisen, um zu zeigen, daß es eine geistige Welt gibt, und doch wollten sie die Welt draußen nicht versinken lassen in ihre materialistischen Neigungen. So standen diejenigen, die eingeweiht waren, im 19. Jahrhundert einer ganz besonderen Situation gegenüber, der Situation, daß sie sich sagen mußten: Sollen wir ferner bloß in den engen Kreisen, in Kreisen von Vereinigungen bewahren, was uns von alten Zeiten überkommen ist, und sollen wir zusehen, wie die ganze Menschheit samt ihrer Kultur und Philosophie in den Materialismus versinkt? Sollen wir da zuschauen? – Sie durften gar nicht gleichgültig zuschauen, insbesondere diejenigen nicht, die die Dinge ganz ernst nahmen.

So geschah es denn auch, daß in der Mitte des 19. Jahrhunderts unter denjenigen Menschen, die eingeweiht waren, die Worte «Esoteriker» und «Exoteriker», wenn sie so untereinander waren, eine von der früheren abweichende Bedeutung erhielten. Es teilten sich geradezu die Okkultisten in zwei Parteien, in Exoteriker und Esoteriker. Wenn man vergleichsweise die Ausdrücke der heutigen Parlamente benützen will, die natürlich im Grunde ungeeignet sind, so könnte man vergleichen die Exoteriker mit den in den Parlamenten links sitzenden Parteien, und die Esoteriker mit den rechts sitzenden Parteien. Die Esoteriker waren nämlich diejenigen, welche auf dem strengen Standpunkte weiter fortbestehen wollten, nichts in die Öffentlichkeit kommen zu lassen von dem, was heiliges überliefertes Wissen ist, und nichts in die Öffentlichkeit kommen zu lassen von dem, was für den denkenden Menschen zum Eindringen führen könnte in die symbolische Sprache. Die Esoteriker waren also gewissermaßen die Konservativen unter den Okkultisten. Und die Exoteriker – ja, man kann fragen, was sind denn die Exoteriker? Das sind eigentlich diejenigen, welche einen Teil des Esoterischen exoterisch machen wollen. Im Grunde waren die Exoteriker nichts anderes als die Esoteriker, nur waren sie geneigt, auf ihr Verantwortlichkeitsgefühl zu hören und einen Teil des esoterischen Wissens zu veröffentlichen.

Das gab damals wirklich eine ausgebreitete Diskussion, von der die äußere Welt freilich nichts weiß, die aber gerade besonders heftig war in der Mitte des 19. Jahrhunderts. Wahrhaftig, viel heftiger als in den Parlamenten die Streitigkeiten zwischen den Konservativen und Liberalen waren die Streitigkeiten und Diskussionen zwischen den Esoterikern und Exoterikern. Die Esoteriker stellten sich auf den Standpunkt, nur für diejenigen, welche die strengste Schweigepflicht übernehmen und einer Gesellschaft angehören wollten, irgend etwas zu sprechen von der geistigen Welt, ein Wissen von der geistigen Welt zu übergeben. Die Exoteriker sagten: Auf diesem Wege versinken diejenigen Menschen, die sich nicht einer solchen Gesellschaft, nicht einem solchen Bunde anschließen, in den Materialismus.

Und nun schlugen die Exoteriker einen Weg vor, und ich kann Ihnen das heute sagen: den Weg, den dazumal die Exoteriker vorgeschlagen haben, gehen wir heute. Der Weg, den wir gehen, das ist der Weg, den die Exoteriker vorgeschlagen haben, nämlich einen bestimmten Teil des esoterischen Wissens populär zu machen. Sie sehen auch, wie wir gearbeitet haben mit Zuhilfenahme dessen, was man finden kann in populären Schriften, so daß man allmählich aufsteigen kann in die geistigen Welten.

In der Mitte des 19. Jahrhunderts war man noch nicht so weit, daß irgend jemand aus den Anschauungen heraus so etwas zuzugeben wagte. Selbstverständlich geht es in solchen Kreisen nicht so zu, daß Abstimmungen stattfinden. Es ist, wenn man das Folgende sagt, auch schon symbolisch, aber man kann doch sagen: bei der ersten Abstimmung hatten die Esoteriker gesiegt, und die Exoteriker mußten sich fügen. Man widerstrebte nicht der Gemeinschaft, weil man die alten guten Gebote der Zusammengehörigkeit hatte. Erst in der neueren Zeit ist man so weit gekommen, daß man Mitglieder ausschließt, oder daß Mitglieder austreten. So etwas gab es früher nicht, weil man verstand, was zusammenzustehen hat in Bruderschaft. So konnten selbstverständlich die Exoteriker nichts anderes tun, als sich fügen. Aber es lastete auf ihnen ihre Verantwortlichkeit, die Verantwortlichkeit gegenüber der ganzen Menschheit. Sie fühlten sich gewissermaßen als Hüter der Evolution. Das lastete auf ihnen, und so kam es, daß es bei der ersten Abstimmung, wenn ich noch einmal das Wort gebrauchen darf, nicht blieb, sondern daß man zu dem schritt – ich werde wieder ein Wort gebrauchen, das von der Außenwelt genommen, also symbolisch ist –, was man Kompromiß nennt, zu einer Art Kompromiß. Das bedeutet das Folgende.

Man sagte sich, das gaben auch die Esoteriker zu: Es ist dringend notwendig, daß die allgemeine Menschheit erfährt, daß es nicht bloß Materie und nicht bloß materielle Gesetze und nichts Geistiges in der Umgebung gibt, sondern daß die allgemeine Menschheit erfährt, daß wir ebenso, wie wir von Materiellem umgeben sind, von Geistigem umgeben sind, und daß der Mensch nicht nur das ist, als was er uns entgegentritt, wenn wir ihn im materiellen Sinne anschauen, sondern daß er noch etwas in sich hat, was geistig-seelischer Natur ist. Man muß der Menschheit die Möglichkeit retten, so etwas zu wissen. Darüber kam man überein, das war der Kompromiß.

Aber das esoterische Wissen preiszugeben, dazu fanden sich die Esoteriker des 19. Jahrhunderts nicht bereit. Das esoterische Wissen sollte nicht preisgegeben werden. Daher mußte man eine andere Methode zulassen, die in der Welt auftrat. Wie sie zustande kam, ist eine komplizierte Geschichte. Ich habe davon öfter gesprochen; namentlich bei Gelegenheit der Gründung einzelner Zweige habe ich öfter gesprochen von den Tatsachen, die da geschehen sind. Man sagte also: Das esoterische Wissen veröffentlichen, das wollen wir nicht; aber wir wollen einmal mit dem Materialismus des Zeitalters rechnen. – Gewissermaßen war es ein begründeter Erfahrungssatz, von dem namentlich die Esoteriker ausgingen. Denn wenn wir immerhin sehen, wie in der Gegenwart das esoterische Wissen vielfach entgegengenommen wird, dann können wir schon Verständnis und Mitgefühl haben mit denjenigen, die dazumal als Esoteriker sagten: Wir wollen nichts wissen von einer Veröffentlichung esoterischen Wissens. – Wir müssen uns nur klarmachen, daß wir es immer wieder und wieder beobachten können, wie die Veröffentlichung des esoterischen Wissens geradezu zu einer Kalamität wird, und wie diejenigen, die das esoterische Wissen bekommen, selber Hemmnisse und Hindernisse aufwerfen gegen die Verbreitung des esoterischen Wissens. Wir haben ja in den letzten Wochen vielfach davon gesprochen. Solche Hemmnisse und Hindernisse, die da aufgeworfen werden, werden noch viel zu wenig berücksichtigt. Man muß wirklich die schlimmsten Erfahrungen machen, wenn es sich darum handelt, das esoterische Wissen zu veröffentlichen. Wenn man den besten Willen hat, auch dem einzelnen Hilfe zu leisten: schon in den elementarsten Dingen ergeben sich Kalamitäten! Sie glauben gar nicht, wie oft es immer wieder vorkommt, daß dem einzelnen dieser oder jener Rat gegeben wird. Der Rat gefällt ihm aber nicht. Wenn die Außenwelt davon spricht, daß ein Okkultist, der so wirkt, wie hier gewirkt wird, eine große Autorität habe, so ist das nur eine Rederei. Solange Ratschläge gegeben werden, die gefallen, kommt der Okkultist meist durch. Aber wenn Ratschläge gegeben werden, die nicht mehr gefallen, so nimmt man sie nicht an. Die Menschen drohen sogar und sagen: Wenn du mir nicht andere Ratschläge gibst, so komme ich mit mir nicht zurecht. – Bis zu Drohungen geht das, und dabei liegt nichts anderes vor, als daß man das,was dem Betreffenden gut ist, gesagt hat. Da er aber etwas anderes haben will, so sagt er: Ich habe jetzt lange genug gewartet, sage mir jetzt, um was es sich handelt! – Es wurde ihm das schon längst gesagt, aber das gefällt ihm nicht. Das führt dann immer weiter und endlich dazu, daß diejenigen, welche zuerst die allerautoritätsgläubigsten Anhänger waren, die allererbittertsten Feinde werden. Sie erwarten nämlich Ratschläge, die sie haben möchten, und sobald sie andere erhalten als die, welche sie haben wollen, verwandeln sie sich in erbitterte Feinde. Gerade unsere Zeit also lehrt uns, daß wir nicht einfach verurteilen können die Esoteriker, die da sagten, sie lassen sich nicht ein auf eine Popularisierung der esoterischen Wahrheiten.

Und so kam es in der Mitte des 19. Jahrhunderts nicht dazu, eine solche Popularisierung zu geben, sondern man wollte rechnen mit den materialistischen Neigungen des Zeitalters. Ja, es ist schwierig, das auszusprechen, was zu sagen ist, ich kann es nur in Worte, die nie so gesprochen worden sind, fassen, sie sind aber wahr. Dazumal sagte der Esoteriker: Was soll ich mit dieser Menschheit! Ich könnte ihr lange vorreden von den eigentlichen Lehren der Esoterik, da werden sie mich und euch höchstens auslachen. Ihr werdet höchstens einige Leichtgläubige bekommen, einige leichtgläubige Frauen, wenige leichtgläubige Männer, aber die, welche auf Wissenschaftlichkeit halten, die werdet ihr nicht gewinnen können. Ihr müßt rechnen mit den Neigungen der Zeit!

Die Folge davon war, daß man versuchte eine Methode aufzufinden, durch die man auf die geistige Welt aufmerksam gemacht werden konnte, und zwar ganz so, wie man materialistisch aufmerksam gemacht wird auf so etwas wie die Tatsache, daß beim Verbrecher der Hinterhauptlappen das Kleinhirn gar nicht oder nicht ganz bedeckt. So kam es, daß bewußt in Szene gesetzt wurde der Mediumismus. Gewissermaßen waren die Medien die Agenten derjenigen, die auf diesem Wege den Menschen die Überzeugung von einer geistigen Welt beibringen wollten, weil man durch sie mit äußeren Augen sehen konnte, was aus der geistigen Welt stammte, weil sie etwas hervorbrachten, was man auf dem physischen Plane zeigen konnte. Der Mediumismus war ein Mittel, um dem Menschen beizubringen, daß es eine geistige Welt gibt. Es hatten sich die Exoteriker und Esoteriker geeinigt, den Mediumismus zu protegieren, um dem Hang des Zeitalters entgegenzukommen.

Nehmen Sie – denn in gewisser Beziehung ist das nicht schlecht –, was Herr von *Wrangell* geschrieben hat auf Seite 41 seiner Broschüre: «Es genügt, an Namen wie Zöllner, Wallace, du Prel, Crookes, Butlerow, Rochas, Oliver Lodge, Flammarion, Morselli, Schiaparelli, Ochorowicz, James und andere zu erinnern.» Wodurch sind sie zu der Überzeugung einer geistigen Welt gekommen? Dadurch, daß sie Kundgebungen aus der geistigen Welt erhalten hatten und sie vielleicht erhalten mußten. Aber alles, was durch die geistige Welt und durch die Eingeweihtenwelt getan werden kann, sind zunächst eigentlich Versuche mit der Menschenwelt. Man muß immer prüfen, wozu die Menschheit schon reif ist. Es war also auch dieses Protegieren des Mediumismus, des Spiritismus, gewissermaßen ein Versuch. Und dieser Versuch ist dann eigentlich auch so gewesen, daß sie nur sagen konnten, beide, die Exoteriker und die Esoteriker, die den Kompromiß geschlossen haben: Wir wollen sehen, was da herauskommt. – Und was ist da herausgekommen?

Der größte Teil der Medien berichtete von einer Welt, in der die Toten wohnen. Lesen Sie nur die diesbezügliche Literatur. Was da herausgekommen ist, das war für diejenigen, die eingeweiht waren, im höchsten Maße betrübend. Das schlimmste Resultat, das man hat erzielen können, war herausgekommen. Denn, sehen Sie, zwei Dinge waren möglich. Das eine war: Man benützte Medien. Die Medien teilen irgend etwas mit. Das, was sie mitteilen, können sie nur beziehen auf die gewöhnliche Umwelt, die ja auch in ihren sinnlichen Elementen Geist enthält. Es haben nun die Leute erwartet, daß die Medien allerlei geheime Naturgesetze, elementare Naturgesetze zutage fördern werden. Etwas anderes konnte zunächst auch nicht kommen, aus dem Grunde nicht, der sich aus dem Folgenden ergibt.

Wir wissen, der Mensch besteht aus physischem Leib, ätherischem Leib, astralischem Leib und Ich. Der eigentliche Mensch ist also vom Einschlafen bis zum Aufwachen im Ich und astralischen Leibe. Da ist er aber zugleich auch in der Welt, in der die Toten sind. Aber das Medium, das da sitzt, das ist nicht ein Ich und ein astralischer Leib. Bei diesem Medium, das da sitzt, dämpft man das Ich-Bewußtsein und auch das astralische Bewußtsein herunter; man macht gerade recht regsam den physischen und den ätherischen Leib. Dadurch kann es dann in Beziehung treten zu einem Hypnotiseur oder zu einem Inspirator, also zu einem anderen Menschen. Das Ich eines anderen Menschen oder auch die Umgebung kann dann auf das Medium wirken. Eigentlich fehlt dem Medium die Möglichkeit, in das Reich der Toten hineinzugehen, weil es gerade dasjenige ausgelöscht hat, was im Bereiche der Toten ist. Also die Medien haben versagt. Sie haben Berichte gegeben angeblich gerade aus jenem Reiche, in dem die Toten darinnen sind. Man hat also gesehen, daß man mit diesem Versuche nichts anderes erreicht hatte, als daß man einen großen Irrtum verbreitete. Man konnte sich also eines schönen Tages sagen, daß man einen Weg gegangen war, der die Menschen in einen Irrtum hineinführte, denn er führte sie hinein in eine rein luziferische Lehre, die verbunden war mit rein ahrimanischen Beobachtungen. Man hatte also einen Irrtum verbreitet, und es konnte nichts Gutes dabei herauskommen. Das hat man nach und nach eingesehen.

So sehen Sie, wie ein Versuch seinen Weg genommen hat, mit den materialistischen Neigungen des Zeitalters zu rechnen und dennoch den Menschen ein Bewußtsein beizubringen davon, daß eine geistige Welt um uns herum ist. Der Weg führte zunächst zu einem Irrtum, wie wir gesehen haben. Daraus aber können Sie entnehmen, wie notwendig es ist, den anderen Weg wirklich zu gehen. Dieser Weg, wirklich damit zu beginnen, einen Teil des esoterischen Wissens exoterisch zu machen, muß eben gegangen werden, und man muß ihn selbst dann gehen, wenn er Kalamität über Kalamität bringt. Die Tatsache, daß wir eben Geisteswissenschaft treiben, ist sozusagen eine Anerkennung der Notwendigkeit, daß das Prinzip der Exoteriker von der Mitte des 19. Jahrhunderts durchgeführt werde. Und nichts anderes ist die Art und das Streben der Geisteswissenschaft, die wir treiben wollen, als dieses Prinzip in einer gewissen Weise durchzuführen, ehrlich durchzuführen.

Aus alledem aber ersehen Sie, daß wir in dem Materialismus es zu tun haben mit etwas, worüber man nicht bloß spintisieren kann, sondern was man verstehen muß in der Notwendigkeit seines Heraufkommens, insbesondere seines Höhepunktes oder Tiefpunktes um die Mitte des 19. Jahrhunderts. Begonnen hat die Sache allerdings schon vor längerer Zeit, schon vor drei, vier, fünf Jahrhunderten. Da gingen immer mehr und mehr ins Unterbewußte jene spirituellen Neigungen der Menschen hinunter. Es war also in der Mitte des 19. Jahrhunderts nur der Höhepunkt erreicht. Aber das war auch notwendig, damit sich, ungehindert von okkulten Fähigkeiten, die rein materialistischen Talente der Menschen ausbilden konnten. Ein materialistischer Philosoph wie *Kant,* ein materialistischer Philosoph von dem Standpunkte der Idealisten des 19. Jahrhunderts – Sie können das leicht nachlesen in meinem Buche «Die Rätsel der Philosophie» –, wäre nie möglich gewesen, wenn nicht die okkulten Fähigkeiten zurückgetreten wären. Gewisse Fähigkeiten bilden sich im Menschen aus, wenn andere zurücktreten. Aber während gewissermaßen die eine Art der Fähigkeiten, der Talente, nach außen sich ausbildet, geht die andere Art ihren inneren Weg. Diese drei, vier, fünf Jahrhunderte der materialistischen Entwickelung, sie waren deshalb für die spirituelle Entwickelung der Menschheit nicht etwa verloren. Unter der Schwelle des Bewußtseins hat sich das Spirituelle fortentwickelt; und wenn die Menschen das überdenken, was ich angedeutet habe in der Besprechung über Herrn von Wrangells Broschüre, über das, was er genannt hat das Traumhafte, so werden Sie heraufholen können die nur auf ihre Entfaltung wartenden okkulten Fähigkeiten. Sie sind da, sie sind in den Seelen der Menschen reichlich vorhanden, sie müssen nur heraufgeholt werden, in der richtigen Weise heraufgeholt werden.

Das sind die Dinge, die ich zunächst sagen mußte, um dann morgen überzugehen zu der Frage, welche Aussichten sich mit Bezug auf das Verhältnis zwischen Lebenden und Toten ergeben, wenn man berücksichtigt, wie aufklärend einerseits doch der falsche Weg gewesen ist, der sich aus dem Kompromiß der Exoteriker und Esoteriker ergeben hat. Gerade um den Zusammenhang des Wesens dieses Kompromisses zu erkennen, müssen wir die Betrachtungen über Geburt und Tod anstellen und dann den Zusammenhang mit den materialistischen Methoden zeigen.

ZWEITER VORTRAG

Dornach, 11. Oktober 1915

Bei der heutigen Betrachtung möchte ich bitten, Persönliches mit Sachlichem untereinandergemischt geben zu dürfen, weil das, was ich an die gestrige Auseinandersetzung anzuknüpfen habe, gerade das ist, was die heutige Betrachtung notwendig machen wird und von dem ich nach sorgfältiger Erwägung glauben muß, daß es richtig ist, es heute hier genauer auseinanderzusetzen.

Ich möchte ausgehen von einem ganz bestimmten Erlebnis, das mit unserer Bewegung zusammenhängend ist. Sie wissen ja: in äußerlicher Weise haben wir unsere Bewegung damit begonnen, daß wir anknüpften – aber eben in äußerlicher Weise anknüpften – an die sogenannte Theosophische Gesellschaft, und daß wir die sogenannte Deutsche Sektion innerhalb der Theosophischen Gesellschaft im Herbst 1902 in Berlin gegründet haben. Nun hatten wir dann im Laufe des Jahres 1904 einen Besuch in verschiedenen Städten Deutschlands von angesehenen Mitgliedern der Theosophischen Gesellschaft, der Theosophical Society. In die Zeit dieses Besuches fällt das Erlebnis, von dem ich ausgehen werde. Es war dazumal von mir bereits erschienen, im Frühling 1904, mein Buch «Theosophie», und begründet war die Zeitschrift «Luzifer-Gnosis». Und ich hatte in der Zeitschrift «Luzifer-Gnosis» bis zu einem gewissen Punkt die Artikel veröffentlicht, die über das Atlantisproblem, über die Beschaffenheit des atlantischen Zeitalters handelten. Es ist dann auch das, was ich in diesen Artikeln in «Luzifer-Gnosis» veröffentlicht habe, in einem Sonderabdruck erschienen mit dem Titel: «Unsere atlantischen Vorfahren.» Wenn Sie sich erinnern, so werden Sie finden, daß darinnen eine Anzahl von Mitteilungen gemacht worden sind über die Beschaffenheit der atlantischen Welt; sie wurden auch noch zurückgeführt in «Luzifer-Gnosis» auf die Beschaffenheit des sogenannten lemurischen Zeitalters. Also eine größere Anzahl von Artikeln dieser Art war erschienen, und gerade als dazumal die Mitglieder der Theosophical Society bei uns waren, war eines dieser Hefte, das bedeutungsvolle Mitteilungen zu bringen hatte, abgeschlossen und wurde an die Abonnenten verschickt. Es war dies gerade in den Tagen, als diese Theosophen da waren. Eine in der Theosophical Society sehr angesehene Persönlichkeit las in dem Hefte damals auch diese Mitteilungen über die atlantische Welt und stellte dann an mich eine Frage. Und diese Frage ist es, was ich als bemerkenswertes Erlebnis zusammen mit dem Gestrigen erwähnen will.

Dieses Mitglied der Theosophical Society, das gerade in der Zeit, als die Gesellschaft durch *Blavatsky* gegründet worden ist, die allerwichtigsten Angelegenheiten mitgemacht hatte, das also ganz darinnen stand in dem Betriebe der Theosophical Society, das stellte, nachdem es die Mitteilungen über die atlantische Welt gelesen hatte, die Frage: Auf welche Weise sind denn diese Mitteilungen über die atlantische Welt eigentlich zustande gekommen? – Diese Frage schloß sehr viel und sehr Bedeutungsvolles ein, denn jenes Mitglied kannte bis dahin nur die Art und Weise, wie solche Mitteilungen in der Theosophical Society zustande gekommen waren. Sie waren nämlich zustande gekommen dadurch, daß man in der Theosophical Society zu einer Art mediumistischer Forschung gegriffen hatte. Man hatte sich bei den Mitteilungen, die dazumal schon in der Theosophical Society veröffentlicht waren, auf Forschungen gestützt, die in gewisser Beziehung etwas mit mediumistischen Forschungen zu tun haben. Das heißt, es wurde eine Persönlichkeit in eine Art von mediumistischen Zustand gebracht, man kann nicht sagen Trance, aber in eine Art von mediumistischen Zustand, und es wurden dann auch die Bedingungen hergestellt, die es möglich machten, daß die Persönlichkeit, die sich nicht im gewöhnlichen Bewußtsein befand, doch Mitteilungen machte über dasjenige, was man mit dem gewöhnlichen Bewußtsein nicht erreichen kann. Auf diesem Wege waren die Mitteilungen in jener Zeit zustande gekommen, und das betreffende Mitglied der Theosophical Society meinte, daß Mitteilungen über vorgeschichtliche Ereignisse nur auf diesem Wege gewonnen werden und fragte daher, welche Persönlichkeit wir unter uns hätten, die wir in dieser Weise als ein Medium für solche Forschungen benützen können.

Da ich ablehnen mußte, auf diesem Wege zu forschen und streng auf dem Boden des individuellen Forschens stand, und da ich dazumal schon alles lediglich durch eigenes persönliches Forschen gefunden hatte, so verstand mich die betreffende Persönlichkeit überhaupt nicht. Sie verstand nicht, um was es sich da handelte, sie verstand nicht, daß es sich um etwas anderes handelte als um das, was man in der Theosophischen Gesellschaft bisher getan hatte. Das war aber der Weg, der mir vorgeschrieben war: alles, was vorheriger Forschungsweg war, abzulehnen, und wenn auch mit Mitteln übersinnlicher Anschauungen, so doch so zu forschen, wie man forscht, wenn man sich nur desjenigen bedient, was als Offenbarung gegeben werden kann *der* Persönlichkeit, die zugleich die Forscherpersönlichkeit ist.

Es ist nach alledem, wie ich in die spirituelle Bewegung einzugreifen habe, nichts anderes möglich, als in strengster Weise diese Ihnen oft geschilderte, für die moderne Welt und für die gegenwärtige Menschheit zweifellos notwendige Forschungsmethode geltend zu machen. Sie sehen: Bedeutsames trennt die ganze Forschungsmethode der Geisteswissenschaft von den Wegen, die in der Theosophical Society eingeschlagen worden sind. Denn alles, was sie an Mitteilungen aus der geistigen Welt hatten, zum Beispiel auch die in dem Buche *Scott-Elliots* über die Atlantis, ist durchaus auf dem vorhin geschilderten Wege zustande gekommen, weil man dies als allein maßgebend, weil allein objektiv, betrachtet hatte. In dieser Beziehung war also das Einfügen unserer geisteswissenschaftlichen Richtung von Anfang an etwas gegenüber den Methoden der Theosophical Society völlig Neues. Es war etwas, das ganz und gar mit den modernen wissenschaftlichen Methoden rechnete, die nur so weit auszubilden waren, daß damit hinaufgestiegen werden konnte in die geistigen Gebiete.

Gerade diese Besprechung ist bedeutsam. Sie hat im Jahre 1904 stattgefunden und zeigte, daß zwischen dem, was hier in der Geisteswissenschaft getrieben wird und dem, was in der übrigen Theosophical Society getrieben wurde, ein großer Unterschied bestand; daß es das, was wir in der Geisteswissenschaft haben, damals nicht gab, sondern daß die Theosophische Gesellschaft die Methode fortsetzte, die hervorgegangen war als Kompromiß zwischen den Exoterikern und den Esoterikern. Das ist überhaupt das notwendige Ergebnis des Entwickelungsganges, den ich gestern geschildert habe. Ich sagte: Allmählich hörte das Sehertum auf, und es gab nur noch vereinzelte Fälle von Sehern, die man mediumistisch machen konnte und aus denen man etwas gewinnen konnte. So hatten sich sogenannte okkulte Orden gebildet, die zwar sehr viele Eingeweihte hatten, aber keine Seher. Die hatten sich allmählich überhaupt erst die Methoden herausbilden müssen – die schon lange gang und gäbe waren im materialistischen Zeitalter –, und sie hatten sich die Forschungsinstrumente erst verschaffen müssen dadurch, daß man nach solchen Persönlichkeiten suchte, in denen noch mediumistische Fähigkeiten, das heißt, atavistisches Hellsehen zu entwickeln war, um so aus ihnen etwas herauszubekommen. Man hatte ausgebreitete Lehren und auch Symbole. Aber wenn man wirklich forschen wollte, so war man darauf angewiesen, solche Persönlichkeiten mit atavistischem Hellsehen zu Hilfe zu nehmen. Diese Methode wurde dann in der Theosophical Society in gewisser Weise auch fortgesetzt, und der Kompromiß, von dem ich gestern gesprochen habe, bestand im wesentlichen aus nichts anderem, als daß man in den Logen, in den verschiedenen Orden solche Experimente gemacht hat, durch welche man geistige Einflüsse in die Welt hineinprojizierte; so daß man den Menschen zeigen konnte oder wollte: Es gibt Einflüsse aus der geistigen Welt auf die Menschen.

Was man also in esoterischen Schulen getrieben hatte, das hatte man so herausgeholt. Dieser Versuch machte Fiasko. Denn während man erwartet hatte, daß durch das Medium wirklich spirituelle Gesetze herauskämen, die in der Umgebung herrschen, hat man nichts anderes erreicht, als daß die Medien fast alle dem Irrtume verfallen waren, daß das, was ihnen gegeben war, von den Toten stamme; daß sie also das Bestreben hatten, das ihnen Gegebene umzufrisieren in Mitteilungen, die ihnen von Toten zugekommen wären. Das bedingte dann eine ganz bestimmte Konsequenz. Wenn die älteren Mitglieder unter Ihnen zurückdenken an die ersten Zeiten der theosophischen Bewegung und die Literatur betrachten, die da noch unter diesem Einflusse der Theosophical Society gegeben worden ist, da werden Sie wissen, daß die astrale Welt, das heißt unmittelbar nach dem Tode, in Büchern von Frau *Besant* beschrieben wurde, die aber nur das wiedergaben, was in der «Geheimlehre» von der *Blavatsky* stand, oder was in den Büchern von *Leadbeater* zu lesen war. Daraus stammte auch alles das, was über das Leben der Menschen zwischen dem Tode und einer neuen Geburt gegeben war.

Wenn Sie nun damit vergleichen, was ich in meiner «Theosophie» geben mußte, was da über das Seelenland und über das Geisterland gegeben worden ist – man wollte das in der ersten Zeit immer abstreiten, aber ich glaube, es werden sich heute schon genügend Menschen finden, die objektiv darüber denken können –, dann werden Sie ganz beträchtliche Unterschiede finden, eben weil die Forschungsmethoden auch für diese Gebiete verschieden waren. Denn alle Forschungsmethoden, die die Theosophical Society hatte, führten auf jene Methoden zurück, von denen ich gesprochen habe; auch die Methoden, die angewendet wurden, um das Leben der Toten zu erforschen.

Sie sehen also, daß dasjenige, was zunächst die Theosophical Society der Welt gab, in gewisser Beziehung eine Fortsetzung des Versuches der Okkultisten war. In welch anderer Beziehung es dies nicht war, wollen wir gleich hören. Aber im ganzen war es die Fortsetzung des Versuches, der schon von der Mitte des 19. Jahrhunderts ab durch einen Kompromiß der Exoteriker und Esoteriker zustande gekommen war; nur daß später durch die Theosophical Society die Sache etwas esoterischer gemacht worden ist. Während man vorher versucht hatte, das Medium vor die Welt hinzustellen, haben die Mitglieder der Theosophical Society es vorgezogen, das nur im inneren Kreise zu tun und dann nur die Ergebnisse mitzuteilen. Das ist ein wesentlicher Unterschied, denn man ging damit zurück auf eine Forschungsmethode, welche die verschiedenen Orden vor der Mitte des 19. Jahrhunderts als allgemeine Gepflogenheit anerkannt hatten. Ich muß das hervorheben, weil ich einmal scharf betonen muß, daß mit dem Hineinsetzen unserer geisteswissenschaftlichen Bewegung eben eine ganz neue, mit den Gesinnungen der modernen Wissenschaft absolut rechnende Methode in die okkulte Bewegung eingeführt worden ist.

Nun sagte ich Ihnen: der Kompromiß zwischen den Exoterikern und den Esoterikern, durch allerlei Medien die materialistische Welt zu überzeugen, daß es eine geistige Welt gibt, habe Fiasko erlitten. Man sah das Fiasko daran, daß die Medien immer von einer Welt sprachen, die ihnen unter den vorhandenen Verhältnissen gar nicht zugänglich sein konnte: von der Welt der Toten. Sie sprachen von Eingebungen, die sie aus einer Welt, in der die Toten leben, empfangen haben wollten. Nun stand die Sache so, daß die Exoteriker und die Esoteriker sahen, daß der Versuch, den sie gemacht hatten, nicht zu dem führte, was sie eigentlich gewollt hatten.

Wodurch nun ist das zustande gekommen, was da vorging? Ich meine, was hat sich da eigentlich gezeigt durch diesen merkwürdigen Versuch, der durch den geschilderten Kompromiß zustande gekommen war? Es hat sich gezeigt, daß eine bestimmte Sorte von Eingeweihten gewissermaßen das Heft aus den Händen gerissen haben denjenigen, die den Kompromiß eingegangen waren. Die sehr weit nach links stehenden Eingeweihten hatten sich der Bewegung bemächtigt, die protegiert worden ist in der Art, wie ich es Ihnen geschildert habe. Sie erlangten einen großen Einfluß, weil alles, was durch die Medien zustande kam, nicht aus dem Reiche der Toten herrührte, sondern aus dem Reiche der Lebendigen, die zu gleicher Zeit die Initiatoren waren, die sich mit den Medien in Fern- oder Nahrapport setzten. Weil das alles durch diese Initiatoren und durch die Medien zustande gebracht wurde, hatte es die Färbung der Theorien derer, die sich dieser Medien bemächtigen wollten. Diejenigen unter den Exoterikern und Esoterikern, die den Kompromiß geschlossen hatten, haben den Menschen beibringen wollen: Seht, es ist noch eine geistige Welt da! – Das hat man ihnen beibringen wollen. Als aber dann denen, die glaubten das Leitseil führen zu können, das Leitseil entglitt, bemächtigten sich jene sehr weit nach links stehenden Okkultisten desselben und versuchten, *ihre* Theorien, *ihre* Anschauungen durch das Mittel der Medien, wenn ich diese Tautologie gebrauchen darf, der Welt mitzuteilen.

Nun war eigentlich für diejenigen, die zum Heile der Menschheit diesen Kompromiß geschlossen hatten, die Sache eine sehr fatale. Immer mehr und mehr fühlten sie: es werden im Grunde genommen immer mehr falsche Lehren über das Übersinnliche in die Welt gebracht. Das war die Lage in der Entwickelung des Okkultismus etwa in den vierziger, fünfziger Jahren, sogar noch in den sechziger Jahren des verflossenen 19. Jahrhunderts.

Nun war man aber, während man noch nachdachte in den Kreisen der ehrlichen Okkultisten, in einer fatalen Lage. Denn je weiter die Okkultisten nach links standen, desto weniger waren sie darauf bedacht, nur das zu bringen, was man bringen kann: nämlich das Allgemein-Menschliche. «Links» ist man im Okkultismus, wenn man etwas als Endzweck erreichen will mit Hilfe dessen, was man als okkulte Lehre vertritt. «Rechts» ist man im Okkultismus, wenn man ihn nur um seiner selbst willen verbreitet. Die Mittelpartei kommt eben darauf hinaus, das Esoterische, das in unserer Zeit notwendig ist für das allgemeine Menschliche, exoterisch zu machen. Diejenigen aber, die ganz nach links stehen, sind solche, die Sonderzwecke verbinden mit dem, was sie als okkulte Lehre verbreiten. Man steht links in dem Maße, als man Sonderzwecke verfolgt, die Menschen in die geistige Welt führt, ihnen allerlei Kundgebungen aus der geistigen Welt gibt und in einer unrichtigen Weise in sie hineinpflanzt, was nur zur Realisierung von solchen Sonderzwecken dienen soll. Vor einer solchen Lage also war die Leitung der modernen Eingeweihten. Sie sahen die Sache in den Händen von Leuten, die Sonderzwecke verfolgten. Vor dieser Sachlage standen die Esoteriker und Exoteriker, die den angedeuteten Kompromiß geschlossen hatten.

Da hörte man – wenn ich dieses Wort spreche, ist es vielleicht nicht ganz genau, aber man kann die Worte nicht genau wählen, weil wir an die äußere Sprache gebunden sind und der Verkehr unter den Okkultisten etwas anderes ist, als es die äußere Sprache zu bezeichnen fähig ist –, daß ein bedeutsames Ereignis für die weitere Fortsetzung der Geistesentwickelung auf der Erde bevorstehen müsse, und dieses Ereignis war nichts anderes als das, was ich in der folgenden Weise schildern muß. Man hatte es bei den Forschungsmethoden der einzelnen Orden vorgezogen, bis in die späteren Zeiten hinein, so gut man eben konnte, weibliche Medien weniger zu benützen. In den strengen Orden, die auf dem richtigen Standpunkte stehen wollten, hat man überhaupt keine weiblichen Medien benutzt zu Offenbarungen aus der geistigen Welt.

Nun ist das schon so, daß der weibliche Organismus durch seine Organisation länger geeignet ist, atavistisches Hellsehen zu bewahren als der männliche Organismus. Während die männlichen Medien sehr auf dem Aussterbe-Etat standen, waren weibliche Medien immerhin noch vorhanden, und man hat sich einer großen Zahl weiblicher Medien bedient auch bei dem in Rede stehenden Kompromiß. Jetzt trat aber eine Persönlichkeit in den Gesichtskreis der Okkultisten, die im ausgesprochensten Maße medial war. Das war Frau H. P. Blavatsky, eine Persönlichkeit, die ganz besonders geeignet war, durch gewisse unterbewußte Glieder ihres Organismus viel, sehr viel aus der geistigen Welt herauszuholen. Nun machen wir uns einmal klar, was eigentlich dadurch möglich war für die Welt. Gerade in einem der wichtigsten Zeitpunkte für die okkulte Entwickelung trat eine Persönlichkeit in die Welt herein, die durch die eigentümliche Art ihres Organismus nur so gespickt war mit allen Möglichkeiten, das Mannigfaltigste aus der geistigen Welt durch ihre unterbewußten Fähigkeiten herauszuholen.

Der Okkultist, der dazumal seine Zeit betrachtete, mußte sich sagen: Nun erscheint im richtigen Moment eine Persönlichkeit, die uns durch die eigentümliche Beschaffenheit ihres Organismus die schärfsten Beweise geben kann für dasjenige, was uralte überlieferte Lehre ist, was bei uns nur in Symbolen existiert. – Im allerhöchsten Maße war das der Fall, daß eine Persönlichkeit da war, die einfach durch ihre Organisation die Möglichkeit bot, vieles von dem, was die Zeit schon längst nicht mehr auf andere Weise als durch Überlieferung wußte, wiederum zu beweisen. Vor diesem Faktum stand man, gerade nachdem man Fiasko gemacht hatte, nachdem man so in eine Sackgasse gekommen war. Das müssen wir durchaus festhalten: man stand Blavatsky gegenüber als einer Persönlichkeit, aus der man, wie aus einer elektrisch geladenen Leidener Flasche die elektrischen Funken, okkulte Wahrheiten herausholen konnte.

Nun würde es zu weit führen, wenn ich alle Zwischenglieder erzählen wollte, aber einiges Wichtige muß ich doch angeben. Es handelte sich darum, daß ein wirklich bedeutungsvoller Moment da war, den ich etwa so schildern kann, es ist mehr symbolisch ausgedrückt, trifft aber ganz den Tatbestand. Diejenigen Okkultisten, die auf der rechten Seite standen, in Verbindung mit der Mittelpartei, also diejenigen, die den Kompromiß geschlossen hatten, konnten sich sagen: Nun ist es möglich, etwas sehr Bedeutsames herauszubekommen aus dieser Persönlichkeit. – Die aber, die auf der Seite der Linken standen, konnten sich sagen: Nun ist es möglich, in intensivster Weise etwas in der Welt zu erreichen mit Hilfe dieser Persönlichkeit! – Und jetzt entstand wirklich ein Ringen, ein wirkliches Ringen um diese Persönlichkeit, auf der einen Seite in der ehrlichen Absicht, vieles, was die Eingeweihten wußten, bestätigt zu finden, auf der anderen Seite um mächtiger Sonderzwecke willen.

Auf die erste Periode im Leben von H. P. Blavatsky habe ich öfter hingedeutet und gezeigt, wie es wirklich so war, daß man versucht hat, zunächst aus ihr vieles herauszubekommen. Aber die Sache wurde verhältnismäßig recht bald anders, und das kam dadurch, daß H. P. Blavatsky verhältnismäßig bald in die Sphäre derjenigen kam, die gewissermaßen auf dem linken Flügel standen. Und obwohl H. P. Blavatsky sehr gut wußte, was sie selber schauen konnte – sie war dadurch auch besonders bedeutsam, daß sie nicht bloß ein passives Medium war, sondern eine ungeheuer starke Erinnerung hatte für alles, was sich ihr aus den höheren Welten kundgab –, so mußten allerdings doch gewisse Persönlichkeiten auf sie einen Einfluß haben, wenn sie Kundgebungen aus der geistigen Welt hervorrufen wollte. Deshalb beruft sie sich immer auf das, was eigentlich wegbleiben müßte, auf die Mahatmas. Die können ja dahinterstehen, darauf kommt es aber nicht an, wenn es gilt, die Menschheit zu fördern.

H. P. Blavatsky stand also verhältnismäßig bald vor einer Entscheidung. Von einer Seite, die der Linken angehörte, bekam sie Wind davon, daß sie eine wichtige Persönlichkeit sei. Sie wußte wohl, was sie schaute, aber die ganze Bedeutung ihrer Persönlichkeit kannte sie nicht. Sie wurde ihr erst enthüllt von der linken Seite. Sie war im Innersten ihres Wesens trotzdem eine grundehrliche Natur und versuchte es zunächst, nachdem sie Wind bekommen hatte von jener Seite, die ihr anfangs kaum gefallen haben dürfte – eben weil sie eine grundehrliche Natur war –, ihrerseits eine Art Kompromiß zu schließen mit einer okkulten Brüderschaft in Europa. Es hätte etwas sehr Schönes herauskommen können, weil sie durch ihre große mediumistische Gabe wirklich phänomenal bedeutsame Bestätigungen hätte liefern können für das, was die Eingeweihten aus der Theorie und aus dem Symbolismus heraus kannten. Sie war aber nicht nur eine grundehrliche Natur, sondern auch, was man im Deutschen einen Frechdachs nennt. Das war sie schon. Sie hatte einen gewissen Grundzug im Wesen, der zum Medialen neigenden Persönlichkeiten besonders eigen ist: nämlich eine Ungleichartigkeit in ihrem äußeren Auftreten. Sie hatte also Momente, wo sie sehr frech werden konnte. Und da hatte sie in einer solchen Anwandlung von Frechdachsigkeit der okkulten Brüderschaft, die entschlossen war, das Experiment zu machen, Bedingungen gestellt, die unerfüllbar waren. Und da sie wußte, daß durch sie vieles zustande kommen konnte, entschloß sie sich, es noch mit anderen Brüderschaften aufzunehmen. So kam sie an eine amerikanische Brüderschaft. Diese amerikanische Brüderschaft ist eine solche gewesen, bei der fortwährend die Majorität zwischen rechts und links geschwankt hat, die aber jedenfalls vor der Möglichkeit stand, ungeheuer Bedeutsames über die geistigen Welten herauszubekommen.

Nun fällt in diese Zeit zugleich die intensivste Anteilnahme von seiten anderer linksstehender Brüder an H. P. Blavatsky. Diese Brüder der linken Seite hatten schon dazumal ihre Sonderinteressen. Ich will mich über diese Sonderinteressen nicht besonders aussprechen. Wenn es nötig werden sollte, so könnte ich das in der Zukunft einmal sagen. Für jetzt mag es genügen, zu sagen, es waren Brüder, die Sonderinteressen hatten, vor allen Dingen starke politische Sonderinteressen, denen die Möglichkeit vorleuchtete, etwas Politisches in Amerika zu vollbringen mit Leuten, die man zuerst in okkulter Weise präpariert hatte. Die Folge davon war; daß in einem Moment, wo H. P. Blavatsky eine Unsumme von okkultem Wissen dadurch schon erobert hatte, daß sie mit jener amerikanischen Loge zusammengearbeitet hatte, also im Zusammenhang gewesen war mit der amerikanischen Loge, sie aus der betreffenden Loge herausgeworfen werden mußte, weil man entdeckte, daß da etwas Politisches nun dahintersteckte. Also es ging nicht mehr.

Jetzt war die Situation erst recht eine schwierige, eine ungeheuer schwierige. Denn das, was unternommen worden war, um die Welt hinzuweisen auf eine geistige Welt, das mußte in gewisser Weise, weil es Fiasko gemacht hatte, von den ernsten Okkultisten zurückgenommen werden. Es mußte gezeigt werden, daß nichts darauf zu geben sei, was der Spiritismus vorbrachte, obgleich er viele Anhänger hatte. Er war nur materialistisch und ein äußerster Dilettantismus. Nur solche Gelehrte beschäftigten sich damit, die in äußerlich materialistischer Weise Kunde von einer geistigen Welt bekommen wollten. Außerdem hatte Blavatsky die amerikanische Loge merken lassen bei ihrem Abgange, daß sie keineswegs gewillt war, über das, was sie wußte – und sie wußte viel, weil sie sich nachträglich an das, was bei ihr zustande gekommen war, erinnern konnte –, der Welt gegenüber zu schweigen. Sie hatte eine ganze Menge von Frechdachsigkeit!

Nun war, wie man sagt, guter Rat teuer. Was war nun zu tun? Und jetzt kam etwas zustande, was ich auch verschiedentlich schon angedeutet habe; denn Stücke von dem, was ich heute im Zusammenhange sage, habe ich da und dort immer wieder gesagt. Es kam das zustande, was man im Okkultismus nennt: okkulte Gefangenschaft. H. P. Blavatsky wurde in okkulte Gefangenschaft gesetzt. Diese besteht darin, daß durch gewisse Dinge, die nur gemacht werden können von gewissen Brüdern – und die nur Brüderschaften machen, die sich auf eigentlich nichterlaubte Künste einlassen –, daß also durch gewisse Künste und Machenschaften erzielt wurde, H. P. Blavatsky in gewisser Zeit in einer Welt leben zu lassen, die all ihr okkultes Wissen nach innen warf.

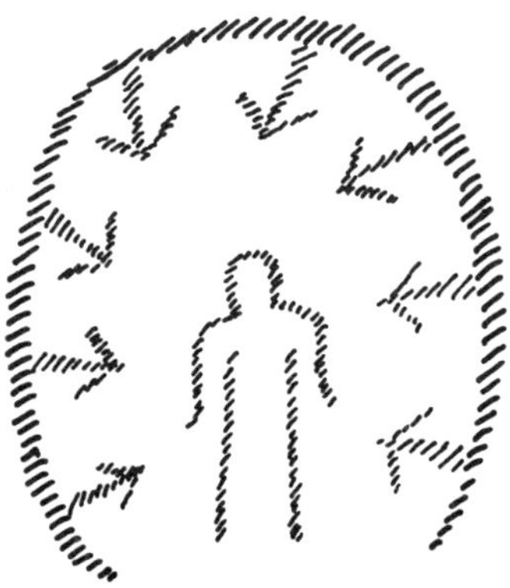

Wenn Sie sich denken, das wäre – symbolisch gezeichnet – Blavatsky und in ihrer Aura wäre das okkulte Wissen, so wurde durch gewisse

Vorgänge erzielt, daß für lange Zeit hindurch, was in dieser Aura lebte, in ihre Seele zurückgeworfen wurde. Also alles das, was sie an okkultem Wissen hatte, sollte eingesperrt werden; sie sollte abgeschlossen werden in bezug auf die äußere Welt und in bezug auf ihren Okkultismus.

Das ist zustande gekommen in der Zeit, in der also H. P. B. hätte recht gefährlich werden können durch die Verbreitung der Dinge, die gerade zu den allerinteressantesten gehören am Horizonte der okkultistischen Bewegung. Nun erfuhren von dieser Sache gewisse indische Okkultisten, die ihrerseits wieder sehr der linken Seite zuneigten, die vor allen Dingen ein Interesse daran hatten, den Okkultismus, der durch H. P. B. in die Welt kommen konnte, so zu drehen, daß er im Sinne dessen, was diese indischen Okkultisten als Sonderinteressen hatten, wirken konnte in der Welt. Durch die Bemühungen dieser indischen Okkultisten, die die entsprechenden Praktiken kannten, kam es zustande, daß ihr wieder weggenommen wurde diese Einsperrung, daß sie wiederum frei wurde, so daß sie jetzt ihre geistigen Kräfte wieder richtig gebrauchen konnte, daß diese nicht mehr zurückgeworfen wurden.

Sie sehen daraus schon, was alles in dieser Seele im Grunde genommen vorgegangen war, und aus was für Bestandstücken das zusammengesetzt war, was durch diese Persönlichkeit in die Welt kam. Aber dadurch, daß sich gewisse indische Okkultisten das Verdienst erworben hatten, sie frei zu machen von der Einsperrung, hatten sie sie auch in gewisser Beziehung in der Hand, und es war gar nicht möglich, etwas dagegen zu tun, daß diese indischen Okkultisten die Persönlichkeit Blavatsky dazu benützten, jenen Teil des Okkultismus in die Welt zu schikken, welcher ihnen genehm war. So kam etwas ganz Merkwürdiges zustande. Es wurde gewissermaßen – wenn ich den groben Ausdruck benutzen darf – etwas arrangiert. Das, was arrangiert wurde, kann ich ungefähr in folgender Weise ausdrücken. Die indischen Okkultisten wollten gegen die Sonderbestrebungen, die die anderen hatten, ihre eigenen Sonderbestrebungen geltend machen und bedienten sich dazu Frau Blavatskys. H. P. B. war angewiesen darauf, einen Einfluß von außen her zu bekommen: die mediumistische Stimmung mußte bei ihr immer von außen erzeugt werden. Daher war es auch möglich, allerlei durch sie in die Welt zu bringen.

Um diese Zeit geschah die Vereinigung von H.P.B. mit jener Persönlichkeit, die im Grunde genommen direkt theosophische Interessen von Anfang an nicht hatte, aber eine mit ausgezeichnetem Organisationstalent begabte Persönlichkeit war: nämlich mit *Olcott*. Ich kann es nicht bestimmt sagen, aber ich vermute, daß schon eine gewisse Verbindung in der Zeit bestanden hatte, als H.P.B. der amerikanischen Loge angehört hatte. Dann trat, gewissermaßen unter der Maske einer früheren Individualität, eine Persönlichkeit in den geistigen Gesichtskreis der H.P.B., die im wesentlichen der Träger desjenigen war, was man von Indien aus in die Welt lancieren wollte. Einige von Ihnen wissen vielleicht, daß gerade Colonel Olcott in seinem Buche «People from the other world» über diese Individualität viel geschrieben hat, die jetzt in den Gesichtskreis von H.P.B. trat unter der Maske einer früheren Individualität, die bezeichnet worden ist als Mahatma Koot Hoomi. Sie wissen vielleicht, daß Olcott über diesen Mahatma Koot Hoomi viel, viel geschrieben hat, darunter auch jenes, daß im Jahre 1874 sich dieser Mahatma Koot Hoomi darüber aussprach, welche Individualität in ihm wohne. Er gab an, eigentlich John King zu heißen und die Individualität eines im 17. Jahrhundert mächtigen Seeräubers gewesen zu sein. Das steht in dem Buche «People from the other world» von Colonel Olcott. Also hätte man es zu tun in dem Mahatma Koot Hoomi mit dem Spirit eines im 17. Jahrhundert glänzenden Seeräubers, der dann im 19. Jahrhundert das besorgt hatte, was besorgt worden ist an bedeutsamen Phänomenen mit Hilfe des Mediums H.P.B. und auch sonstiger. Er hat Teetassen gebracht von weither, er hat allerlei Dokumente aus dem Sarge des verstorbenen Vaters von H.P.B. erscheinen lassen und dergleichen mehr. Man mußte also nach des Colonel Olcotts Aussage annehmen, daß das die Tat des im 17. Jahrhundert glänzenden Seeräubers gewesen wäre.

Nun sprach sich schon Colonel Olcott in merkwürdiger Weise über diesen John King aus. Er sagt, daß man es vielleicht gar nicht zu tun habe mit dem Spirit jenes Seeräubers, sondern vielleicht mit dem Geschöpfe eines Ordens, der unter den physischen Menschen als sichtbarer

Orden besteht, während er in betreff seiner Resultate von Unsichtbaren abhängig ist. Es wäre also Mahatma Koot Hoomi Mitglied gewesen eines Ordens, der während seines Lebens jene Dinge trieb, wie ich sie beschrieben habe, und die auf dem Wege durch H. P. B. der Welt mitgeteilt werden sollten, aber mit allen möglichen Sonderinteressen verknüpft. Diese bestanden darinnen, daß man insbesondere eine indische Lehre zu verbreiten sich gedrängt fühlte.

So lag also jetzt die Sache etwa in den siebziger Jahren des 19. Jahrhunderts. Sie sehen also sehr bedeutsame Vorgänge, die man aber im Zusammenhange betrachten muß, wenn man den ganzen Hergang der okkultistischen Bewegung ins Auge faßt. Dieser selbe John King ist derjenige, welcher auf dem Wege der Präzipitation zustande gebracht hat die Bücher von *Sinnett,* sowohl das erste Buch, die «Briefe über die okkulte Welt», wie auch namentlich das Buch «Esoterischer Buddhismus».

Dieses Buch «Der Esoterische Buddhismus» fiel mir in die Hand, eigentlich sehr kurze Zeit nachdem es erschienen war, nur einige Wochen danach, und ich konnte dazumal aus diesem Buche ersehen, wie man im Grunde genommen bemüht war, namentlich von einer gewissen Seite her, der spirituellen Lehre eine ganz materialistische Form zu geben. Denn wenn Sie sich mit all dem Rüstzeug, das Sie im Laufe der Zeit nun gewonnen haben, über den «Esoterischen Buddhismus» hermachten, so würden Sie erstaunt sein über die materialistischen Formen, in denen die Dinge da mitgeteilt werden. Man hat es zu tun mit einer der schlimmsten Formen des Materialismus. Es wird da die geistige Welt geradezu materialistisch dargestellt. Keiner, der nur das Buch «Esoterischer Buddhismus» in die Hand bekommt, kann sich aus dem Materialismus erheben. Der Stoff wird da wohl recht sehr verfeinert, aber man kommt bei dem Buche von Sinnett aus dem Materiellen gar nicht heraus, wenn man auch noch so hoch hinaufklettert. So daß also nicht nur das der Fall war, daß jene, die jetzt die geistigen Brotgeber – verzeihen Sie das materialistische Gleichnis – von H. P. B. waren, nicht nur im indischen Sinne Sonderinteressen hatten, sondern auch die schärfsten Konzessionen an den materialistischen Zeitgeist machten. Und wie richtig sie spekulierten, konnte man an dem Einflusse sehen, den das

Buch von Sinnett auf sehr viele Menschen hatte. Ich habe Naturforscher kennengelernt, die entzückt waren von dem Buche von Sinnett, weil alles in ihren Kram hineinpaßte und sie dabei dennoch eine geistige Welt denken konnten. Das Buch kam allen Bedürfnissen des Materialismus entgegen und gab doch die Möglichkeit, den Bedürfnissen nach der geistigen Welt zu genügen, eine geistige Welt zuzugestehen.

Nun wissen Sie, daß gerade unter der weiteren Entwickelung dieser Vorgänge H. P. B. – es war Ende der achtziger Jahre des 19. Jahrhunderts – ihre «Geheimlehre» geschrieben hat und dann im Jahre 1891 gestorben ist. Diese «Geheimlehre» ist ganz in dem Stile gehalten wie der «Esoterische Buddhismus», nur daß ganz grobe Fehler, die jeder Okkultist sogleich korrigieren konnte, in der «Geheimlehre» richtiggestellt worden sind. Ich habe öfter gesprochen über die Eigentümlichkeiten der Blavatskyschen «Secret Doctrine». Das brauche ich also in diesem Zusammenhang nicht zu wiederholen. Dann ist auf Grundlage dessen, was auf diese Art zustande gekommen ist, die Theosophical Society gegründet worden und hat im Grunde genommen ihren indischen Charakter beibehalten, wenn auch in einer nicht mehr so intensiven Weise, wie es noch unter dem Einflusse des John King war; aber der indische Einfluß, die indische Färbung blieb die ganze Zeit über. Es war also dieses, was ich Ihnen jetzt geschildert habe, gewissermaßen ein neuer Weg, der stark mit dem Materialismus des Zeitalters rechnete, aber geeignet sein sollte, die Menschheit darauf hinzuweisen, daß man es mit einer geistigen Welt und nicht nur mit der äußeren materiellen Welt zu tun hat.

Nun würden sich viele Einzelheiten – aber wir haben dazu nicht die Zeit – an das anschließen müssen, was ich jetzt erzählt habe. Aber ich will gleich darauf kommen, Ihnen zu zeigen, wie sich unsere geisteswissenschaftliche Bewegung, wie wir sie nennen, hineinstellen mußte in die Bewegung, die nun einmal da war.

Sie wissen, daß wir im Oktober 1902 die Deutsche Sektion der Theosophical Society begründet haben. Nun hatte ich bereits seit dem Winter 1900, auch im Winter 1901, in Berlin Vorträge gehalten, die man eben theosophische Vorträge nennen kann, denn sie waren auch in dem Kreise der Berliner Theosophen gehalten, das heißt derjenigen Theosophen, die mich eingeladen hatten, diese Vorträge zu halten. Die ersten Vorträge waren die, welche zu dem Buche geworden sind «Die Mystik im Aufgange des neuzeitlichen Geisteslebens». Diese waren in einem Kreise von Mitgliedern der Theosophischen Gesellschaft gehalten, deren Mitglied ich damals nicht war. Wir wollen zunächst festhalten, daß man es zu tun hatte mit einer ausgebreiteten Lehre, einer Lehre, die die Menschen dafür gewonnen hatte, eine Hinlenkung auf die geistige Welt zu haben. Es gab also gewissermaßen in der ganzen Welt präparierte Leute, die etwas von der geistigen Welt wissen wollten. Von dem, was ich Ihnen heute erzählt habe, wußten diese Menschen nichts, sie hatten keine Ahnung davon. Sie hatten eine ehrliche Sehnsucht nach der geistigen Welt und hatten sich aus dieser Sehnsucht heraus derjenigen Bewegung angeschlossen, in der eine solche Sehnsucht gestillt werden konnte. Man fand also in dieser Bewegung diejenigen Herzen, die sich sehnten nach einer Erkenntnis der geistigen Welt.

Nun wissen Sie, daß mir in einer grotesk komischen Weise vorgeworfen wird, daß ich eine plötzliche Schwenkung gemacht hätte aus einer ganz anderen Weltanschauung heraus, die zuletzt in meinem Buche «Welt- und Lebensanschauungen im 19. Jahrhundert» ausgesprochen worden ist. Der erste Teil erschien im Februar 1900 und der zweite Teil erschien im Oktober 1900. Es wird mir vorgeworfen, daß ich eine Schwenkung gemacht hätte zur theosophischen Richtung hin. Ich habe Ihnen oftmals erzählt, daß nicht nur das der Fall war, daß mir zum Beispiel das Buch von Sinnett gleich nach seinem Erscheinen in die Hand gefallen war, sondern daß ich auch intime Beziehungen gehabt hatte mit der ganz jungen Wiener Theosophischen Gesellschaft. Sie müssen die Zeitverhältnisse heute zusammenfassen; und ich möchte noch in Kürze Ihnen eine Möglichkeit geben, auf diese, ich möchte sagen, Vorgeschichte der Deutschen Sektion in offener, objektiver Weise hinzuschauen. Es gab darinnen Menschen, die Sehnsucht hatten nach der geistigen Welt, und in ihrem Kreise hatte ich die Vorträge gehalten. Das waren die Vorträge, die ich in dem kleinen Raume bei Graf *Brockdorff* gehalten habe über die Mystik und über die Mystiker. Ich selber war dazumal nicht Mitglied. Die Vorrede zu dem Drucke dieser Vorträge ist datiert: September 1901. Ich habe also das, was dazumal im

Winter 1900/1901 an Vorträgen gehalten worden ist, im Sommer 1901 zusammengestellt, und das Buch ist dann unter dem Titel «Die Mystik im Aufgange des neuzeitlichen Geisteslebens» im September erschienen.

Sie müssen nun die ersten Worte des Vorwortes dieses Buches nehmen. Ich will sie Ihnen vorlesen:

«Was ich in dieser Schrift darstelle, bildete vorher den Inhalt von Vorträgen, die ich im verflossenen Winter in der theosophischen Bibliothek zu Berlin gehalten habe. Ich wurde von Gräfin und Graf Brockdorff aufgefordert, über die Mystik vor einer Zuhörerschaft zu sprechen, der die Dinge eine wichtige Lebensfrage sind, um die es sich dabei handelt. – Vor zehn Jahren hätte ich es noch nicht wagen dürfen, einen solchen Wunsch zu erfüllen. Nicht als ob damals die Ideenwelt, die ich heute zum Ausdruck bringe, noch nicht in mir gelebt hätte. Diese Ideenwelt ist schon ganz in meiner ‹Philosophie der Freiheit› (Berlin 1894, Emil Felber) enthalten. Um aber diese Ideenwelt *so* auszusprechen, wie ich es heute tue, und sie so zur Grundlage einer Betrachtung zu machen, wie es in dieser Schrift geschieht, dazu gehört noch etwas ganz anderes, als von ihrer gedanklichen Wahrheit felsenfest überzeugt sein. Dazu gehört ein intimer Umgang mit dieser Ideenwelt, wie ihn nur viele Jahre des Lebens bringen können. Erst jetzt, nachdem ich diesen Umgang genossen habe, wage ich, so zu sprechen, wie man es in dieser Schrift wahrnehmen wird.»

Nun können Sie sich denken, warum ich das, was ich in den verschiedensten Kreisen als Vorträge gehalten habe, habe einlaufen lassen in eine okkulte Bewegung. Schon im ersten Bande meiner «Welt- und Lebensanschauungen» steht in dem Kapitel über *Schelling* folgendes. Ich zitiere nach der ersten Auflage, die *Ernst Haeckel* gewidmet war und im Februar 1900 erschienen ist. Daraus werde ich einige Stellen vorlesen, die also in einem Buche geschrieben sind, von dem gesagt wird, daß es aus einer ganz anderen Weltanschauung entsprungen sei als dasjenige, was in der «Mystik» steht:

Seite 80: «Nun gibt es zwei Möglichkeiten, das eine Wesen, das Geist und Natur zugleich ist, zu beschreiben. Die eine ist: ich zeige die Naturgesetze auf, die in Wirklichkeit tätig sind. Oder ich zeige, wie der Geist es macht, um zu diesen Gesetzen zu kommen. Beide Male leitet mich eines und dasselbe. Das eine Mal zeigt mir die Gesetzmäßigkeit, wie sie in der Natur wirksam ist; das andere Mal zeigt mir der Geist, was er beginnt, um sich dieselbe Gesetzmäßigkeit vorzustellen. In dem einen Falle treibe ich Natur-, in dem anderen Geisteswissenschaft. Wie diese beiden zusammengehören, beschreibt Schelling in anziehender Weise: ‹Die notwendige Tendenz aller Naturwissenschaft ist, von der Natur aufs Intelligente zu kommen. Dies und nichts anderes liegt dem Bestreben zugrunde, in die Naturerscheinungen Theorie zu bringen. Die höchste Vervollkommnung der Naturwissenschaft wäre die vollkommene Vergeistigung aller Naturgesetze zu Gesetzen des Anschauens und des Denkens. Die Phänomene (das Materielle) müssen völlig verschwinden und nur die Gesetze (das Formelle) bleiben. Daher kommt es, daß, je mehr in der Natur selbst das Gesetzmäßige hervorbricht, desto mehr die Hülle verschwindet, die Phänomene selbst geistiger werden und zuletzt völlig aufhören. Die optischen Phänomene sind nichts anderes als eine Geometrie, deren Linien durch das Licht gezogen werden, und dieses Licht selbst ist schon zweideutiger Materialität. In den Erscheinungen des Magnetismus verschwindet schon alle materielle Spur, und von den Phänomenen der Schwerkraft, welche selbst Naturforscher nur als unmittelbar geistige Einwirkung› – Wirkung in die Ferne – ‹begreifen zu können glaubten, bleibt nichts zurück als ihr Gesetz, dessen Ausführung im Großen der Mechanismus der Himmelsbewegungen ist. Die vollendete Theorie der Natur würde diejenige sein, kraft welcher die ganze Natur sich in eine Intelligenz auflöste. Die toten und bewußtlosen Produkte der Natur sind nur mißlungene Versuche der Natur, sich selbst zu reflektieren, die sogenannte tote Natur aber überhaupt eine unreife Intelligenz, daher in ihren Phänomenen noch bewußtlos schon der intelligente Charakter durchblickt. Das höchste Ziel, sich selbst ganz Objekt zu werden, erreicht die Natur erst durch die höchste und letzte Reflexion, welche nichts anderes als der Mensch, oder allgemeiner das ist, was wir Vernunft nennen, durch welche zuerst die Natur vollständig in sich selbst zurückkehrt, und wodurch offenbar wird, daß die Natur ursprünglich identisch ist mit dem, was in uns als Intelligentes und Bewußtes erkannt wird.›»

Und in weiterer Anknüpfung an Schelling sage ich dann Seite 85:

«Mit seinem fortschreitenden Denken wurde für Schelling die Weltbetrachtung zur Gottesbetrachtung oder Theosophie. Vollständig stand er schon auf dem Boden einer solchen Gottesbetrachtung, als er 1809 seine ‹Philosophischen Untersuchungen über das Wesen der menschlichen Freiheit und die damit zusammenhängenden Gegenstände› herausgab. Alle Weltanschauungsfragen rückten sich ihm jetzt in ein neues Licht. Wenn alle Dinge göttlich sind: wie kommt es, daß es Böses in der Welt gibt, da Gott doch nur die vollkommene Güte sein kann? Wenn die Seele des Menschen in Gott ist: wie kommt es, daß sie doch ihre selbstsüchtigen Interessen verfolgt? Und wenn Gott es ist, der in mir handelt: wie kann ich, der ich also gar nicht als selbständiges Wesen handle, dennoch frei genannt werden?»

Diese Weltanschauung wird nicht abgelehnt. – Und weiter sage ich Seite 90:

«Mit solchen Anschauungen hat Schelling sich als den kühnsten und mutigsten derjenigen Philosophen erwiesen, die sich von Kant zu einer idealistischen Weltanschauung haben anregen lassen. Das Philosophieren über Dinge, die jenseits dessen liegen, was die menschlichen Sinne beobachten, und was das Denken über die Beobachtungen aussagt, hat man, unter dem Einflusse dieser Anregung, aufgegeben. Man suchte sich mit dem zu bescheiden, was innerhalb Beobachtung und Denken liegt. Während aber Kant aus der Notwendigkeit solchen Bescheidens geschlossen hat, man könne über jenseitige Dinge nichts wissen, erklärten die Nach-Kantianer: da Beobachtung und Denken auf kein jenseitiges Göttliches hindeuten, sind sie selbst das Göttliche. Und von denen, die solches erklärten, war Schelling der energischste. Fichte hat alles in die Ichheit hereingenommen; Schelling hat die Ichheit über alles ausgebreitet. Er wollte nicht wie jener zeigen, daß die Ichheit alles, sondern umgekehrt, daß alles Ichheit sei. Und Schelling hatte den Mut, nicht nur den Ideengehalt des Ich für göttlich zu erklären, sondern die ganze menschliche Geistpersönlichkeit. Er machte nicht nur die menschliche Vernunft zu einer göttlichen, sondern den menschlichen Lebensinhalt zu der göttlichen, persönlichen Wesenheit. Man nennt eine Welterklärung *Anthropomorphismus,* die vom Menschen ausgeht und sich vorstellt, daß dem Weltenlauf im ganzen eine Wesenheit zugrunde liegt, die ihn so lenkt, wie der Mensch seine eigenen Handlungen lenkt. Auch derjenige erklärt die Welt anthropomorphisch, der den Ereignissen eine allgemeine Weltvernunft zugrunde legt. Denn diese *allgemeine* Weltvernunft ist nichts anderes als die menschliche Vernunft, die zur allgemeinen gemacht wird. Wenn Goethe sagt: ‹Der Mensch begreift niemals, wie anthropomorphisch er ist›, so denkt er daran, daß in den einfachsten Aussprüchen, die wir über die Natur tun, versteckte Anthropomorphismen enthalten sind. Wenn wir sagen, ein Körper rollt weiter, weil ihn ein anderer gestoßen hat, so bilden wir eine solche Vorstellung von unserem Ich aus. Wir stoßen einen Körper, und er rollt weiter. Wenn wir nun sehen, daß eine Kugel sich gegen eine andere bewegt, und diese dann weiterrollt, so stellen wir uns vor, die erste habe die zweite gestoßen, analog der stoßenden Wirkung, die wir selbst ausüben. Ernst Haeckel findet, das anthropomorphische Dogma ‹vergleicht die Weltschöpfung und Weltregierung Gottes mit den Kunstschöpfungen eines sinnreichen Technikers oder Maschinen-Ingenieurs und mit der Staatsregierung eines weisen Herrschers. Gott der Herr als Schöpfer, Erhalter und Regierer der Welt wird dabei in seinem Denken und Handeln durchaus menschenähnlich vorgestellt.› Schelling hat den Mut zu dem konsequentesten Anthropomorphismus gehabt. Er erklärte zuletzt den Menschen mit seinem ganzen Lebensinhalt zur Gottheit. Und da zu diesem Lebensinhalt nicht allein das Vernünftige gehört, sondern auch das Unvernünftige, so hatte er die Möglichkeit, auch das Unvernünftige innerhalb der Welt zu erklären. Er mußte zu diesem Ende allerdings die Vernunftansicht durch eine andere ergänzen, die ihre Quelle nicht im Denken hat. Diese, nach seiner Meinung, höhere Ansicht, nannte er ‹positive Philosophie›. Sie ‹ist die eigentliche freie Philosophie; wer sie nicht will, mag sie lassen, ich stelle es jedem frei, ich sage nur, daß, wenn einer zum Beispiel den wirklichen Hergang, wenn er eine freie Weltschöpfung und so weiter will, er dieses alles nur auf dem Wege einer solchen Philosophie haben kann. Ist ihm die rationale Philosophie genug, und verlangt er außer dieser nichts, so mag er bei dieser bleiben, nur muß er aufgeben, mit der rationalen Philosophie und in ihr haben zu wollen, was diese in sich schlechterdings nicht haben kann, nämlich den wirklichen Gott und den wirklichen Hergang und ein freies Verhältnis Gottes zur Welt›. Die negative Philosophie wird ‹vorzugsweise die Philosophie für die Schule bleiben, die positive die für das Leben. Durch beide zusammen wird erst die vollständige Weihe gegeben sein, die man von der Philosophie zu verlangen hat. Bekanntlich wurden bei den eleusinischen Weihen die kleinen und die großen Mysterien unterschieden, die kleinen galten als eine Vorstufe der großen... Die positive Philosophie ist die notwendige Folge der recht verstandenen negativen, und so kann man wohl sagen: in der negativen Philosophie werden die kleinen, in der positiven die großen Mysterien der Philosophie gefeiert›.»

Geschlossen wird dieses Kapitel in den «Welt- und Lebensanschauungen» mit den Worten:

«Wird das Innenleben als das Göttliche erklärt, dann erscheint es inkonsequent, bei einem Teil dieses Innenlebens stehen zu bleiben. Schelling hat diese Inkonsequenz nicht begangen. In dem Augenblicke, in dem er sagte: die Natur erklären, heiße die Natur schaffen, hat er seiner ganzen Lebensanschauung die Richtung gegeben. Ist das denkende Betrachten der Natur eine Wiederholung ihres Schaffens, so muß auch der Grundcharakter dieses Schaffens dem des menschlichen Tuns entsprechen; er muß ein Akt der Freiheit, nicht ein solcher geometrischer Notwendigkeit sein. Ein freies Schaffen können wir aber auch nicht durch Gesetze der Vernunft erkennen; es muß sich durch ein anderes Mittel *offenbaren.*»

Ich hatte eine Geschichte der Weltanschauungen im 19. Jahrhundert zu schreiben. Weiter konnte ich nicht gehen; denn, was dazumal in der fortschreitenden Entwickelung lebte, das waren lauter dilettantische Versuche, das hatte auf den Fortgang des Forschens in philosophischer Beziehung keinen Einfluß. Das konnte kein Kapitel bilden in diesem Buche. Aber die Theosophie, insofern sie in das ernste Denken aufgenommen worden ist, finden Sie da drinnen in dem Kapitel über Schelling.

Nun bitte ich Sie, dieses Buch trägt in seinem zweiten Teile, der erst Hegel behandelt, das Datum: Oktober 1900. Da habe ich erst angefangen, jene Vorträge zu halten, und im September 1901 ist die «Mystik» bereits erschienen. Wirklich nicht um etwas Persönliches vorzubringen, sondern um Ihnen ein unbefangenes Urteil zu ermöglichen, möchte ich Sie hinweisen auf eine Besprechung, die über das Buch «Welt- und Lebensanschauungen im 19. Jahrhundert» erschienen ist am 15. Dezember 1901 in dem Organe des deutschen Freidenkerbundes «Der Freidenker». Darin wird nach einer Einleitung, und nachdem man gesagt hat, es werde vermißt eine lesbare Darstellung der Weltanschauungsentwickelung im 19. Jahrhundert, gesagt:

«Namentlich auf dem Gebiete der Philosophie, wo ‹sich mit Worten trefflich streiten, mit Worten ein System bereiten läßt›, ist in populären Schriften viel gesündigt worden. Den Zionswächtern und Ordnungsschülern jedweder Façon und ihrem gelehrten Klüngel, dem leider so mancher Hochschullehrer angehört, ist viel aufs Kerbholz zu schreiben.»

Durch den folgenden Absatz soll nur auf die wohlwollende Art hingewiesen werden, wie damals das Buch aufgenommen worden ist:

«Um so freudiger muß es daher begrüßt werden, wenn Dr. Steiner, ein als moderner Denker und Kämpfer bekannter Schriftsteller, es unternommen hat, dem deutschen Publikum eine objektive Darstellung der geistigen Kämpfe um die Weltanschauung, die in Deutschland im 19. Jahrhundert ausgefochten wurden, zu geben.»

Dann gibt er einen Auszug aus dem Buche. Dann ist aber etwas Merkwürdiges gesagt, und um dessentwillen muß ich Ihnen das alles mitteilen. Derjenige, der diese Kritik geschrieben hat, vermißt in dem Buche etwas, und das spricht er in folgender Weise aus:

«Wenn auch der Spiritismus Du Prels und das anachoretische Urchristentum Tolstojs für eine auf dem Entwickelungsgedanken fußende Kulturtätigkeit unbrauchbar geworden sind, so ist doch ihr symptomatischer Wert nicht zu verkennen. Desgleichen hätte der Neu-Buddhismus (Theosophie), der eine eigene Phraseologie, eine Art ‹mystisches Rotwelsch› ausgebildet hat, einen Platz finden können. Eine Psychologie des modernen Geisterglaubens von einem so geistreichen Manne wie Steiner wäre uns sicherlich willkommen gewesen. Die Sprache des Werkes ist leicht faßlich. Keine schulphilosophischen, ellenlangen Perioden stören dem Leser den Genuß.»

Das ist geschrieben im Dezember 1901, kurz nachdem ich angefangen hatte, die theosophischen Vorträge in Berlin zu halten. Man kann sagen: objektiv ist dazumal verlangt worden, öffentlich ist es gefordert worden, daß ich mich ausspreche über das, was die Theosophie will. Es war nicht eine Willkür, es war ein deutlicher Wink des Karma, wie man sagt.

Nun hatte ich im Winter 1900/1901 die Vorträge über die Mystik gehalten und im Winter 1901/1902 diejenigen, die als Vorträge etwas ausführlicher das griechische und auch das ägyptische Mysterienwesen behandelten, und die dann in dem Buche «Das Christentum als mystische Tatsache», im Sommer 1902 erschienen sind. Ein großer Teil der «Mystik im Aufgange des neuzeitlichen Geisteslebens» wurde sogleich ins Englische übersetzt, und zwar noch bevor ich Mitglied der Theosophical Society war. Nun könnte ich vieles erzählen – aber dazu reicht die Zeit nicht aus –, was wichtig ist, was aber ein anderes Mal erzählt werden kann. Das eine muß ich aber dennoch erzählen.

Sie sehen, wie nirgendwo die kontinuierliche Entwickelung irgendwie einen Sprung oder dergleichen hat, wie alles auf ganz selbstverständliche Weise gekommen ist. Allerdings hatte ich schon im Beginne des Vortragszyklus, den ich über das griechische und ägyptische Mysterienwesen gehalten habe – wieder in der Bibliothek zu Berlin im Brockdorffschen Hause –, also schon beim zweiten Vortragszyklus hatte ich ein wenig Gelegenheit, etwas ans Ohr herandringen zu hören von dem, was damals nicht so schlimm war, was aber in weiterer konsequenter Ausführung führen kann zu den Dingen, die hier unter dem Titel «Mystische Verschrobenheiten» behandelt worden sind. Den Titel hat, wie ich glaube, Herr *Bauer* geprägt.

Ich habe also im Jahre 1901/1902 über das griechische und ägyptische Mysterienwesen gesprochen, und bei diesen Vorträgen war auch die jetzige *Frau Dr. Steiner* anwesend, die auch den Vortrag gehört hatte, welchen ich in der Theosophischen Gesellschaft über *Gustav Theodor Fechner* im Winter 1900 gehalten habe. Es war ein besonderer Vortrag, der nicht zu dem anderen Zyklus gehörte. Also schon im Winter 1900 war die jetzige Frau Dr. Steiner bei einem Teile der Vorträge, die ich damals gehalten habe, anwesend. Es wäre interessant, einige kleine Details über diese Anwesenheit zu erzählen. Sie können aber auch unterbleiben, sie würden die Sache nur etwas kolorieren. Das kann ein anderes Mal geschehen, wenn es notwendig sein sollte.

Nachdem dann Frau Dr. Steiner eine Zeitlang von Berlin abwesend gewesen war, kam sie im Herbst aus Rußland wieder nach Berlin zurück und hörte dann mit einer Bekannten der Gräfin Brockdorff die ersten Vorträge des zweiten Zyklus im Winter 1901/1902. Dazumal kam jene Bekannte nach einem der Vorträge, die ich über die griechischen Mysterien gehalten habe, zu mir und sagte, – nun, eben etwas von der Art, wie ich es vorhin charakterisiert habe. Diese Dame ist dann eine immer fanatischere und fanatischere Anhängerin der Theosophischen Gesellschaft geworden und hat später sich auch eine hohe Stellung erworben in dem Orden, der begründet worden ist für die Neugeburt des Christus. Diese Dame war dazumal auch anwesend und kam nach einem Vortrage, den ich über die griechischen Mysterien gehalten hatte, auf mich zu, nahm die Miene einer Eingeweihten der Theosophical Society an, die Miene einer recht tief Eingeweihten, die zunächst ihre Einweihung damit bezeugte, daß sie sagte: Ja, Sie sprechen jetzt von Mysterien, aber solche gibt es auch heute noch. Es gibt auch jetzt noch ganz geheime Gesellschaften. Wissen Sie denn das auch?

Nach einem nächsten Vortrage, wiederum über die griechischen Mysterien, kam sie wieder an mich heran und sagte: Man sieht, Sie erinnern sich noch gut an dasjenige, was, als Sie noch in den griechischen Mysterien waren, gelehrt worden ist! – Das ist dasjenige, was in weiterer Ausbildung schon herangrenzt an das Kapitel «mystische Verschrobenheit».

Im Zusammenhange damit darf ich wohl erwähnen, daß im Herbste 1901 jene Bekannte der Gräfin Brockdorff einen Tee-Abend veranstaltete. Er wird immer von Frau Dr. Steiner «der Chrysanthemen-Tee» genannt, weil viele solche Blumen da waren. Die Einladung ging von jener Bekannten aus, und nachträglich habe ich mir so manchmal die Idee gebildet: Diese Dame wollte – nun, ich weiß nicht was. Es war der Tag der Begründung der Theosophical Society gewählt worden, ein besonders wichtiger Tag für diese Dame. Sie wollte vielleicht versuchen, mich zum überzeugten Mitarbeiter in ihrem Sinne zu machen, tastete so herum, war manchmal dringlich. Aber es ist sonst nichts Bedeutungsvolles dabei herausgekommen. Doch ein Gespräch aus dem Herbst 1901 möchte ich jetzt erwähnen, das stattfand zwischen der jetzigen Frau Dr. Steiner und mir bei jenem Chrysanthemen-Tee, und in welchem diese die Frage stellte, ob es nicht doch sehr notwendig sei, eine geistige Bewegung in Europa ins Leben zu rufen. Im Verlaufe des Gespräches sagte ich klar die Worte: Gewiß, notwendig ist es, eine geisteswissenschaftliche Bewegung ins Leben zu rufen; ich werde mich aber nur finden lassen für eine solche Bewegung, die an den abendländischen Okkultismus und ausschließlich an diesen anknüpft und diesen fortentwickelt. – Und ich sagte in dieser Beziehung, daß angeknüpft werden müsse an Plato, an Goethe und so weiter. Ich wies hin auf das ganze Programm, das dann auch ausgeführt worden ist.

In diesem Programm hatte eben ein ungesundes Treiben wirklich keinen Platz, aber es kamen selbstverständlich vielfach auch Personen mit solchen Neigungen heran, weil man es mit Persönlichkeiten zu tun hatte, die von allen Seiten beeinflußt waren von der Bewegung, von der ich Ihnen erzählt habe. Wie aber mit diesem Programm notwendigerweise verbunden war eine völlige Abkehr von allem Mediumismus und Atavismus, das sehen Sie an dem Gespräch, das ich mit einem Mitglied der englischen Gesellschaft hatte, und das ich im Anfang dieses Vortrages angeführt habe.

Sie sehen, daß mit Bewußtsein der Weg eingeschlagen worden ist, der uns die langen Jahre hindurch geführt hat. Wenn auch auf diesem Wege viele Elemente herangekommen sind mit allerlei mediumistischem und atavistischem Hellsehen, von diesem Wege ist nicht abgewichen worden, und er hat uns zu dem geführt, zu dem wir gebracht worden sind.

Dadurch allerdings war ich darauf angewiesen, innerhalb der theosophischen Bewegung diejenigen Menschen zu finden, welche Herz und Sinn hatten für eine solche durchaus gesunde Methode. Alle diejenigen, die eine solche gesunde und doch streng wissenschaftliche und unter streng wissenschaftlicher Verantwortlichkeit vor sich gehende Bewegung nicht wollten, haben immer das, was wir getrieben haben, so behandelt, daß sie zunächst das, was bei uns geleistet worden ist, in ihrer Art verdreht haben, wie Sie es an dem Beispiele sehen, das Ihnen jetzt soviel Kopfzerbrechen macht – vielleicht auch nicht! – und was dann soviel Feindschaft gebracht hat, wie Sie es wiederum an diesem Beispiele sehen. Das aber kann Ihnen wieder aus einer geschichtlichen Betrachtung hervorgehen, daß sich durch all das Wirken durchzieht kein Zurückweichen vor dem Eintreten in die höchsten geistigen Welten, soweit sie sich der Menschheit jetzt gnadenvoll aus der höheren Welt heraus eröffnen können; daß aber auf der anderen Seite streng dasjenige zurückgewiesen wird, was nicht auf gesundem Wege, nicht durch die Methoden für das richtige Eintreten in die geistigen Welten hat gewonnen werden können. Wer das erkennen kann, bewertet und geschichtlich verfolgt, braucht es nicht nur als eine bloße Versicherung hinzunehmen, sondern er sieht es an der ganzen Art des Wirkens, wie es durch die Jahre hindurch geübt worden ist. Wir haben die Möglichkeit gehabt, viel, viel weiter zu gehen in der wirklichen Erforschung der geistigen Welt, als jemals die Theosophische Gesellschaft hat gehen können. Aber wir wandeln nicht auf unsicheren Wegen, sondern wir wandeln die sicheren Wege. Das darf frank und frei gesagt werden.

Daher habe ich es stets abgelehnt, mit irgendwelchem antiquierten Okkultismus, mit irgendwelchen Brüderschaften oder Gemeinschaften dieser Art auf dem Gebiete der Esoterik irgendwie etwas zu tun haben zu wollen. Und nur unter Wahrung der vollsten Selbständigkeit arbeitete ich eine Zeitlang in gewisser äußerlicher Verbindung mit der Theosophical Society und ihren esoterischen Einrichtungen, nicht aber in ihrer Richtung. Schon im Jahre 1907 ist alles Esoterische vollständig abgetrennt worden von der Theosophical Society, und was dann weiter geschehen ist, wissen Sie hinlänglich. Auch das ist geschehen, daß okkultistische Brüderschaften mir diese oder jene Vorschläge machten; und namentlich als eine ganz angesehene okkultistische Brüderschaft mir den Vorschlag machte, mich zu beteiligen an der Ausbreitung eines sich auch rosenkreuzerisch nennenden Okkultismus, ließ ich ihn unbeantwortet, trotzdem er von einer ganz angesehenen okkultistischen Bewegung kam. Ich muß das sagen, um zu zeigen, daß bei uns ein selbständiger, der Gegenwart angemessener Weg verfolgt wird, und daß ungesunde Elemente uns auf das unangenehmste berühren müssen.

DRITTER VORTRAG

Dornach, 16. Oktober 1915

Ich will heute – weil noch andere Dinge zur Besprechung vorliegen – nur eine kurze Episode zu den Betrachtungen einfügen, die wir in den vorangehenden Tagen gepflogen haben. Morgen werden wir dann noch einiges Genaueres zu sagen haben über die okkulte Bewegung im 19. Jahrhundert und ihre Beziehung zur Weltkultur. Ich muß aber eben einfügen dem ganzen Gang der Betrachtung eine Sache, die sehr wichtig ist. Wenn Sie sich erinnern an die verschiedenen Auseinandersetzungen, die wir gepflogen haben, namentlich an einzelne Bemerkungen, die ich habe machen können im Anschluß an die Broschüre des Herrn *von Wrangell:* «Wissenschaft und Theosophie» – ich muß das noch einmal sagen, obzwar ich es schon betont habe –, so werden Sie sehen, daß man genötigt war, gerade von dem Gesichtspunkte unserer Geisteswissenschaft aus, dem Heraufkommen des Materialismus, der materialistischen Weltanschauung im 19. Jahrhundert eine große Bedeutung beizumessen, sich zu diesem Heraufkommen des Materialismus nicht bloß so zu stellen, daß man eben einfach sich kritisierend verhält.

Kritisierend sich zu verhalten, ist immer das Allerleichteste, wenn man einer Sache gegenübersteht. Es ist also nötig, so sich zu verhalten, daß man begreift, daß gerade im 19. Jahrhundert jene Strömung heraufziehen mußte in der Menschheitsentwickelung, die man eben materialistische Weltanschauung nennen kann. Charakterisiert haben wir sie ja genügend. Wir können zunächst zwei Gesichtspunkte anführen, durch welche uns die ganze Bedeutung der materialistischen Weltanschauung klarwerden kann.

In der Form, in welcher der Materialismus im 19. Jahrhundert als Weltanschauung heraufgezogen ist, war er eigentlich vorher nicht vorhanden. Gewiß, es hat einzelne materialistische Philosophen wie *Demokrit* und andere gegeben – Sie können darüber nachlesen in den «Rätseln der Philosophie» –, die gewissermaßen die Vorläufer dieses Materialismus als Theorie sind. Aber wenn wir ihre Weltanschauung, so wie sie wirklich ist, vergleichen mit dem, was sich in dem Materialismus des

19. Jahrhunderts ausspricht, so müssen wir sagen: In der Form, in der der Materialismus im 19. Jahrhundert Weltanschauung geworden ist, war er früher nicht da. Insbesondere konnte er so nicht vorhanden sein, sagen wir im Mittelalter oder in den Jahrhunderten, die eben der Morgenröte des neuzeitlichen Geisteslebens vorangingen. Er konnte nicht vorhanden sein, denn die Menschen hatten in ihrer Seele viel zu viel Zusammenhang noch mit den Impulsen der geistigen Welt. Sich vorzustellen, daß die ganze Welt eigentlich nichts ist als eine Summe von sich bewegenden Atomen im Raum, die sich zu Molekülen ballen, durch welches Ballen dann alle Erscheinungen des Lebens und des Geistes zustande kommen, das war erst dem 19. Jahrhundert vorbehalten.

Nun kann man sagen: eines ist da, das immerzu wie eine Art roter Faden, dem man nachgehen kann, da sein wird, selbst in den allerschlimmsten Weltanschauungen. Und wenn man diesem roten Faden nachgeht, der sich so durch die Menschheitsentwickelung hindurchschlingt, dann wird man durch diesen roten Faden zum mindesten das Unmögliche der materialistischen Weltanschauung einsehen müssen. Und dieser rote Faden ist einfach in der Tatsache bestehend, daß die Menschen denken müssen. Ohne Denken ist es nämlich unmöglich, daß der Mensch auch nur zur materialistischen Weltanschauung kommt. Er hat sie ja ausgedacht, diese materialistische Weltanschauung! Nur daß man in der materialistischen Weltanschauung vergißt, Selbsterkenntnis zu üben, nämlich das bißchen Selbsterkenntnis: Du denkst ja, und die Atome können nicht denken. – Wenn man nur dieses bißchen Selbsterkenntnis übt, so hat man etwas, woran man sich halten kann. Und hält man sich daran, dann wird man immer finden, daß es mit dem Materialismus nicht geht.

Aber um so recht zu finden, daß es mit dem Materialismus nicht geht, mußte er erst in seiner eigentlichen Gestalt ausgearbeitet sein. Bedenken Sie doch nur: solange man gewissermaßen ein verfälschtes Bild des Materialismus hatte, ein Bild, in dem immer noch geistige Impulse mitgedacht waren, da konnte man sich an das bißchen Geist, das man noch in den Naturerscheinungen und so weiter suchte, halten. Erst dann, als man allen Geist herausgeworfen hatte – durch den Geist, denn das Denken ist nur dem Geiste möglich –, erst als man durch den Geist den

Geist im Weltenbilde herausgeworfen hatte, konnte einem die ganze Öde der materialistischen Weltanschauung entgegentreten. Es mußte überhaupt den Menschen einmal entgegentreten diese ganze Öde des materialistischen Weltbildes. Aber Sie sehen, notwendig ist nun dazu die Selbstbesinnung auf das Denken. Ohne das geht es nicht. Aber sobald wir nur ein wenig hinschauen auf die Selbstbesinnung des Denkens, dann müssen wir uns sagen: Es mußte einmal in der Entwickelung das ganze öde Bild des Materialismus heraufkommen, damit die Menschen gewahr werden, was sie darin haben.

So wäre der eine Punkt gekennzeichnet. Aber man versteht ihn doch nicht recht, wenn man ihn nicht auch von seiner anderen Seite aus noch kennzeichnet. Von der anderen Seite gekennzeichnet, sehen Sie: materialistisches Weltbild – Raum – im Raum Atome, die in Bewegung sind – dieses das All. Es wäre im Grunde genommen alles nur eine äußere Folgeerscheinung, ein Blendwerk der einseitigen Wirklichkeit des Raumes und der sich in ihm bewegenden Atome, also jener kleinsten Teile, von denen wir schon in den vorigen Vorträgen gezeigt haben, daß das Denken es nicht leidet, daß sie eigentlich sind. Aber man kommt immer wieder auf diese Atome zurück. Wie findet man sie eigentlich? Wie kommt der Mensch eigentlich zu der Annahme von Atomen?

Gesehen kann sie keiner haben, denn sie sind erdacht, sie sind richtig erdacht. Es muß also der Mensch eine Veranlassung haben, abgesehen von der Wirklichkeit, sich eine atomistische Welt auszudenken. Er muß durch irgend etwas veranlaßt, geneigt sein, sich eine atomistische Welt auszudenken. Die Natur selbst führt den Menschen wahrhaftig nicht dazu, sie sich atomistisch vorzustellen. Man kann gerade mit dem Physiker – ich rede hier nicht hypothetisch von etwas Ausgedachtem, sondern ich habe wirklich mit Physikern solche Gespräche geführt –, man kann gerade mit dem Physiker sich darüber unterhalten, weil er die äußere Physik kennt. Er könnte eigentlich gar nicht auf den Atomismus verfallen! Und man müßte sagen, wie auch tatsächlich schon in den achtziger Jahren die gescheiteren Physiker darauf gekommen sind: der Atomismus ist eine Annahme, eine Arbeitshypothese, damit man darin eine Abbreviatur, eine Rechenmünze habe, aber man muß sich klar sein, daß man es mit keiner Wirklichkeit zu tun hat. Denkende Physiker möchten am liebsten bei dem bleiben, was sie mit den Sinnen wahrnehmen. Aber sie fallen doch immer wieder, wie die Katze auf die Pfoten, auf den Atomismus.

Wenn Sie verfolgen, was wir im Laufe der Jahre uns erarbeitet haben – es ist schon sehr oft über diese Dinge gesprochen worden, seit ich in München die Vorträge über die «Theosophie des Rosenkreuzers» gehalten habe –, wenn Sie das verfolgen, werden Sie sehen, daß der Mensch die Anlage zu dem physischen Körper auf dem alten Saturn erhalten hat, daß er dann nach und nach durch die Sonnen- und Mondenentwickelung hindurchgegangen ist und dann in der alten Mondenzeit eingegliedert bekommen hat in seinen Organismus, in das, was dazumal von seinem physischen Organismus vorhanden war, sein Nervensystem.

Nun stellt man sich aber die Sache ganz falsch vor, wenn man meinen würde, das Nervensystem wäre während der alten Mondenzeit so gewesen, wie es sich heute einem Anatomen oder Physiologen darstellt. Das Nervensystem war in der Mondenzeit eigentlich nur als Urbild, als Imagination vorhanden. Physisch, oder besser mineralisch, so wie es physisch-chemisch ist, ist es erst während der Erdenzeit geworden. Und die ganze Gliederung, wie sie jetzt in unserem Körper sitzt, ist ein Ergebnis der Erdenorganisation. Während der Erdenorganisation wurde das Mineralische, die Materie, in die imaginativen Urbilder unseres Nervensystems wie auch in die anderen Urbilder hineingegliedert. Und dadurch entstand unser jetziges Nervensystem.

Nun, der Materialist sagt sich: Mit diesem Nervensystem denke ich oder nehme ich wahr. – Wir wissen, daß das ein Unsinn ist. Denn wenn wir uns den Vorgang wirklich vorstellen wollen, so können wir uns irgendeinen Nerven vorstellen, der im Organismus verläuft. Stellen wir uns nun aber verschiedene Nerven vor, die im Organismus verlaufen. Diese verlaufen dann so, daß sie Verzweigungen wie Äste aussenden. Ein Nerv verläuft gewissermaßen so, daß er einen Stamm hat und dann Äste aussendet; es ist sogar so, daß Äste in die Nähe von anderen Ästen kommen und daß dann da ein anderer Strang weitergeht. Das ist ja nur schematisch und ungenau gezeichnet.

Wie verläuft denn eigentlich nun das menschliche Seelenleben innerhalb dieses Nervensystems? Das ist die Frage, die wir vor allen Dingen aufstellen müssen. Man gelangt zu keiner Vorstellung davon, wie das Seelenleben im Nervensystem verläuft, wenn man nur das tagwache Bewußtsein ins Auge faßt. Sobald der Mensch aber den Moment ins Auge faßt, wo er mit seinem Ich und mit seinem astralischen Leibe aus dem Nervensystem herausschlüpft – herausschlüpft aus dem ganzen Leibe und damit also auch aus dem Nervensystem –, und insbesondere den Moment, wo er beim Aufwachen wiederum hineinschlüpft, dann merkt er die eigentümliche Erscheinung: man ist eigentlich während des Schlafes außerhalb seiner Nerven gewesen, das heißt mit seinem astralischen Leibe und seinem Ich. Man schlüpft wieder in seine Nerven hinein, man steckt dann wirklich darinnen. Erst fühlt man sich außerhalb gestellt und dann wie in die Nerven hineinfließend. Also besonders beim Aufwachen schlüpft man so in seine Nerven hinein.

Der Prozeß des Aufwachens ist viel komplizierter, als man zunächst ihn schematisch darstellen kann. Und so ist man eigentlich den Tag über mit seiner Seele so in seinem Leibe darinnen, daß man außerdem, wie man sonst mit seinem astralischen Leibe ausfüllt seinen physischen Leib, die Nerven ausfüllt. Dieses Ausfüllen ist nicht so, daß man wie mit einer Art Nebel den physischen Leib ausfüllt, sondern man füllt ihn organisierend aus. Indem man sich in die verschiedenen Organe hineinbegibt, schlüpft man auch wie mit Fühlfäden bis in die äußersten Verzweigungen der Nerven hinein.

Stellen Sie sich das bitte ganz lebhaft vor. Ich will es noch einmal schematisch zeichnen, ich kann es aber nur so zeichnen, daß es gewissermaßen verkehrt, wie eine Art Spiegelbild ist. Ich muß von außen zeichnen, müßte aber von innen zeichnen. Nehmen wir an, das wäre der astralische Leib und das wären die Fühlfäden, die er ausstreckt (rot). Das ist alles astralischer Leib, was ich jetzt zeichne. Hier streckt er gewisse Fühlfäden in die Nervenstränge hinein. Das zeichne ich so.

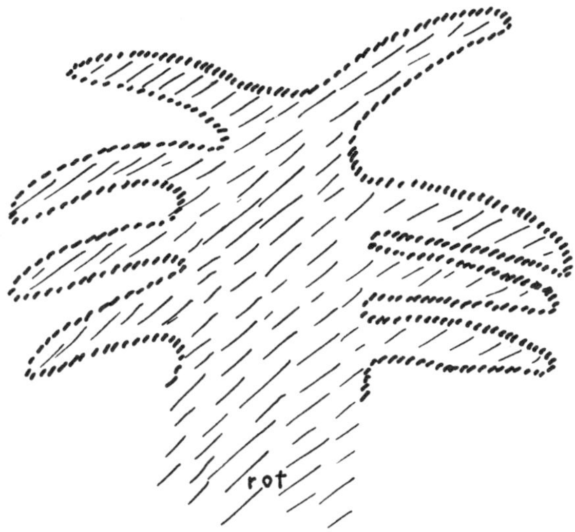

Also wirklich, hier schlüpft er in die Nervenstränge hinein. Denken Sie sich, mein Rockärmel wäre da vorne zugenäht und ich würde mit meinem Arm wie in einen Sack hineinschlüpfen. Denken Sie sich, ich würde hundert Arme haben und würde sie so in Säcke hineinstecken, dann würde ich mit den hundert Armen da so anstoßen, wo die Ärmel zugenäht sind. So schlüpfen wir also hinein bis dahin, wo der Nervenstrang endet. Das kann man im physischen Leibe verfolgen, wo der Nervenstrang endigt, und bis dahin schlüpft man hinein. Solange ich da hineinschlüpfe, fühle ich nichts. Ich fühle nur, wenn ich dahin komme, wo der Ärmel zugenäht ist. Ebenso ist es mit den Nerven: wir fühlen den Nerv nur da, wo er endet. Wir stecken den ganzen Tag in der Nervenmaterie und berühren immer die Enden unserer Nerven. Das bringt sich der Mensch zwar nicht zum Bewußtsein, aber es kommt in seinem Bewußtsein zum Ausdrucke, ohne daß er es will.

Wenn er nun denkt – und er denkt ja mit seinem Ich und astralischen Leibe –, so können wir sagen: das Denken ist eine Tätigkeit, die da ausgeübt wird und sich vom Ich und astralischen Leib auf den Ätherleib überträgt. Vom Ätherleib schlüpft auch noch etwas da hinein, wenigstens seine Bewegung. Das, was die Ursache des Bewußtseins ist, das ist, daß ich immer mit dem Denken an einen Punkt komme, wo ich anstoße. An unendlich viele Punkte stoße ich an, wenn ich da hineinschlüpfe, nur kommt es mir nicht zum Bewußtsein. Zum Bewußtsein kommt es nur dem, der den Prozeß des Aufwachens bewußt erlebt: Wenn er bewußt hineintaucht in den Nervenmantel, dann spürt er, daß es ihm überall entgegensticht.

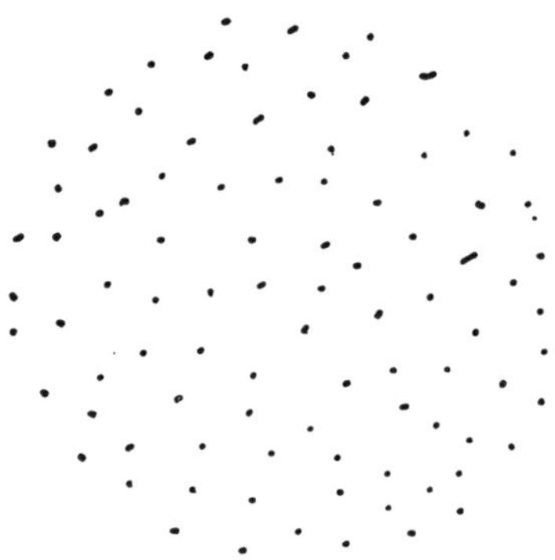

Ich habe sogar einmal einen interessanten Menschen kennengelernt, der in abnormer Weise dies in sein Bewußtsein bekommen hat, was ich in der folgenden Weise darstellen möchte. Der Mensch war ein ausgezeichneter Mathematiker und bewandert in dem ganzen damaligen Stande der höheren Mathematik. Er hatte sich natürlich auch viel beschäftigt mit Differential- und Integralrechnung. Differential ist in der Mathematik das Atomistische, das Kleinste, das, was noch als Kleinstes vorgestellt werden kann. Mehr kann ich heute darüber nicht sagen. Da kam nun, ohne daß es so eigentlich über die Schwelle des Bewußtseins heraufauftauchte, dem Manne das zum Bewußtsein, daß er da überall gestochen wird, wenn er so hineinfährt. Wenn es nicht regelrecht zum Bewußtsein kommt, wie es durch die Übungen in «Wie erlangt man Erkenntnisse der höheren Welten?» zum Bewußtsein gebracht werden kann, so können dabei ungewöhnliche Dinge auftreten. So glaubte er überall bei sich zu empfinden die Differentiale, er war voll von Differentialen, überall fühlte er die Differentiale. Ich bin voller Differentiale – sagte er –, ich bin überhaupt nicht integral. – Das bewies er auch auf eine sehr scharfsinnige Weise, daß er überall von Differentialen strotze.

Stellen Sie sich lebendig diese Stiche vor. Was tut der Mensch damit, wenn sie nicht in sein Bewußtsein heraufkommen? Er projiziert sie in den Raum und füllt den Raum damit aus, und das sind dann die Atome. Das ist in Wahrheit der Ursprung des Atomismus. Gerade so macht es der Mensch, wie Sie es machen würden, wenn da vor uns ein Spiegel wäre und Sie keine Ahnung hätten, daß da ein Spiegel ist. Sie würden sicherlich glauben, da draußen wäre noch eine Versammlung von Menschen. Deshalb stellt der Mensch sich den ganzen Raum erfüllt vor von dem, was er da hineinprojiziert. Dieser ganze Nervenprozeß spiegelt sich in den Menschen zurück wegen des Umstandes, daß er da anstößt. Aber das ist dem Menschen nicht bewußt, daß er da anstößt, und der ganze Raum ist ihm daher ringsumher scheinbar erfüllt mit Atomen. Die Atome sind die Stiche, die seine Nervenendigungen ausüben. Die Natur nötigt uns nirgends, Atome anzunehmen, aber die Menschennatur nötigt uns dazu. In dem Augenblicke, wo man im Erwachen zu sich selbst kommt, taucht man in sich unter und man wird in sich gewahr eine unzählige Anzahl von Raumpunkten. In diesem Augenblicke ist man gerade in derselben Lage, in der man sich befindet, wenn man einem Spiegel entgegengeht, man stößt daran an und weiß dann, daß man nicht dahinter kann. Ähnlich ist es beim Aufwachen. In demselben Momente, wo man aufwacht, stößt man an seine Nerven an, und man weiß: da kannst du nicht hinüber, darüber kannst du nicht hinauskommen. – Es ist also das ganze Atombild so, als ob es eine Spiegelwand wäre: in dem Augenblick, wo man merkt, daß man nicht darüber hinauskommt, weiß man die Sache.

Und jetzt nehmen Sie einen Ausspruch, den ich Ihnen schon angeführt habe als von *Saint-Martin* herrührend. Was sagt der Naturforscher? Der Naturforscher sagt: Analysiere die Naturerscheinungen und du findest die atomistische Welt. – Wir wissen, die atomistische Welt ist nicht da. In Wahrheit sind nur unsere Nervenendigungen da. Was ist denn da, wo die atomistische Welt vermutet wird? Da ist nichts! Wir müssen stehenbleiben bei dem Spiegel, bei den Nervenendigungen. Der Mensch ist da, und der Mensch ist ein Spiegelapparat. Wenn man nicht erkennt, daß er ein Spiegelapparat ist, so vermutet man hinter ihm allerlei Zeug: nämlich die materialistische Weltanschauung, in Wahrheit muß man aber den Menschen finden. Das kann man aber nicht, wenn man sagt: Analysiere die Naturerscheinungen –, denn die geben einem ja den Atomismus. Da muß man schon sagen: Versuche, über den bloßen Schein hinwegzukommen! – Man muß also sagen: Versuche den Schein zu durchschauen! – Dann kann man aber nicht sagen: Und du findest die atomistische Welt –, sondern man muß sagen: Du findest den Menschen! – Und jetzt erinnern Sie sich an das, was wie aus einer Prophetie heraus, die er selber noch nicht völlig verstanden hat, Saint-Martin gesagt hat mit dem Satze, den ich Ihnen aufgeschrieben habe: «Dissipez vos ténèbres matérielles et vous trouverez l'homme.» Es ist derselbe Satz, es ist ganz dasselbe, nur kann es mit Hilfe der Betrachtung, die wir angestellt haben, erst verstanden werden.

Sie sehen, wir erfüllen durch die Art und Weise, wie wir zusammenbringen unsere Geisteswissenschaft mit der Naturwissenschaft und mit den Irrtümern der Naturwissenschaft, ein Programm, das in der menschlichen Sehnsucht lebt, seit es Menschen gibt, die etwas ahnten von der Unmöglichkeit der modernen materialistischen Weltanschauung. Das ist eben das unendlich Bedeutsame, das einen überkommt in seinen Wirkungen, wenn man die ganze Eigenart unserer Weltanschauung ins Auge faßt: Geisteswissenschaft ist da, weil sie ersehnt worden ist von denjenigen, die ein Gefühl hatten für das Wahre, für das, was kommen muß als die Wahrheit, die einzig und allein der Menschheit bringen kann, was die Menschheit in der neueren Zeit braucht.

Morgen werde ich Ihnen zu zeigen haben, warum gerade der Irrtum entstehen mußte, als die Probe gemacht wurde mit dem Spiritismus im 19. Jahrhundert. Wie ich Ihnen so vielfach gezeigt habe, hatte man es mit Suggestionen von lebenden Menschen zu tun, während man glaubte, daß man es zu tun habe mit Einflüssen von seiten der Toten.

Diese sind nur dann zu erlangen, wenn man sich auf denjenigen Teil des psychischen Menschen zurückzieht, welcher herausgehoben werden kann aus dem physischen Leibe. Alles das, was der Mensch durchlebt zwischen dem Tode und einer neuen Geburt, kann nur erkundet werden durch das, was der Mensch außerhalb des physischen Leibes erleben kann; so daß man dazu nicht eigentlich Medien, im richtigen Sinne des Wortes, gebrauchen kann. Doch davon morgen weiter. Und das wird auch zusammenhängen mit dem Kapitel über das Leben zwischen dem Tod und einer neuen Geburt, worüber ich schon bei einer der letzten Besprechungen eine Andeutung gemacht habe, daß darüber noch einiges kommen soll.

VIERTER VORTRAG

Dornach, 17. Oktober 1915

Ich möchte heute noch einiges in Fortsetzung von dem sagen, was ich über die Entwickelung des geistigen Lebens im 19. Jahrhundert bemerkt habe. Es wird uns namentlich noch zu beschäftigen haben, welche Rolle auf der einen Seite die materialistische Weltanschauung spielt, und wie versucht worden ist, gegen das, wie ich schon sagte, notwendige Hereinströmen der materialistischen Weltanschauung die geistige Bewegung des 19. Jahrhunderts zu setzen, wie versucht worden ist von den verschiedenen Seiten der Okkultisten, den Menschen Rettung zu bringen vor dem Verfallen in den Materialismus. Auf der anderen Seite können wir damit gut verbinden eine Betrachtung über dasjenige, was uns selber in diesen Tagen vor Augen tritt: eine besondere Betrachtung, um etwas hinter das Eigentümliche jener Mächte und Kräfte zu kommen, die sich äußerlich auf dem physischen Plane in der Weise abspielen, daß sie uns ja so viele Sitzungen bereits gekostet haben, die Ihnen, wie ich wenigstens voraussetze, viel Kopfzerbrechen machten.

Es wird sich eine Linie finden von gewissen größeren Gesichtspunkten in der Geistesentwickelung des 19. Jahrhunderts zu diesen Dingen, die uns jetzt selber treffen. Ich werde allerdings gerade heute gezwungen sein, weit auszuholen, und ich bitte Sie, die verschiedenen Mitteilungen, die ich zu machen habe, für sich selbst gleich von Anfang an mit einer gewissen Vorsicht zu behandeln, aus dem einfachen Grunde, weil die Dinge immerhin Mitteilungen betreffen, welche naturgemäß, wie Sie sehen werden, nur ganz wenigen Menschen in der Gegenwart bekanntwerden können. Später wird es sich schon ergeben, daß Sie die völligen Belege finden können.

Vor allen Dingen gehen wir noch einmal von dem einen Punkte aus, daß im 19. Jahrhundert die Zeit war, wo der Materialismus als Weltanschauung im naturgemäßen Gange des Menschheitsfortschrittes heraufkam; daß um die Mitte des 19. Jahrhunderts die Zeit war, wo die ganze Menschheit gewissermaßen geprüft werden sollte durch das Heraufkommen des Materialismus. Der Materialismus sollte wie eine Circe verführerisch an dem Horizont der Weltanschauung dastehen, und es sollten die menschlichen Neigungen, die menschlichen Gefühle und Empfindungen eine solche Gestalt annehmen, daß die Menschen gleichsam in den Materialismus verliebt wurden. Man kann wirklich sagen, die Menschen des 19. Jahrhunderts wurden in den Materialismus verliebt.

Auf der anderen Seite haben wir gesehen, welche große Lobrede auf den Materialismus zu halten ist. Wir haben zeigen müssen, daß der Materialismus als Methode gerade die großen Errungenschaften der Naturwissenschaft gebracht hat. Diese großen Errungenschaften der Naturwissenschaft mit all ihren technischen, ökonomischen und sozialen Erfolgen hätten nicht eintreten können, wenn nicht die menschlichen Seelenfähigkeiten geschaffen worden wären für die materialistische Art der Weltbetrachtung. Es kamen zwei Dinge zusammen. Auf der einen Seite mußte der Gang der Menschheitsentwickelung ablaufen und bis zu dem Punkte hingehen, wo sich in der Naturbetrachtung eine materialistische Interpretation ergeben mußte, wenn man weiter ging. Gerade die ehrlichen Leute mußten auf den Materialismus kommen, wenn sie gewisse Forschungswege, die die Naturwissenschaft eingeschlagen hatte, fortsetzten. Denn der Materialismus war gut, gut als Forschungsmethode für die Beobachtung der Geheimnisse der sinnlichen Welt. Das war das eine, das sich ergab. Das andere war, daß sozusagen das Herz, die Seele der Menschen so gestimmt wurde, daß man den Materialismus gern hatte, so daß nach ihm alles hindrängte. Alles kam also zusammen, um die Menschen gewissermaßen durch eine materialistische Weltanschauung zu prüfen.

Nun habe ich Ihnen schon gesagt, daß diejenigen unter den Okkultisten, die gewissermaßen die Verantwortung haben dafür, daß die Menschheit nicht vollständig in den Materialismus versinkt, den Versuch machten mit dem Mediumismus, und ich habe Ihnen auch gezeigt, daß der Mediumismus auf Abwege geführt hat. Einen der wichtigsten Abwege habe ich schon angedeutet. Ich habe gesagt, es war so merkwürdig, daß die Medien überall vorgaben, Kunde, Offenbarungen geben zu können aus dem Reiche der Toten heraus, aus dem Reiche, in dem die Menschen leben nach dem Tode. Nun, das Merkwürdigste war ferner, neben alledem, was ich schon ausgesprochen habe, daß diese Bekundungen, welche durch Medien kamen und angeblich aus dem Reiche der Toten stammten, überall eine starke tendenziöse Färbung zeigten. Sie können all die Bekundungen durchgehen und Sie werden finden, daß überall eine stark tendenziöse Färbung in diesen Kundgebungen der Medien vorhanden ist, gerade was das Leben der Seele nach dem Tode betrifft.

An wichtigen Orten, wo man sich der Medien bediente, kamen solche Kundgebungen, über welche die alten Esoteriker, also diejenigen, die gewisse okkulte Wahrheiten nicht an die Öffentlichkeit geben wollten, im höchsten Grade betroffen waren. Den Grund, warum sie betroffen sein konnten, kann ich Ihnen mit folgenden Worten auseinandersetzen.

Lesen Sie nach, um sich die Sache ganz klarzumachen, den Vortragszyklus, den ich vor einiger Zeit in Wien gehalten habe: «Inneres Wesen des Menschen und Leben zwischen Tod und neuer Geburt.» Darinnen stehen sehr wichtige Dinge, die dann herauskommen, wenn man sich in regelmäßiger Weise dem Reiche der Toten nähert, wenn man sich gewissermaßen in die Lage versetzt, daß die Toten zu einem sprechen können.

Aber an sehr vielen Orten, an denen man sich der Medien bediente, kamen ganz andere Offenbarungen. Und vor allen Dingen werden Sie, wenn Sie die Literatur verfolgen, die aufgehäuft worden ist aus den Kundgebungen der verschiedenen Medien, darauf kommen, daß durch die mannigfaltigsten Medien, namentlich dort, wo diese Medien von den Seelen der Lebendigen geleitet worden sind, die Sachen ganz tendenziös gefärbt worden sind. Es kamen da Beschreibungen über das Leben nach dem Tode, die, wenn Sie sie vergleichen mit dem, was in dem Vortragszyklus über das Leben zwischen dem Tod und einer neuen Geburt steht, ganz falsch sind. Sie werden dann auch sehen, daß die Tendenz in den verschiedenen Medien war, nichts aufkommen zu lassen darüber, daß es wiederholte Erdenleben gibt. Die Medien schilderten überall, wo sie vorgaben, daß die Toten zu ihnen sprächen, das Leben nach dem Tode so, daß daraus hervorging: es könne nicht wiederholte Erdenleben geben. Die Tendenz liegt einmal in der Entwickelung des Mediumismus, gerade in seinen wichtigsten Punkten, falsche Angaben zu machen über das Leben zwischen dem Tod und einer neuen Geburt, und zwar solche Angaben zu machen, welche geradezu die sogenannte Reinkarnation ausschließen. Man wollte also durch Medien so sprechen. Das heißt, gewisse Leute, welche eben diese Tendenz verfolgen vermöge ihrer Sonderrichtung, wollten durch die Medien solche Offenbarungen in die Öffentlichkeit kommen lassen, welche darauf hindeuten, daß es keine wiederholten Erdenleben gibt. Man wollte also die Lehre von den wiederholten Erdenleben durch die Medien bekämpfen. Das war eine sehr auffällige Tatsache, eine Tatsache, vor der die am weitesten nach rechts stehenden Okkultisten am allermeisten erschrecken konnten, da sie mit heraufbeschworen hatten den ganzen Mediumismus und dasjenige, was der Mediumismus anrichtete, der im Dienste einer Tendenz war und nicht im Dienste der unbefangenen Wahrheit.

Alle diese Dinge konnten gemacht werden, weil die genugsam charakterisierte starke Tendenz nach dem Materialismus vorhanden war. Es war eben die starke Tendenz der Menschen nach dem Materialismus da. Nun ist mit keiner Art des Materialismus als Weltanschauung vereinbar dasjenige, was als geistige Forschungsmethode in dem Zyklus steht von dem Leben zwischen dem Tode und einer neuen Geburt. Aber man kann in seiner Denkweise Materialist sein und das glauben, was die verschiedenen Medien über das Leben nach dem Tode gesagt haben. Denn das ist im Grunde genommen nur eine Art verbrämter Materialismus, der sich schämt, Materialismus zu sein und deshalb Medien gebraucht, um etwas von der geistigen Welt zu erfahren. Mit dem Materialismus also mußte gerechnet werden, und am besten kamen dabei diejenigen fort, die wirklich mit dem Materialismus rechneten.

Nun kommt zu alledem etwas anderes hinzu. Im Laufe des 19. Jahrhunderts war eine große Verwirrung entstanden, selbst bei denen, die über die geistigen Welten etwas wußten, über eine gewisse Sache, über welche, wenn überhaupt eine spirituelle Bewegung weitergehen soll, es im höchsten Grade notwendig ist, daß Klarheit geschaffen werde. Die Verwirrung war die, daß man fortwährend zusammenwarf Ahriman und Luzifer. Unterscheiden konnte man sie nicht mehr. Man hatte ein böses Prinzip und den Repräsentanten des Bösen, aber in scharfer Weise unterscheiden wollte und konnte man nicht. Erinnern Sie sich nur an das, was ich zu Ostern auseinandergesetzt habe: wie *Goethe* selbst nicht mehr imstande war, eine Trennung zu machen zwischen Ahriman, den er Mephistopheles nannte, und Luzifer. Sie sind nicht zu unterscheiden, da Mephistopheles in der Goetheschen Darstellung ein Gemisch, ein Mittelding ist zwischen Ahriman und Luzifer. Die Menschen hatten im Laufe des 19. Jahrhunderts nicht die Anlage, zu unterscheiden zwischen den Repräsentanten der geistigen Strömungen, zwischen Ahriman und Luzifer. Ich werde heute nur mitteilungsweise einiges zu sagen haben, später werde ich es weiter ausführen können, und dann werden sich auch die Belege ergeben.

Nun hängt vieles davon ab, wenn es sich darum handelt, Klarheit zu gewinnen über die geistige Welt, daß man richtig unterscheiden kann zwischen Ahriman und Luzifer. Deshalb muß diese strenge Unterscheidung gemacht werden, die selbst unserer figürlichen Darstellung zugrunde liegt, wo Sie die beiden Mächte dargestellt finden: sowohl Ahriman wie Luzifer. Davon hängt also sehr viel ab, daß man diese beiden Mächte, Ahriman und Luzifer, gut zu unterscheiden weiß. Weiß man sie nicht gut zu unterscheiden, so führt das eine eigentümliche Art der Verwirrung in der Geisteswissenschaft herbei. Diese ist so zu charakterisieren: fortwährend ist, wenn man sie so durcheinanderwirft, wie das Goethe in dem Kuddelmuddel mit Ahriman und Luzifer im Mephistopheles getan hat, die Gefahr vorhanden, daß einem Ahriman immerfort in der Form des Luzifer kommt. Man weiß da nicht recht, mit wem man es zu tun hat. Man weiß nicht, ob man es mit Ahriman zu tun hat oder mit Luzifer in der Form des Ahriman. Ahriman will uns anlügen, anlügen durch die materialistische Weltanschauung. Aber die materialistische Weltanschauung würde nicht so zu der gestern angeführten Konsequenz führen, wenn man nur weit genug ginge und sich am Faden des Denkens hielte. Ohne dieses weitgehende Denken kann man mit dem Materialismus nicht zu Rande kommen. Wenn man sie aber durcheinandermischt, Ahriman und Luzifer, zu einem Kuddelmuddel, dann geschieht es, daß man das, was einen als ahrimanisches Bild, als ahrimanische Welt anlügt, annimmt, weil Luzifer dem Ahriman zu Hilfe kommt, und man dann eine gewisse Sehnsucht bekommt, gewisse Irrtümer als Wahrheiten hinzunehmen.

Diese merkwürdige Tatsache hat sich im höchsten Grade herausgebildet: Irrtümer, die eigentlich nur im Zeitalter des Materialismus blühen konnten – man könnte sagen, im Zeitalter der Verführung durch Ahriman –, dadurch hinzunehmen, daß Luzifer von innen heraus hilft. Ahriman mischt sich in die Auffassung der äußerlichen Erscheinungen und lügt einen darüber an. Aber man würde hinter seine Schliche kommen, wenn nicht im eigenen Inneren Luzifer gewisse Sehnsuchten erweckte, gerade solche materialistische Vorstellungen in der Weltanschauung aufzupeitschen.

Nun, das war eine Situation, die einmal da war im Laufe des 19. Jahrhunderts. Die Menschen waren in dieser Lage, und derjenige, der es wollte, konnte diese Situation zu seinem Nutzen ausbeuten. Es konnte also irgend jemand, der die Sache durchschaute, kommen und irgendeine einseitige Tendenz entwickeln, also irgendeinen linken Pfad entwickeln. Er hätte es nicht so gut gekonnt, wenn nicht im 19. Jahrhundert die Menschheit in der Situation gewesen wäre, leicht durch den Kuddelmuddel von Ahriman und Luzifer verführt und versucht zu werden.

So konnte es kommen, daß eigentlich ganz materialistisch angelegte Naturen in ihrer Weltanschauung gewissermaßen genug Luziferisches in sich hatten, um nun doch an den Materialismus nicht zu glauben, sondern innerhalb des Materialismus nach einer spirituellen Weltanschauung zu suchen. Denken Sie sich, es konnte der Typus eines Menschen im 19. Jahrhundert entstehen von der Art, daß der Kopf ganz materialistisch veranlagt ist, daß der Mensch gänzlich materialistisch denkt, daß aber das Herz sich sehnt nach dem Spirituellen. Wo das der Fall ist, da wird der Betreffende im Materiellen das Spirituelle suchen, und er wird dem Spirituellen selber eine materialistische Gestalt zu geben bemüht sein.

Steht nun vielleicht hinter einer solchen Persönlichkeit irgendeine Individualität, die das Ganze durchschaut, so hat diese Individualität mit einer solchen Persönlichkeit ein ganz besonders leichtes Spiel. Denn diese Individualität kann dann, wenn sie ein Interesse daran hat, diesen Menschen so präparieren, daß er die anderen Menschen dazu verführt, das Spirituelle auf materielle Art zu sehen, und es gelingen dann solche Dinge, die darauf berechnet sind, die Menschen hinter das Licht zu führen. Das gelingt am besten, wenn es an der richtigen Stelle gemacht wird, wenn man Dinge, die richtig sind, den Menschen überliefert, ihnen die Pforte öffnet zu Dingen, nach denen sie sich sehnen. Man konnte so an die Menschheit heranbringen gewisse spirituelle Wahrheiten und man konnte eine einseitige Tendenz in einer gewissen Richtung erreichen, indem man auf der einen Seite eine gewisse Anzahl von Wahrheiten gab mit materialistischer Färbung, aber doch Wahrheiten gab und nun auf der anderen Seite an einer Stelle etwas hineinmischte, was ganz besonders in den Irrtum führen mußte, aber nicht so leicht bemerkt werden konnte, also ganz besonders in den Irrtum führen mußte.

Sehen Sie, eine solche Sache ist geschehen bei der Abfassung des Sinnettschen «Geheimbuddhismus». Dieses Buch hat zum Verfasser *Sinnett.* Hinter ihm ist aber derjenige, den er seinen Inspirator nennt, und den wir kennen als die spätere Maske einer Mahatma-Individualität. Sinnett war Journalist, war also in den materialistischen Tendenzen des 19. Jahrhunderts ganz darinnen, man hat es also mit einer Persönlichkeit zu tun, deren Kopf ganz materialistisch veranlagt war, aber die Sehnsucht nach einer geistigen Welt war auch in ihm. Er hatte also die beste Anlage, die geistige Welt in der Form des Materialismus zu suchen, und so konnte es kommen, daß diejenige Individualität, die ein Interesse hatte, gerade den Materialismus auf spirituelle Art zu benutzen, um Sonderzwecke zu erreichen, leichtes Spiel hatte, in dem Sinnettschen «Geheimbuddhismus» eine scheinbar spirituelle Lehre mit einer ganz eminent materialistischen Tendenz zu entfalten.

Nun können Sie sagen: Aber der Sinnettsche «Geheimbuddhismus» ist doch nicht eine materialistische Lehre! – Daß man das nicht bemerkt, das ist es ja gerade, worauf es ankommt! Daß die Sache so verbrämt und so verborgen ist, das ist es eben, worauf es ankommt und was man nur verstehen kann, wenn man die Voraussetzungen macht, die ich soeben gemacht habe. Natürlich, die Gliederung des Menschen, die Lehre von Karma und Reinkarnation, das sind Dinge, die Wahrheiten sind. Aber nun ist eine innige Verbindung der materialistischen Sache mit all diesen Wahrheiten vorhanden. Eine Verbindung der wirklichen spirituellen Anschauung mit einer im eminentesten Sinne materialistischen Sache ist in dem Sinnettschen Buche «Der Geheimbuddhismus» vorhanden, die aber nicht leicht bemerkt werden konnte, weil kaum ein Mensch da war, der in der richtigen Weise sehen konnte, daß da mitten hinein in eine spirituelle Lehre etwas absolut Materialistisches geflossen war. Etwas, was materialistisch war, nicht bloß vor dem äußeren menschlichen Verstande, sondern was auch materialistisch ist gegenüber der spirituellen Weltanschauung, gegenüber dem, was von der spirituellen Anschauung als Spirituelles durchschaut werden kann: das ist die Lehre, die im «Geheimbuddhismus» über die achte Sphäre gegeben ist.

Es sind also Lehren, die einen hohen Grad von Richtigkeit haben und in die hineinverwoben ist als ein eminent materialistischer Trug diese Lehre von der achten Sphäre. Und zwar gipfelt diese Lehre in der Behauptung, daß die achte Sphäre der Mond sei. Diese Behauptung findet sich im Sinnettschen «Geheimbuddhismus». Sie wissen, gerade durch die journalistischen Qualitäten, durch die gute Art, wie der Sinnettsche «Geheimbuddhismus» geschrieben ist, hat er ungeheuer weite Kreise gezogen und viele Herzen erobert. Die haben nun aufgenommen nicht die eigentliche Lehre von der achten Sphäre, sondern die sonderbare Behauptung, die Sinnett macht: daß der Mond die achte Sphäre sei.

Nun lag dieser Sinnettsche «Geheimbuddhismus» vor. Wir wissen, daß er verfaßt worden ist in der Zeit, in der schon *Blavatsky* nach all den Vorgängen, die ich Ihnen beschrieben habe, in die einseitige Richtung der indischen Okkultisten getrieben war, jener linksstehenden Okkultisten, die ihre Sonderzwecke hatten. Daher tritt in dem «Geheimbuddhismus» die Gliederung des Menschen, die Lehre von Karma und Reinkarnation auf. Also er ist so verfaßt, im Gegensatz zu denjenigen, die die Lehre von der Reinkarnation wollten verschwinden lassen. Sie sehen daraus auch die Stärke des Kampfes.

Sie, Blavatsky, stand in Verbindung mit amerikanischen Spiritualisten, welche die Lehre der Wiederverkörperung verschwinden lassen wollten. Der Mediumismus war das Mittel, und man nahm daher diese mediumistischen Formen an. Da sie rebellierte, wurde sie hinausgetrieben und kam immer mehr und mehr in die Hände der Inder. Sie wurde den Indern in die Hände getrieben. Von da versuchte man eine entgegengesetzte Strömung, und, man könnte sagen, es kam zu einem Kampf zwischen dem Amerikanismus und dem Indeanismus in bezug auf den Okkultismus. Auf der einen Seite hatte man die absolute Tendenz, die Lehre von den wiederholten Erdenleben verschwinden zu lassen und auf der anderen Seite hatte man die Tendenz, diese Lehre in die Welt zu bringen, aber so, daß man den materialistischen Neigungen des 19. Jahrhunderts Rechnung trug.

Das konnte getan werden, wenn man die Lehre von der achten Sphäre so präparierte, wie sie in dem Sinnettschen «Geheimbuddhismus» präpariert ist. Andererseits gibt es eine gewisse Anzahl von Tatsachen, die vielleicht doch so wichtig sind, um sie wenigstens anzudeuten, weil ich Sie mit diesen Bemerkungen nicht erschrecken, sondern aufklären will über den geistigen Gesichtspunkt, auf dem wir stehen.

Dadurch, daß der Sinnettsche «Geheimbuddhismus» so verfaßt war, daß die präparierte Lehre von der achten Sphäre in ihm enthalten war, waren zwei Schwierigkeiten entstanden. Die eine Schwierigkeit war die, welche H. P. Blavatsky selber geschaffen hat. Sie wußte, daß das falsch war, was Sinnett da geschrieben hatte. Auf der anderen Seite aber war sie in den Händen derjenigen, welche wollten, daß die falsche Lehre in die Menschheit kommen sollte. Daher hat sie versucht – Sie können das nachlesen in ihrer «Geheimlehre» –, gerade diese Anschauung über die achte Sphäre und was damit zusammenhängt, in einer gewissen Weise zu korrigieren. Aber sie hat es in einer Weise gemacht, daß sich die Menschen erst recht nicht auskannten, und so ist eine gewisse Diskrepanz zwischen dem Sinnettschen «Geheimbuddhismus» und der Blavatskyschen «Geheimlehre» entstanden. Blavatsky hat in einer Weise korrigiert, die erst recht darauf ausging, die einseitige Tendenz der linksstehenden indischen Okkultisten zu unterstützen. Sie hat nämlich in einer ganz eigenartigen Weise versucht – wir werden das noch bemerken –, etwas mehr von der Wahrheit gegenüber dem Irrtum durchleuchten zu lassen. Sie mußte daher wieder ein Gegengewicht schaffen.

Denn vom Standpunkte der indischen Okkultisten wäre es sehr gefährlich gewesen, die Wahrheit so an den Tag kommen zu lassen.

Um dieses Gegengewicht zu schaffen – wir werden es nach und nach verstehen –, hat sie einen besonderen Weg eingeschlagen. Dadurch hat sie das Gegengewicht geschaffen, daß sie sich auf der einen Seite der Wahrheit der achten Sphäre mehr genähert hat als Sinnett. Aber auf der anderen Seite hat sie in der «Geheimlehre» ein wüstes Geschimpfe erhoben über alles, was Judentum und Christentum ist, und diese in eine gewisse Lehre über die Natur des Jahve getaucht. Dadurch versuchte sie das, was sie auf der einen Seite gutgemacht hat, auf der anderen Seite wieder auszugleichen, so daß der indischen Strömung des Okkultismus nicht zu viel Leid geschehen konnte. Sie wußte, daß solche Wahrheiten nicht theoretisch, nicht ohne Wirkung bleiben wie andere Theorien, die sich auf den physischen Plan beziehen. Diese Theorien gehen in das allgemeine Leben der Seele hinein und färben die Empfindungen und Gefühle. Darauf waren sie ja berechnet, die Seelen in eine gewisse Richtung zu bringen. Das ist so, wie wenn man eine unentwirrbare Irrtumsinsel da drinnen hätte.

Selbstverständlich wußte H. P. Blavatsky nicht, daß die treibenden Kräfte, die hinter den beiden standen, ein Interesse daran hatten, einen Sonderzweck, diese besondere Art des Irrtums zu pflegen statt der Wahrheit; eine solche Art des Irrtums zu pflegen, die günstig war der materialistischen Strömung des 19. Jahrhunderts, einen Irrtum, der nur in der Hochflut des Materialismus heraufkommen konnte. Das ist auf der einen Seite.

Auf der anderen Seite hat selbst diese Sache einen großen Eindruck gemacht. Der Sinnettsche «Geheimbuddhismus» und in gewisser Weise auch die «Geheimlehre» von Blavatsky haben einen großen Eindruck gemacht namentlich auf diejenigen, die wirklich nach der geistigen Welt suchen wollten. Und das erschreckte wiederum ganz selbstverständlich diejenigen, die Grund hatten, darüber zu erschrecken, daß jemals eine solche orientalisch gefärbte okkulte Strömung Glück haben sollte.

Nun gibt es eine ganze Anzahl höchst unverständiger Polemiken gegen H. P. Blavatsky, gegen Sinnett, gegen die theosophische Bewegung und so weiter. Aber unter den verschiedenen Polemiken, die aufgetreten sind im Laufe der Zeit gegen die theosophische Bewegung, sind auch solche, die von Kennern der Sache herrühren, aber von einseitigen Kennern der Sache. Das anglikanische Geistesleben hatte die Tendenz, möglichst wenig aufkommen zu lassen von dem Orientalisierenden, und möglichst wenig die Lehre von den wiederholten Erdenleben unter die Leute kommen zu lassen.

Nun gehören zweifellos zu denjenigen, die sich unter dem Gesichtspunkte, daß da eine Gefahr für die christliche Kultur in Europa vorliege, den orientalischen Lehren entgegenstellten: christliche Esoteriker. Von diesem Gesichtspunkte aus haben sich europäische Okkultisten, esoterische Christen, die der hochkirchlichen Partei nahestanden, dagegen gewendet. Und von dieser Seite fanden dann Kundgebungen statt, die geeignet waren, zurückzustoßen, was als orientalische Strömung von H. P. Blavatsky und Sinnett ausging, aber auf der anderen Seite einen solchen Esoterismus in der Außenwelt zu pflegen, der geeignet war, insbesondere die Lehre von den wiederholten Erdenleben zu verhüllen. An die Form des Christentums, die man in Europa gewohnt war, eine gewisse Strömung anzugliedern, das war das Interesse dieser Gruppe, die nicht rechnen wollte mit der Lehre von den wiederholten Erdenleben, welche aber gegeben werden mußte. Da schlug man einen Weg ein, der ähnlich dem Sinnettschen Wege war.

Nun muß ich wieder ausdrücklich bemerken, daß diejenigen, welche die entsprechenden Präparationen machten, wahrscheinlich nicht voll wußten, daß sie Werkzeuge waren der Individualität, die hinter ihnen stand. Geradeso wie Sinnett nichts wußte von der eigentlichen Tendenz derjenigen, die hinter ihm standen, so wußten auch jene, die der Hochkirche nahestanden, nicht viel von dem, was dahinter war. Aber sie wußten, daß das, was sie taten, auf die Okkultisten einen großen Eindruck machen mußte, und das bestimmte sie, die andere Richtung hochzubringen, die auslöschen will die Lehre von den wiederholten Erdenleben.

Wenn wir nach diesen vorläufigen Mitteilungen hinschauen auf dasjenige, was den besonderen, bei Sinnett befindlichen Irrtum zum Ausdruck bringen soll, so sehen wir: es ist die Lehre, daß sich im Monde vorzugsweise die achte Sphäre kundgibt, daß der Mond mit seinen Einflüssen und seinen Wirkungen auf den Menschen die achte Sphäre bedeutet. In dieser Form ausgesprochen, ist das ein Irrtum. Darauf kommt es an. Wenn man die Einflüsse des Mondes untersuchen soll und ausgeht von der Sinnettschen Voraussetzung, so steht man in einem schweren Irrtum, der aus der materialistischen Anschauung heraus kommt und den man nicht ohne weiteres durchschauen kann. Was war notwendig, wenn man die Wahrheit pflegen wollte? Es war notwendig, auf den wahren Tatbestand bezüglich des Mondes hinzuweisen gegenüber der irrtümlichen Darstellung, die man in dem Sinnettschen «Geheimbuddhismus» findet.

Nun lesen Sie einmal meine «Geheimwissenschaft im Umriß» durch. Ich hatte die Aufgabe, zu schildern, wie der Mond herausgetrieben wird aus der Erde. Ich habe einen besonderen Wert darauf gelegt, dieses Herausgehen des Mondes ganz besonders deutlich zu schildern. Es mußte hier gegenüber dem Irrtume einmal auf die Wahrheit hingedeutet werden. Es war also gegenüber der indischen Strömung notwendig, die Funktion des Mondes in der Erdenentwickelung klar zu beschreiben. Das war das eine, was geschehen mußte in meiner «Geheimwissenschaft».

Das andere, was geschehen mußte, wird sich Ihnen ergeben, wenn Sie ins Auge fassen, wie nun die zuletzt angedeuteten Menschen auftraten, die auch unter einer gewissen Führung standen, und die nicht wollten, daß die Lehre von den wiederholten Erdenleben, von der sie meinten, daß sie die Form des Christentums, wie sie sie gewohnt sind in Europa und Amerika, verändere, als eine Wahrheit unter die Menschen käme. Die haben einen besonderen Weg eingeschlagen. Diesen Weg können wir deutlich studieren, wenn wir uns vorstellen, wie diese Okkultisten ans Werk gegangen sind, ihrerseits den Sinnettschen «Geheimbuddhismus» zu widerlegen. Solche der Hochkirche nahestehenden Okkultisten haben sich vorgenommen, den Sinnettschen «Geheimbuddhismus» und die «Geheimlehre» von Blavatsky zu widerlegen.

Gegenüber dem, was in dem Sinnettschen Buche über die achte Sphäre steht, ist eigentlich sehr viel Gutes geschehen, denn es ist scharf darauf hingewiesen worden von dieser Seite, daß die Andeutungen über die achte Sphäre und über den Mond bei Sinnett falsch sind. Gleichzeitig ist aber das verbunden worden mit einer anderen Lehre: Es ist nämlich von dieser Seite her gesagt worden, daß der Mensch nicht so verbunden sei mit dem Monde, wie Sinnett es sagte, sondern in einer anderen Weise. Diese andere Weise ist dort zwar nicht ausgesprochen worden, aber man sah, daß diese Leute etwas durchschaut hatten von der Art des Herausgehens des Mondes, wie ich es in meiner «Geheimwissenschaft» dargestellt habe. Aber nun betonten diese Leute besonders stark das Folgende. Sie sagten: Die Erde war niemals in Verbindung – namentlich der Mensch nicht – mit den anderen Planeten des Sonnensystems, so daß der Mensch niemals auf dem Merkur, der Venus, dem Mars oder Jupiter hätte leben können. – Von dieser Seite wurde also scharf betont, daß ein Zusammenhang zwischen dem Menschen und den anderen Planeten des Sonnensystems nicht besteht. Dies aber ist der beste Weg, wieder einen anderen Irrtum in die Welt zu setzen und die größte Finsternis auszubreiten über die Reinkarnationslehre. Der andere Irrtum, der Irrtum des Mr. Sinnett, fordert sogar in einer gewissen Weise die Reinkarnationslehre, aber in materialistischer Auffassung. Dieser Irrtum aber, der darin besteht, daß man sagt, der Mensch hätte nie etwas zu tun gehabt während seiner Erdenentwickelung mit Merkur, Venus, Mars, Jupiter und so weiter, dieser Irrtum war nicht von denen, die ihn publiziert haben, verbreitet worden, sondern von denen, die dahinterstanden. Die wirkten auf die Menschenseelen so ein, daß diese Menschenseelen niemals eigentlich an die Reinkarnation im Ernste glauben können. Daher wurde von dieser Seite scharf betont, der Mensch habe niemals mit etwas anderem als mit der Erde zu tun gehabt, und niemals etwas zu tun gehabt mit den Planeten unseres Sonnensystems.

Wenn wir den Menschen nun nehmen, wie er ist zwischen der Geburt und dem Tode, so können Sie sich denken, daß der Mensch in bezug auf die Evolution unter der Wirkung der Geister der Form steht. Das ist auch in der «Geheimwissenschaft» dargestellt. Wenn Sie aber dann dazunehmen das Leben vom Tode bis zur nächsten Geburt, dann muß etwas Wesentliches in Betracht gezogen werden. Nämlich, daß die Wirkungssphäre dieser Geister der Form gewissermaßen in sieben Abteilungen zerfällt, und von diesen sieben Abteilungen ist eigentlich Jahve nur eine Abteilung zugeteilt, und die betrifft vorzugsweise das Leben zwischen der Geburt und dem Tode. Die sechs anderen lenken das Leben zwischen dem Tode und einer neuen Geburt.

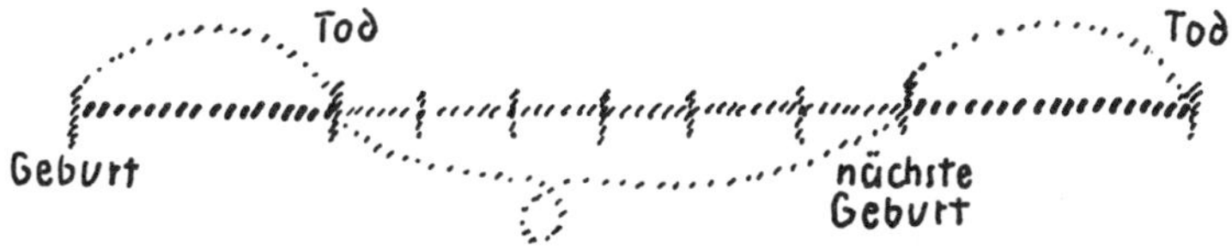

Das kann man nur finden, wenn man das Leben zwischen dem Tode und einer neuen Geburt verfolgt. Ebenso wie Jahve es zu tun hat mit der Erde und sogar das Opfer gebracht hat, nach dem Monde zu gehen, um von da aus gewisse Dinge in der Erdenentwickelung zu paralysieren, ebenso haben die anderen Formgeister mit den anderen Planeten zu tun. Das aber muß verhüllt, verheimlicht werden, wenn man den Menschen die Anschauung von den wiederholten Erdenleben nicht beibringen will; und man muß dieses Verheimlichen in concreto tun, man muß es so tun, daß die Menschen nicht aufmerksam werden auf dieses Geheimnis, das ich eben angeführt habe. Denn, werden sie abgelenkt von einer wahren Betrachtung des Lebens zwischen dem Tode und einer neuen Geburt, dann werden sie dahin gelangen, daß sie ohne dieses Geheimnis das Leben zwischen der Geburt und dem Tode nehmen und sich von Medien erzählen lassen, als ob da ein Wesen wäre, das nur dieses Erdenleben so fortsetzte.

In all den Dingen, die auf diesem Feld geschehen, ist ungeheuer viel Berechnung. Denn selbstverständlich weiß der Okkultist, der so etwas unternimmt, wenn er dem linken Pfade angehört, in welche Richtung er die Gedanken bringen muß, um auch die Gefühle in diese Richtung zu bringen und die Menschen abzulenken von gewissen Geheimnissen, damit sie nicht herauskommen.

Das geschah von dieser Seite aus, und Sie können das in der Literatur verfolgen. Sie werden da oft die Behauptung finden, daß der Mensch nichts zu tun habe mit den anderen Planeten unseres Sonnensystems, wohinter aber das steckt: nichts mit den leitenden Geistern dieser Planeten unseres Sonnensystems. Das war von dieser Seite scharf betont worden, damit man niemals solche Begriffe ausbilde, die einen auf das Plausible der Reinkarnationslehre führen. Und das, sehen Sie, war jetzt die andere Aufgabe: nach dieser Seite hin die Wahrheit gegenüber dem Irrtum darzustellen. Lesen Sie die «Geheimwissenschaft im Umriß» nach, so werden Sie finden, daß diese Sache auch wieder scharf herausgeholt ist: wie der Mensch von der Erde weggehen muß, um einen Teil seines Lebens auf anderen Planeten zuzubringen. In der «Geheimwissenschaft» ist das scharf herausgearbeitet: einerseits die Beziehung zum Monde und auf der anderen Seite die Beziehung zu den anderen Planeten.

Man kann das, was diese Leute erreichen wollten, kurz so bezeichnen: Es wird wiederum die materialistische Zeitanschauung benützt, auch von diesen Leuten. Denn, denken Sie, wenn Sie die Sache so darstellen, wie ich es in meiner «Geheimwissenschaft» dargestellt habe, dann erteilen Sie in unserem Entwickelungsgange der Erde, dem Zusammenhang der anderen Planeten mit unserer Erde seine Aufgabe! Die anderen Planeten gehören auch zu der Entwickelung der Erde, sie gehören dazu. Für den Materialisten schwimmen die Planeten als bloße materielle Klötze im Raume herum. Auf ihre spirituelle Wesenheit mußte man zurückgehen, zurückgehen auf die Geister der Planeten, indem man die Funktionen, die sie für die spirituelle Menschheitsentwickelung haben, darstellt.

So sehen Sie, wie man als spirituelle Bewegung gewissermaßen eingekeilt war zwischen zwei Richtungen, von denen die eine darauf ausging, die Wahrheit über den Mond zu entstellen, die andere darauf ausging, die Wahrheit über die Planeten zu entstellen. Das war die Situation. Diese Tatsachen lagen am Ende des 19. Jahrhunderts durchaus vor. H. P. Blavatsky mit Sinnett wollte die Wahrheit vom Monde entstellen, die anderen, die auch auf Entstellung ausgingen, wollten den Zusammenhang der Planeten mit der Erdenentwickelung entstellen. Glauben Sie nicht, daß es leicht ist, zwischen zwei solchen Strömungen eingekeilt zu sein; denn man hat es ja mit Okkultismus zu tun, und Okkultismus bedeutet, daß zum Erfassen seiner Wahrheiten eine größere

Kraft notwendig ist als zum Erfassen der gewöhnlichen Wahrheiten des physischen Plans. Daher ist aber auch eine größere Kraft der Täuschung vorhanden, die zu durchschauen ist. Auf der einen Seite wird durch die Entstellung die Wahrheit über den Mond verdunkelt und auf der anderen Seite die Wahrheit über die Planeten. Das ist nicht leicht zu durchschauen, weil eine größere Gegenkraft notwendig ist, die man anwenden muß, um die Täuschung zu durchschauen. Man war also eingeklemmt zwischen zwei Irrtümern, die zugunsten des Materialismus gemacht worden sind. Einmal hatte man mit dem Materialismus, der von der orientalischen Seite ausging, zu rechnen, mit der Seite, die die Sache mit dem Mond gemacht hat, um die orientalische Lehre von der Wiederverkörperung hineinzubringen. Das mit der Wiederverkörperung war ja richtig; aber inwiefern man eine ganz starke Konzession an den Materialismus mit dem sogenannten «Geheimbuddhismus» gemacht hat, das werden wir noch sehen. Auf der anderen Seite wollte man eine besondere Form des katholischen Esoterizismus retten gegen den Ansturm der indischen Richtung, um dadurch erst recht im Materialismus all das Spirituelle verschwinden zu lassen, das sich auf die Entwickelung des ganzen Planetensystems bezieht. Dazwischen war eingekeilt dasjenige, was die Geisteswissenschaft zu tun hat. Dieser Situation stand man gegenüber. Überall waren starke Mächte im Spiel, die die eine oder die andere Strömung, wie ich sie charakterisiert habe, in Szene setzen wollten.

Nun handelt es sich darum, zu zeigen, wie diese entstellende Lehre über den Mond eine ganz besondere Konzession ist an den Materialismus, und wie dann die Korrektur, welche H. P. Blavatsky anbrachte, die Sache förmlich noch schlimmer machte, weil sie auf der einen Seite mit einem großen okkultistischen Talent – was Sinnett nicht hatte – die Mitteilungen von Sinnett korrigierte, auf der anderen Seite sich aber besonderer Mittel bediente, die den Irrtum erst recht konservieren konnten.

Zunächst handelt es sich darum, einzusehen, inwiefern die Sinnettsche Lehre von der achten Sphäre ein Irrtum ist. Da müssen Sie sich halten an die richtiggestellte Lehre von der Evolution der Erde in ihrer Ganzheit, also an die Lehre vom Durchgange durch die Saturn-, Sonnen- und Mondenentwickelung und dann durch die Erdenentwickelung. Da müssen Sie sich erinnern, daß der alte Mond in wesentlich anderer Weise zusammengesetzt war als die Erde. Das eigentliche mineralische Reich ist erst während der Erdenzeit hinzugekommen, und das, was die sinnliche Welt des physischen Planes ausmacht, ist ganz imprägniert von dem Mineralischen. Sie sehen nichts anderes in dem Pflanzen-, Tier- und Menschenreich als das, was in sie eingeprägt ist als Mineralisches. Ihr ganzer Körper ist vom Mineralischen durchsetzt. Das, was nicht mineralisch ist, das Mondhafte, das Sonnenhafte, das ist nur okkult darinnen. Man sieht nur das Mineralische, das Erdenhafte. Das ist festzuhalten, wenn man von dem, was der Mensch jetzt auf der Erde ist, ausgeht und die Frage beantworten wollte: Was ist im Menschen das Erbteil vom alten Monde?

Sie sehen, wir haben die ganze Betrachtung schon lange vorbereitet. Da müssen wir nun sagen: In diesem Menschen steckt schon der alte Mondenmensch, aber so, daß wir uns in ihm nichts Mineralisches vorstellen dürfen. Also, wenn Sie den Erdenmenschen ins Auge fassen, so daß Sie nur seinen mineralischen Einschlag sehen, so müssen Sie sich darinnen den Mondenmenschen vorstellen. Aber dieser Mondenmensch hat nichts Mineralisches, man kann ihn daher nicht mit physischen Augen sehen. Hinter ihn kann man nur kommen, wenn man ihn mit dem geistigen Auge sieht. Ich könnte es vielleicht besser so

zeichnen, daß ich den Mondenmenschen noch hineinschraffierte. Gewissen Gliedern liegt eine Mondgestalt zugrunde. Die ist da drinnen, aber das wird nur einem hellseherischen Blicke klar. Selbstverständlich war dasjenige, was da drinnen ist, auf dem alten Monde da. Aber erinnern Sie sich doch nur, wie das gesehen wurde auf dem alten

Monde: es wurde durch imaginative Erkenntnis gesehen. Es waren wogende, wallende Bilder. Die finden Sie auch heute noch; aber sie mußten – wenigstens dazumal – mit atavistischem Hellsehen angeschaut werden. Der alte Mondmensch konnte nur mit atavistischem Hellsehen erfaßt werden. Dazumal war dies das normale Schauen. Schließlich kann auch alles dasjenige, was mit dieser alten Mondenentwickelung zusammenhängt, nur in Imaginationen, im alten visionären Hellsehen angeschaut werden. Aus der mineralischen Erde kann der Mondmensch nimmermehr herausgebildet werden, er kann nur aus dem im imaginativen Hellsehen erfaßbaren Monde herausgebildet werden. So müssen wir uns auch für die alte Mondenzeit vorstellen, daß die ganze Umgebung – so wie unsere Umgebung, also Pflanzen, Tiere, Flüsse, Berge, für das physische Auge sichtbar ist – für das imaginative Hellsehen der Mondenmenschen sichtbar war.

Nun wissen wir ja, daß die Kräfte, die in diesem alten Monde liegen, wieder auftreten, sich in der Erdenentwickelung wiederholen und wieder auftreten müssen. Die Erdenentwickelung hätte aber ersterben müssen, wie ich es gezeigt habe in der «Geheimwissenschaft», wenn nicht diese Mondenkräfte später herausentwickelt worden wären. Innerhalb der Erdenkräfte konnten sie sich nicht halten. Und warum nicht? Bedenken Sie doch, daß der ganze Erdenplanet das mineralische Reich aufnehmen mußte; der Erdenplanet mußte sich sozusagen mineralisieren. In der Zeit, in welcher der Mond auf der Erde war, da war die Mondkraft noch darinnen. Diese mußte aber heraus, und so mußte der Mond für sich sich absondern von der Erde. Das habe ich alles in der «Geheimwissenschaft» dargestellt. Er mußte heraus, weil er innerhalb der mineralisierten Erde nicht hätte bestehen können, das heißt, die Menschen hätten sich nicht so entwickeln können, wie sie sich entwickelt haben. Aber denken Sie genau: ich habe Ihnen gesagt, dieser Mond ist nur durch imaginatives Hellsehen erreichbar. Wenn Sie also sich den Menschen denken, wie er sich als Erdenmensch heranentwickelte und dazu veranlagt wurde, mit physischen Sinnen wahrzunehmen, so werden Sie verstehen, daß er niemals das Hinausgehen des Mondes hätte sehen können. Das Herausgehen des Mondes und auch das Draußenstehen desselben würde nur hellseherisch erfaßbar gewesen sein. Es war die Veranlagung des Menschen so, daß man den ganzen Mond, so wie er sich herausbewegte, nur hellseherisch hätte sehen können, und daß die Wirkungen, die dann von ihm ausgegangen wären, nur solche hätten sein können, welche alte Mondenwirkungen waren, welche auf den Menschen so wirkten, daß sie unter anderem das imaginative Hellsehen in ihm hervorgerufen hätten.

Denken Sie sich einmal, vor welcher Situation der Mensch damals stand! Er stand vor der Situation, daß der «Mensch» entstehen konnte, daß die Seele von den Planeten herunterkommen konnte und so weiter. Aber der Mond würde als Mond gewirkt haben, und er würde so gewirkt haben, daß die Kräfte, mit denen der Mensch hinunterstieg, dieselben Kräfte gewesen wären wie beim alten Monde, der der Erde vorangegangen ist. Niemals würde ein anderer Mensch diesen Mond gesehen haben als derjenige, der visionäres Hellsehen entwickelt hätte.

Da ist dann als materielle Begleiterscheinung dieses Vorganges, dieses Herausgehens der Mondenkräfte, etwas anderes gekommen. Ich habe Ihnen die Beziehung, die Jahve zum Mond hat, schon auseinandergesetzt. Das ist geschehen, daß mit dieser Verbindung des Jahve mit dem Monde, der Mond auch materiell, mineralisch gemacht worden ist, aber mit einer viel derberen Materialität als die Erdenmaterialität ist. Es ist also das, was heute als physischer Mond gesehen werden kann und was voraussetzt, daß der Mond einen mineralischen Einschlag hat, auf die Tat des Jahve zurückzuführen; darauf zurückzuführen, daß zu dem alten Monde Stücke hinzugekommen sind, die von Jahve hineingetan wurden. Das ist das Jahve-Produkt.

Dadurch aber sind auch die alten Mondkräfte paralysiert worden und wirken nun in einer ganz anderen Weise. Wäre der Mond unmineralisiert geblieben, dann hätten seine Kräfte so gewirkt, daß, wenn der Mond strahlte, er immer in den Menschen altes atavistisches Hellsehen hervorgerufen haben würde, oder daß er auf den Willen so gewirkt haben würde, daß die Menschen Schlafwandler in der ausgiebigsten Form geworden wären. Das ist paralysiert worden dadurch, daß der Mond auch mineralisiert worden ist. Jetzt können sich die alten Kräfte nicht mehr so entwickeln.

Das ist eine sehr wichtige Wahrheit, eine ungeheuer wichtige Wahrheit, denn jetzt erkennen Sie, daß der Mond gerade mineralisiert werden mußte, damit er nicht mondhaft im alten Sinne wirkt. Wenn man also von dem Monde als Wiederholung des alten Mondes spricht, so muß man von einer Weltkugel sprechen, die nicht mit physischen Augen sichtbar ist, die die spirituelle Welt angeht, wenn auch nur die unterbewußte spirituelle Welt, die für das visionäre Hellsehen sichtbar ist. Man muß also von etwas Geistigem sprechen, wenn man von der Wiederholung des alten Mondes spricht. Und das, was im Monde mineralisch ist, das ist dem Geistigen hinzugefügt worden. Das gehört nicht dazu, wenn man vom Monde im alten Sinne spricht.

Wie rechnete man nun mit dem Materialismus des 19. Jahrhunderts? Der glaubte einem ja nicht, daß hinter dem materiellen Monde gerade das wichtige Überbleibsel des alten, nicht mineralisierten Mondes noch steht. Das glaubte man einem ja nicht. Also machte man dem Materialismus eine Konzession. Man nahm nur den materialisierten physischen Mond. So hat Sinnett den Geist ausgelassen gerade beim Monde. Er hat nur gesagt – lesen Sie es nach im «Geheimbuddhismus»: Der Mond hat eine viel derbere Materialität als die Erde. – Die hat er auch, muß sie auch haben. Aber daß dahinter das Okkulte steht, das ich Ihnen andeutungsweise gesagt habe, hat er vollständig ausgelassen. Er hat also die Konzession gemacht, daß er nur von der Materialität des Mondes spricht. Da kommt aber nicht in Betracht das Geistige, das hinter dem Monde steht. Und das gehört nicht der Erde an, das steht dem alten Monde viel näher als der Erde.

Dieser Tatbestand wurde vollständig verschleiert, und das ist von einer ganz enormen Konsequenz. Denn dadurch hat Sinnett eine richtige Sache – nämlich die, daß der Mond etwas zu tun hat mit der achten Sphäre – in ein ganz schiefes Licht gebracht und sie in einer ungeheuer schlauen Weise entstellt. Denn er hat ausgelassen den geistigen Teil des Mondes, das nämlich, daß die achte Sphäre, als deren Repräsentant der Mond hingestellt wird, dasjenige ist, was hinter dem Monde ist, und er hat das, was zur Korrektur gegeben worden ist, zur Paralysierung der achten Sphäre, als die achte Sphäre selbst angesprochen. Das Materielle ist da im Monde, um die achte Sphäre zu paralysieren, um sie unwirksam zu machen.

Die Menschen übersehen, wie die achte Sphäre wirken würde, wenn man das Materielle herausnehmen würde aus dem Monde. Die ganze Natur der Menschenseele würde anders werden auf der Erde, und daß sie nicht anders ist, ist dem Umstande zu verdanken, daß eine gewisse derbere Materialität dem Monde einverleibt worden ist. Das, was die achte Sphäre unwirksam macht, die Materialität, nennt Sinnett die achte Sphäre, und das, was die achte Sphäre ist, die alten Mondenkräfte, das verdeckt er. Das ist ein im Okkultismus oft verwendeter Kniff: daß man etwas sagt, was im Grunde wahr ist, aber so sagt, daß es doch total falsch ist – verzeihen Sie den Widerspruch! Es ist falsch, zu sagen, das Materielle von dem Monde wäre die achte Sphäre, weil es gerade der Heiler ist der achten Sphäre. Aber es ist ganz richtig, daß der Mond die achte Sphäre ist, weil sie wirklich da oben im Monde ist, weil die achte Sphäre im Monde zentriert ist, weil sie darinnen lebt. Und jetzt sind wir so weit, daß wir in genauerer Weise als bisher sagen können, was die achte Sphäre wirklich ist, und was so innig zusammenhängt mit der geistigen Sphäre der Entwickelung des 19. Jahrhunderts.

An diesem Punkte werde ich morgen fortfahren.

FÜNFTER VORTRAG

Dornach, 18. Oktober 1915

Über die sogenannte achte Sphäre zu sprechen, über welche Mr. *Sinnett* eigentlich zuerst, man darf nicht sagen, Mitteilungen gemacht hat, denn die Mitteilungen waren eben in einen Irrtum getaucht, sondern deren er Erwähnung getan hat, über diese achte Sphäre zu sprechen, ist eigentlich recht schwierig. Und Sie können die Gründe leicht einsehen, warum es schwierig ist, darüber zu sprechen; denn auch da muß wieder gesagt werden: Unsere Sprache ist selbstverständlich für die äußere Sinnenwelt geschaffen, und in dieser äußeren Sinnenwelt wurde diese achte Sphäre so lange als ein Geheimnis betrachtet, bis Mr. Sinnett ihrer Erwähnung tat.

Daher sind selbstverständlich nicht viele Worte geprägt, die man für eine Charakteristik dieser achten Sphäre leicht anwenden könnte. Auch daraus wird es Ihnen klar sein, was das Sprechen über die achte Sphäre bedeutet, da man ja so lange vermieden hat, über diese achte Sphäre zu sprechen. Sie werden also auch das, was ich heute aphoristisch zu sagen habe, als eine Art vorläufiger Auseinandersetzung aufnehmen müssen, als das Hinwerfen von ein paar Charakteristiken, die zunächst nur wenig über die Sache geben können. Es werden sich aber hoffentlich Gelegenheiten finden, noch weiter darüber zu sprechen. Ich werde versuchen, auf Grundlage dessen, was ich gestern und teilweise auch früher erörtert habe, eine Charakteristik über diese achte Sphäre zu geben, damit wir darauf fußen können und einiges zu sagen vermögen über die Entwickelung der spirituellen Bewegung im 19. und im Beginne des 20. Jahrhunderts.

Das werden Sie schon ersehen haben aus den gestrigen Auseinandersetzungen, daß die achte Sphäre nicht etwas sein kann, was innerhalb der sinnlichen Welt lebt, denn ich habe es gerade als das am meisten Irrtümliche an der Sinnettschen Behauptung hingestellt, daß der äußere physische Mond irgend etwas Direktes mit der achten Sphäre zu tun haben soll, daß er unmittelbar etwas damit zu tun haben soll. Und ich habe versucht, begreiflich zu machen, daß gerade das Materialistische, gerade der Umstand, daß damit auf etwas Materiell-Physisches hingewiesen wurde, die Grundlage des Irrtums eigentlich bildet.

Daraus werden Sie schon, wenn auch nicht entnehmen, so doch ahnen können, daß dasjenige, was man die achte Sphäre nennt, unmittelbar nichts mit etwas zu tun haben kann, was innerhalb der sinnlichen Welt liegt: das heißt, ausgeschlossen von der achten Sphäre ist gerade alles das, was mit den Sinnen des Menschen wahrgenommen werden kann und was auf Grundlage der sinnlichen Wahrnehmung gedacht werden kann. Also irgendwo in der sinnlichen Welt werden Sie die achte Sphäre zunächst nicht suchen können.

Nun werden Sie auch in gewissem Sinne eine Art von Weg haben, auf dem man in Begriffen sich einer Vorstellung der achten Sphäre nähern kann. Ich habe gesagt, diese achte Sphäre hat etwas zu tun mit dem, was als Rest, als Überbleibsel allerdings, von dem alten Monde und seiner Entwickelung herrührt. Das können Sie schon aus den verschiedenen Auseinandersetzungen, die wir im Laufe der Zeit gepflogen haben, entnehmen, daß die achte Sphäre etwas zu tun haben müsse mit dem, was vom Monde und seiner Entwickelung, als dem Vorgänger der Erde, zurückgeblieben ist. Ich habe gestern versucht, begreiflich zu machen, daß auf dem Monde die richtige Anschauung des Menschen die visionär-imaginative war, so daß alles Substantielle, das man in der achten Sphäre suchen könnte, wird gefunden werden müssen da, wo man imaginativ-visionär etwas entdecken kann; das heißt, man wird also voraussetzen können, daß die achte Sphäre zu entdecken ist auf dem Wege visionärer Imaginationen.

Warum gebraucht man denn überhaupt den Ausdruck achte Sphäre? Die achte Sphäre sagt man, weil es sieben Sphären gibt, die Sie längst kennen: Saturn, Sonne, Mond, Erde, Jupiter, Venus, Vulkan. In diesen sieben Sphären schreitet die menschliche Entwickelung in der Weise, wie ich es öfter angedeutet habe, weiter fort. Wenn es außer diesen sieben Sphären noch etwas gibt – und wir wollen zunächst voraussetzen, daß es etwas gibt – und daß dieses in irgendeiner Beziehung zur Erde steht, so kann man dies mit einem gewissen Recht die achte Sphäre nennen. Es ist notwendig zu denken, daß dieses außerhalb der sieben Sphären liegt und in einer Beziehung zur Erde steht. Ich will es so andeuten. Wir würden also hier, graphisch-schematisch gezeichnet, ein Weltengebilde vorauszusetzen haben, das nur imaginativ-visionär zu sehen ist, und das als ein achtes Weltgebilde neben den sieben Weltgebilden steht, die wir als das Gebiet der regelmäßigen Menschheitsevolution bezeichnen müssen. Nur ist alles solches Zeichnen selbstverständlich schematisch: man zeichnet gewissermaßen auseinander, was man ineinander nur beobachten kann. Denn Sie werden aus den ver-

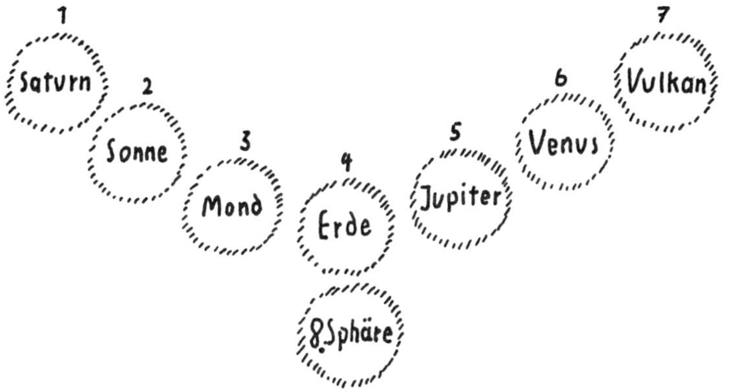

schiedenen Auseinandersetzungen, die gepflogen worden sind, längst haben ahnen können, daß man innerhalb des Sinnlichen, innerhalb der sinnlichen Beobachtung, wenn man mit dem Verstande denkt und mit den Sinnen beobachtet, in der vierten Sphäre steht. Aber wenn man es dahin bringt durch die Entwickelung der Seele, die dritte Sphäre, die Mondsphäre zu sehen, dann fliegt man ja nicht dem Raume nach in der Welt weit fort. Man beobachtet, aber nicht von einem anderen Orte, sondern man beobachtet, physisch genommen, räumlich genommen, von demselben Orte aus. Also müßte man diese sieben Sphären ineinander zeichnen. Sie sind aufeinanderfolgende Entwickelungszustände; und im Grunde genommen ist das Schema, das man auf diese Weise zeichnet, von keinem anderen Wert, als wenn man sagen würde: die Menschen entwickeln sich von der Geburt bis zum siebenten Jahre in einem ersten Stadium, vom siebenten bis zum vierzehnten Jahre in einem zweiten Stadium und so weiter. Da ist es auch nicht so, daß der Mensch, der sich vom ersten bis zum siebenten Jahre entwickelt hat, neben den

Menschen, der sich vom siebenten bis zum vierzehnten Jahre entwickelt, hingestellt werden kann. Geradeso wie es beim Menschen nicht so der Fall ist, so ist es auch nicht der Fall, wenn man die sieben aufeinanderfolgenden Stufen der Erdenentwickelung, nebeneinander hingestellt, betrachtet.

Daraus werden Sie aber ahnen, daß die achte Sphäre beobachtet wird innerhalb der Erdensphäre. Man kann sie also nicht oben und nicht unten zeichnen, sondern man müßte sie in die Erde hineinzeichnen. Ich habe oft das grobe Beispiel gewählt: Wie um uns die physische Luft ist, so ist um uns herum auch alles Geistige. Bis in unser Physisches hinein haben wir alles Geistige in unserer Umgebung zu suchen. Also es würde vorauszusetzen sein, daß, so wie alles übrige Geistige um uns herum ist, wir auch die achte Sphäre in unserer Umgebung zu suchen haben; das heißt, es müßte dem Menschen ein Organ aufgehen, welches für die achte Sphäre so geeignet ist, wie die physischen Sinne für die Erde. Dann würde er klar bewußt in der achten Sphäre sein können. Aber eigentlich ist er unbewußt immer darinnen. Geradeso wie man immer in der Luft ist, wenn man auch nichts weiß von ihr, so ist die achte Sphäre auch immer da, und wenn man sich ein Organ für sie entwickelt, dann ist sie bewußt um uns herum da. So daß also, wenn wir sie charakterisieren wollen, wir selbstverständlich etwas zu beschreiben haben, in dem wir fortwährend darinnen leben, in dem wir fortwährend darinnen sind.

Nun kann ich, wie gesagt, zunächst bei diesen vorläufigen Betrachtungen nur etwas wie eine Art von Mitteilung machen. Das Weitere wird sich bei den Besprechungen schon ergeben. Das, was darin lebt in der achten Sphäre, besteht im folgenden. Zunächst können Sie wissen, ahnen, daß das, was uns da umgibt als achte Sphäre, dem imaginativ-visionären Hellsehen erreichbar ist. Es ist also unmöglich, imaginatives Hellsehen zu entwickeln, ohne von der achten Sphäre etwas zu wissen. Weil gegenwärtig bei so wenig Menschen wirklich deutliches und zu Unterscheidungen führendes Hellsehen vorhanden ist, deshalb ist es so schwierig, über solche Dinge wie die achte Sphäre zu sprechen. Also Imaginationen haben wir dort, und *nicht* ist in dieser achten Sphäre dasjenige, was gerade das Wesentliche der Erdenentwickelung, also der vierten Sphäre ausmacht. Das Wesentliche der vierten Sphäre macht, wie ich gestern schon angedeutet habe, die mineralische Imprägnierung des Weltenbildes aus. Daß wir auf der Erde leben, wird dadurch zustande gebracht, daß dieser vierte Weltkörper mineralisch imprägniert ist, daß wir immer umgeben sind von dem Mineralischen, das heißt, daß durch die Sinne wahrgenommen und daß das sinnlich Wahrgenommene durch den Verstand kombiniert werden kann. Dieses Mineralische müssen Sie sich aber wegdenken von der achten Sphäre. Dieses Mineralische ist in der achten Sphäre ganz und gar nicht vorhanden.

Wenn wir das also wegdenken, dann bleibt uns selbstverständlich nichts anderes übrig als nur eine spätere Entwickelungsstufe des alten Mondes, denn, wo sollte denn etwas anderes herkommen? Die Dinge entwickeln sich aber weiter, und so etwas, was substantiell wahrnehmbar ist durch das imaginativ-visionäre Hellsehen, was aber nichts anderes wäre als ein Überbleibsel des alten Mondes, das wäre noch keine achte Sphäre. Dann würde man nur sagen können, die dritte Sphäre hat etwas zurückgelassen.

Um nun ein wenig ahnend zu verstehen, wie es sich mit der achten Sphäre verhält, halten wir das Folgende fest. Indem sich der Mond, die dritte Sphäre, regulär entwickelt hat, ist diese dritte Sphäre zur vierten Sphäre geworden, das heißt, es ist ein Übergang des dritten Elementarreiches – so müssen wir das bezeichnen – zum Mineralreich eingetreten. Also das Mineralische ist dazugekommen. Sonst müßten wir uns den alten Mond als eine Summe von imaginativ vorstellbarer Substantialität denken. So wird man also anzunehmen haben: das reguläre Fortgehen vom Mond zur Erde, von der dritten Sphäre zur vierten Sphäre, besteht darin, daß das, was nur imaginativ wahrnehmbar war, sinnlich wahrnehmbar wird, das heißt, sich mineralisch umgestaltet. Als achte Sphäre bleibt zunächst das Mondhafte, aber dieses Mondhafte wird zu etwas anderem dadurch, daß etwas Bestimmtes geschieht. Wir wissen, was geschieht, damit aus der dritten die vierte Sphäre entstehen kann. Das ist deutlich beschrieben in der «Geheimwissenschaft im Umriß», da, wo zu den Geistern der Bewegung die Geister der Form dazukommen und die ganze Umwandlung besorgen. Also wir können sagen, die vierte Sphäre entsteht aus der dritten dadurch, daß die Geister der Form zu den Geistern der Bewegung hinzukommen.

Würden nun die Geister der Form alles, was in ihrer eigenen Natur lebt, erreichen wollen und erreichen können, so würde natürlich in dem Momente, wo die Sphäre Drei ihre Aufgabe im Weltall erfüllt hat, nichts anderes aus ihr entstehen als Sphäre Vier. Das ist selbstverständlich. Daß nun luziferische und ahrimanische Geister vorhanden sind, das wissen wir. Die halten für sich etwas von der Mondsubstantialität zurück. Darin haben wir ihr Wesentliches zu sehen, daß sie etwas zurückhalten von der Mondsubstantialität. Das entreißen sie gleichsam den Geistern der Form. Es kommt also, indem die Sphäre Drei weiterschreitet, hinzu, daß den Geistern der Form etwas entrissen wird von Luzifer und Ahriman. In diesen Teil, der da entrissen wird den Geistern der Form, kommen jetzt, statt der Geister der Form, Luzifer und Ahriman hinein. Die kommen zu den Geistern der Bewegung dazu, und dadurch entsteht Acht aus Drei.

Also wir sagten, es muß etwas anderes da sein als der bloße alte Mond. Und dieses andere, was nun da ist, was da entsteht außer der Sphäre Vier, das ist, daß das Mineralische, indem es entsteht, entrissen wird im Momente des Entstehens, im Status nascendi, der vierten Sphäre. Also indem aus dem Imaginativen das Mineralische entsteht, wird in dem Momente des Entstehens das Mineralische von Luzifer und Ahriman entrissen und wird in die Imagination hineingebracht. Statt daß aus dem übriggebliebenen Mondhaften eine Erde entsteht, wird ein Weltkörper geprägt, der dadurch entsteht, daß in das vom Monde Herübergekommene das der Erde substantiell Entrissene hineingebracht wird.

Nun stellen Sie sich vor, wie ich die Verhältnisse des alten Mondes in der «Geheimwissenschaft» beschrieben habe. Diese Dinge des alten Mondes kommen dadurch zustande, daß noch nichts Mineralisches da ist. Wäre das vorhanden, so wäre es eine Erde und kein Mond. Indem Mineralisches entsteht, entsteht die Sphäre Vier. Indem Luzifer und Ahriman kommen und aus der Sphäre Vier das Mineralische herausreißen und in die Sphäre Drei dieses Mineralische hineinprägen, wird der Mond noch einmal wiederholt, aber mit dem Material, das eigentlich der Erde gehört.

Also merken Sie wohl: statt daß bloße Imaginationen da wären, werden die Imaginationen verdichtet mit dem, was der Erde an Mineralischem entrissen wird. Damit werden sie verdichtet, und es werden so verdichtete Imaginationen geschaffen. Wir sind also eingespannt in eine Welt von verdichteten Imaginationen, die dadurch nur keine mondhaften Imaginationen sind, daß sie durch das Material der Erde verdichtet sind. Das aber sind die Gespenster, das heißt, hinter unserer Welt ist eine Welt von Gespenstern, geschaffen von Luzifer und Ahriman.

Ich könnte es Ihnen schematisch so darstellen: Auf dem alten Monde

waren irgendwelche Bilder vorhanden. Die hätten auf die Erde übergehen sollen als etwas, was man überall auf der Erde wahrnimmt. Aber Luzifer und Ahriman haben sie sich zurückbehalten. Sie entreißen der Erde Erdbestandteile und füllen das mit Imaginationen aus, so daß diese Erdsubstanzen nicht zu irdischen Gebilden, sondern zu Mondgebilden werden. Wir haben also eingeschlossen in unsere vierte Sphäre eine solche Sphäre, die eigentlich Mondsphäre ist, die aber ganz ausgefüllt ist mit Erdenmaterial, also eine total falsche Sache im Weltall. Zu den sieben Sphären haben wir eine achte Sphäre dazugefügt, die gegen die fortschreitenden Geister gemacht ist. Daraus aber entsteht die Notwendigkeit, daß um jedes substantielle Teilchen, das zum Mineralischen werden kann, die Geister der Form auf der Erde kämpfen müssen, damit es ihnen nicht entrissen wird von Luzifer und Ahriman und in die achte Sphäre hineingebracht wird.

Also in Wahrheit liegt die Sache so, daß unsere Erde, die vierte Sphäre, gar nicht das ist, als was sie sich äußerlich darstellt. Wenn sie wirklich aus Atomen bestehen würde, würden alle diese Atome noch imprägniert sein von den Gebilden der achten Sphäre, die nur dem visionären Hellsehen wahrnehmbar sind. Es stecken diese Gebilde überall darinnen, und der Inhalt der achten Sphäre ist überall gespensterhaft vorhanden, kann also wahrgenommen werden, wie richtige Gespenster wahrgenommen werden. Darinnen also steht im Grunde genommen alles Erdensein. Fortwährend bemühen sich Luzifer und Ahriman, aus der Erdensubstanz herauszubekommen, was sie nur erhaschen können, um ihre achte Sphäre zu formen, die dann, wenn sie genügend weit gekommen ist, von der Erde losgelöst wird und mit Luzifer und Ahriman ihre eigenen Weltwege einschlagen wird. Selbstverständlich würde dann die Erde sich gleichsam nur als Torso zum Jupiter hinüber entwickeln. Nun ist der Mensch aber, wie Sie sehen, voll hineingestellt in diese ganze Erdenentwickelung, denn das Mineralische durchdringt ihn ja ganz, er steht fortwährend darinnen. Der mineralische Prozeß geht überall durch uns hindurch, und der mineralische Prozeß ist überall in diesen Kampf hineingezogen, so daß ihm fortwährend Teilchen dieser Substanz entrissen werden können. Also wir selber sind durchdrungen davon. Luzifer und Ahriman kämpfen gegen die Geister der Form, und uns soll überall entrissen werden mineralische Substanz.

Das ist aber in den verschiedenen Gegenden unseres Organismus verschieden stark. Wir sind verschieden ausgebildet, wir haben vollkommenere und unvollkommenere Organe. Am vollkommensten ist unser Denkorgan, unser Gehirn und unser Schädel, und darinnen ist gerade der Kampf, den ich eben angedeutet habe, am allerstärksten. Und zwar ist er da deshalb am allerstärksten, weil dieser menschliche Schädel, dieses menschliche Gehirn so gebildet ist, wie es ist; und es ist deshalb so gebildet, wie es ist, weil es Luzifer an dieser Stelle unseres Leibes am meisten gelungen ist – und auch Ahriman – uns mineralische Substanz zu entreißen. Da ist die physische Substanz am allermeisten durchgeistigt. Unsere Schädelbildung ist dadurch entstanden, daß uns da am allermeisten entrissen worden ist. Dadurch können wir gerade mit unserem Kopfe uns am meisten befreien von unserem Organismus. Wir können in Gedanken uns erheben, können das Gute und Böse unterscheiden. Und dadurch eben ist es am allermeisten Luzifer und Ahriman gelungen, Substantialität zu entreißen, weil sie am meisten wegreißen konnten von der mineralisierten Substantialität gerade bei dem sogenannten edelsten Organ des Menschen. Es ist das so der Fall, daß da am meisten die mineralische Substanz herausgelöst ist. Diese Alchimie, daß mineralische Substanz in die achte Sphäre hinüberbefördert wird, findet fortwährend hinter den Kulissen unseres Daseins statt. Ich gebe zunächst Mitteilungen; die Belege dafür werden sich immer mehr ergeben.

Wenn nun alles glatt abginge für Luzifer und Ahriman, wenn alles klappte, wenn Luzifer und Ahriman immer so viel entreißen könnten, wie sie dem Organ des Kopfes entreißen, dann würde die Erdenentwickelung bald an einem Punkte ankommen, wo es Luzifer und Ahriman gelingt, unsere Erde zu vernichten und die ganze Weltenentwickelung hinüberzuleiten in die achte Sphäre, so daß die ganze Erdenentwickelung einen anderen Gang nehmen würde. Deshalb ist auch das Streben Luzifers, an dem angreifbarsten Punkte des Menschen, an seinem Kopfe, seine allergrößte Kraft zu entfalten. Das ist die Festung, die für ihn am allerleichtesten einnehmbar ist: der menschliche Kopf. Und alles das, was dem menschlichen Kopf in bezug auf die Verteilung des Mineralischen ähnlich ist, so daß es aufgesogen werden kann, das ist ebenso der Gefahr ausgesetzt, in die achte Sphäre hineingezogen zu werden. Nichts Geringeres steht bevor nach dieser Intention Luzifers und Ahrimans, als die ganze Menschheitsentwickelung verschwinden zu lassen in die achte Sphäre, so daß sie einen anderen Gang nehmen würde.

Wir sehen: es liegt die Tatsache vor, daß seit dem Beginn der Erdenentwickelung es die Intention Luzifers und Ahrimans war, die ganze Erdenentwickelung verschwinden zu lassen in die achte Sphäre. Dagegen mußten diejenigen Geister, die zu den Geistern der Form gehören, ein Gegengewicht schaffen. Das äußere Gegengewicht, das sie geschaffen haben, besteht darin, daß sie gleichsam in den Raum der achten Sphäre hinein etwas gestellt haben, was dem entgegenwirkt.

Nun müssen wir, wenn wir ganz richtig zeichnen wollen, die Sache so darstellen, daß, wenn wir da die Erde haben, wir die achte Sphäre hier zeichnen müssen. Sie ist hier als dasjenige, was zu unserer physischen Erde gehört. Wir sind überall im Grunde umgeben von den Imaginationen, in die fortwährend hineingezogen werden soll Mineralisches, Materielles. Daher hat eben das Opfer stattgefunden, die

Aussonderung der Mondenkräfte durch Jahve oder Jehova, die mit einer viel dichteren Substanz erfolgt ist als die sonstige mineralisierte

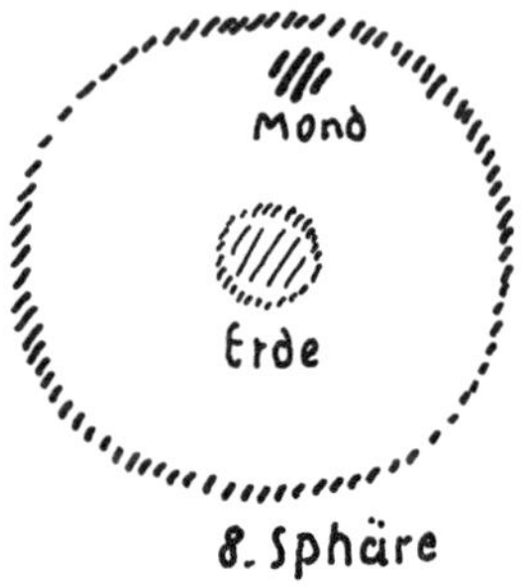

physische Substanz und die Jahve als Mond dahin gesetzt hat, als Gegenwirkung. Das war eine sehr derbe Substanz – und diese Derbheit hat insbesondere Sinnett beschrieben –, eine viel physischere, mineralischere Substanz, als sie auf der Erde irgendwo vorhanden ist, damit Luzifer und Ahriman sie nicht auflösen können in ihre imaginative Welt hinein.

Also dieser Mond kreist herum als eine derbe Materie – glasig, derb, dicht, unzerschlagbar. Selbst die physischen Beschreibungen des Mondes werden Sie in Übereinstimmung damit finden, wenn Sie sie genügend aufmerksam lesen. Da wurde alles, was verfügbar war auf der Erde, herausgezogen und da hineingestellt, damit genügend physische Materie vorhanden war, die nicht aufgesogen werden kann. Wenn wir den Mond betrachten, so sehen wir, daß im Weltall ein viel mineralischeres, dichteres, physisch viel dichteres Material vorhanden ist als irgendwo auf der Erde. So daß wir Jahve oder Jehova ansprechen müssen als diejenige Wesenheit, die schon auf dem physischen Gebiete dafür gesorgt hat, daß nicht alles Materielle aufgesogen werden kann von Luzifer und Ahriman. Dann wird zur richtigen Zeit von demselben Geiste dafür gesorgt werden, daß der Mond wieder hineingeht in die Erde, wenn die Erde stark genug sein wird, ihn wieder aufzunehmen, wenn die Gefahr beseitigt ist durch die entsprechende Evolution.

Das ist auf dem äußerlichen physisch-mineralischen Gebiete. Auf dem menschlichen Gebiete mußte aber auch der Intention, die gegenüber dem menschlichen Kopfe bestand, ein Gegengewicht geschaffen werden. Geradeso wie draußen Materie verdichtet werden mußte, damit Luzifer und Ahriman sie nicht auflösen können durch ihre Alchimie, so mußte im Menschen etwas entgegengesetzt werden dem Organ, das am allermeisten attackiert werden kann von Luzifer und Ahriman. Es mußte also Jehova auch dafür sorgen, wie er auf dem äußerlichen mineralischen Gebiete dafür gesorgt hat, daß nicht alles der Attacke des Luzifer und Ahriman verfallen kann.

Es mußte dafür gesorgt werden, daß beim Menschen nicht alles Luzifer und Ahriman verfallen kann, was vom Kopfe ausgeht. Es mußte dafür gesorgt werden, daß nicht alles beruht auf Kopfarbeit und äußerer sinnlicher Wahrnehmung, denn dann würden Luzifer und Ahriman gewonnenes Spiel haben. Es mußte auf dem Gebiete des Erdenlebens ein Gegengewicht geschaffen werden. Es mußte etwas da sein im Menschen, das vom Kopfe richtig unabhängig war. Und das wurde dadurch erreicht, daß durch die Arbeit der guten Geister der Form dem Vererbungsprinzip der Erde das Prinzip der Liebe eingepflanzt wurde, das heißt, daß im Menschengeschlechte jetzt etwas lebt, was unabhängig vom Kopfe ist, was übergeht von Generation zu Generation, und was in der physischen Natur des Menschen seine unterste Anlage hat.

Alles das, was mit der Fortpflanzung und mit der Vererbung zusammenhängt, alles das, was vom Menschen unabhängig ist so, daß er mit seinem Denken nicht hinein kann, alles das, was der Mond am Himmelsgewölbe ist, das ist im Menschen dasjenige, was, Fortpflanzung und Vererbung durchdringend, von dem Prinzip der Liebe vorhanden ist. Daher dieser wütende Kampf von Luzifer und Ahriman, der durch die Geschichte hindurchgeht, gegenüber allem, was aus diesem Gebiete kommt. Luzifer und Ahriman wollen dem Menschen immer die ausschließliche Herrschaft des Kopfes aufdrängen und richten ihre Attakken auf dem Umwege des Kopfes gegen alles, was äußerliche, rein natürliche Verwandtschaft ist. Denn alles, was Vererbungssubstanz auf der Erde ist, das kann nicht von Luzifer und Ahriman genommen werden. Was der Mond am Himmel ist, ist auf der Erde unter den Menschen die Vererbung. Alles, was auf Vererbung beruht, alles, was der Mensch nicht durchdenkt, was zusammenhängt mit der physischen

Natur, das ist Jahve-Prinzip. Das Jahve-Prinzip ist am tätigsten da, wo die sozusagen natürliche Natur wirkt; da hat er am meisten seine natürliche Liebe ausgegossen, um ein Gegengewicht zu schaffen gegen die Lieblosigkeit, gegen die Tendenz der bloßen Weisheit von Luzifer und Ahriman.

Man müßte nun gewisse Kapitel, die von ganz anderen Gesichtspunkten in letzter Zeit erörtert worden sind, gründlich durchgehen, um zu zeigen, wie in dem Monde und in der menschlichen Vererbung von den Geistern der Form Barrikaden gegen Luzifer und Ahriman geschaffen worden sind. Wenn Sie tiefer über diese Dinge nachdenken, so werden Sie finden, daß mit diesen Andeutungen etwas außerordentlich Wichtiges gesagt ist.

Nun muß man, um wenigstens einiges davon zu verstehen, die Sache noch von einem etwas anderen Gesichtspunkt betrachten. Wenn Sie nach unserer «Geheimwissenschaft» die Entwickelung des Menschen nehmen, so wie sie geschritten ist durch Saturn, Sonne und Mond, so werden Sie sehen, daß auf dem Saturn, auf der Sonne und auf dem Monde von einer Freiheit nicht die Rede sein kann. Da ist der Mensch in ein Gewebe von Notwendigkeit eingesponnen. Da ist alles notwendig. Dem Menschen mußte die mineralische Natur eingegliedert werden, er mußte ein vom Mineralischen durchzogenes Wesen werden, um für die Freiheit reif zu werden, so daß der Mensch zur Freiheit nur erzogen werden kann innerhalb der irdischen, sinnlichen Welt.

Das ist schon eine ungeheuer wichtige Bedeutung der irdisch-sinnlichen Welt: das, was die Menschheit sich erwerben soll, die Freiheit des Willens, das kann sie sich nur erwerben während der Erdenentwickelung. Auf dem Jupiter, auf der Venus und auf dem Vulkan werden die Menschen diese Freiheit brauchen. Man betritt also, wenn man die Freiheit ins Auge faßt, ein ganz bedeutungsvolles Gebiet, denn man erkennt, daß die Erde die Erzeugerin der Freiheit ist, gerade dadurch, daß sie den Menschen mit Physischem, Mineralischem imprägniert.

Daraus werden Sie aber erkennen, daß dasjenige, was aus dem freien Willen stammt, gerade im Irdischen erhalten werden muß. Man kann es, wenn man sich hellseherisch weiterentwickelt, vom Irdischen hinauftragen in spätere Entwickelungen, aber man darf es nicht hineintragen in die Sphäre Drei, Zwei und Eins. In ihnen ist das, was von dem Freiheitsprinzip stammt, nicht möglich. Die sind ihrer Natur nach unmöglich für die Freiheit. Luzifer und Ahriman haben aber das Bestreben, gerade des Menschen freien Willen hereinzuzerren in ihre achte Sphäre; gerade alles das, was aus des Menschen freiem Willen stammt, nicht daraus stammen zu lassen, sondern es hineinzuzerren in ihre achte Sphäre. Das heißt, der Mensch ist fortwährend der Gefahr ausgesetzt, daß ihm sein freier Wille entrissen und hineingezerrt werde in die achte Sphäre.

Das geschieht dann, wenn das freie Willenselement zum Beispiel umgewandelt wird in visionäres Hellsehen. Da ist der Mensch schon darinnen in der achten Sphäre. Und das ist etwas, was man so ungern von seiten der Okkultisten sagt, weil es eigentlich eine furchtbare Wahrheit ist: In dem Augenblick, wo der freie Wille umgewandelt wird zu visionärem Hellsehen, ist dasjenige, was sich im Menschen entwickelt, ein Beutestück von Luzifer und Ahriman. Das wird sofort eingefangen von Luzifer und Ahriman und wird für die Erde dadurch zum Verschwinden gebracht. Daraus können Sie sehen, wie durch die Bindung des freien Willens gleichsam die Gespenster der achten Sphäre geschaffen werden. Fortwährend sind Luzifer und Ahriman damit beschäftigt, den freien Willen des Menschen zu binden und ihm allerlei Dinge vorzugaukeln, um dann das, was ihm vorgegaukelt wird, ihm zu entreißen und in der achten Sphäre verschwinden zu lassen. Und das, was so naivgläubige, aber doch abergläubische Menschen an allerlei Hellsehen entwickeln, ist oftmals so, daß da ihr freier Wille hineinimprägniert wird. Dann schafft es Luzifer gleich hinweg, und während die Menschen dann etwas von der Unsterblichkeit zu erreichen glauben, schauen sie in Wahrheit in ihren Visionen zu, wie ein Stück oder ein Produkt ihres Seelenwesens herausgerissen und für die achte Sphäre präpariert wird.

Sie können sich daher denken, wie schwer jene Menschen berührt gewesen sein müssen, welche durch Kompromiß übereingekommen waren, auf dem Wege des Mediumismus den Menschen allerlei Wahrheiten von der geistigen Welt beizubringen, und dann erlebt haben, wie die Medien glaubten, daß die Toten zu ihnen sprächen. Die Okkultisten haben aber dann gewußt: das, was zwischen Medien und lebendigen

Menschen vorgeht, besteht darin, daß der Strom des freien Willens hineingeht in die achte Sphäre. Statt an das Ewige anzuknüpfen, brachten sie gerade das zutage, was fortwährend in die achte Sphäre hinein verschwand.

Daraus können Sie auch ersehen, daß Luzifer und Ahriman eine Gier danach haben, soviel als möglich in die achte Sphäre hereinzubringen. Da hat *Goethe,* wenn er auch Luzifer und Ahriman durcheinandergemischt hat, doch gut geschildert, wie eine Seele entrissen wird dem Mephistopheles-Ahriman! Denn das wäre die stärkste Beute, wenn es jemals Luzifer und Ahriman gelingen könnte, eine ganze Seele für sich zu gewinnen, eine ganze Seele hinwegzuschnappen; denn dadurch würde eine solche Seele für die Erdenentwickelung in die achte Sphäre hinein verschwunden sein. Der größte Sieg also wäre es für Luzifer und Ahriman, wenn sie einmal sagen könnten, daß in ihr Reich möglichst viele tote Menschen eingegangen wären. Das wäre ihr größter Sieg. Und es gibt einen Weg, das zu erreichen. Nämlich Luzifer und Ahriman können so sagen: Die Menschen wollen doch nun eigentlich etwas wissen über das Leben zwischen dem Tod und einer neuen Geburt. Sagen wir ihnen also, daß sie von den Toten etwas erfahren, dann werden sie zufrieden sein, und dann werden sie ihr Gefühl nach dem Reiche, aus dem ihnen etwas als von den Toten kommend verkündigt wird, hinwenden. Wollen wir also, daß die Gemüter der Menschen nach der achten Sphäre gelenkt werden, dann sagen wir den Menschen: Wir erzählen euch etwas von den Toten. – Wir fangen die Menschen ein, indem wir vorgeben, bei uns seien die Toten.

Diesen teuflischen Plan – denn wir reden jetzt von dem Teufel – brachten Luzifer und Ahriman zur Geltung, als der Okkultismus darauf hineingefallen war, durch den Mediumismus etwas machen zu wollen. Sie inspirierten alle die Medien, durch die sie die ganze Sache arrangiert haben, damit die Menschen zu dem Reiche, aus dem die Toten sprechen sollen, hingelenkt werden, und Luzifer und Ahriman jetzt die Seelen erhaschen können. Das erschreckte die Okkultisten, als sie sahen, welchen Gang die Sache genommen hatte, und sie sannen, wieder abzukommen von diesem Weg. Selbst die von der Linken sahen das ein, und sie sagten daher: Machen wir etwas anderes! – Dazu bot sich dann Gelegenheit durch das Hereintreten einer so ganz merkwürdigen Persönlichkeit wie *H. P. Blavatsky* war. Es handelte sich für Luzifer und Ahriman darum, nun, nachdem der Plan durchschaut war, da sozusagen die Okkultisten der Erde nicht mehr ihre Hand dazu boten, diesen Plan zu verwirklichen, auf eine andere Weise zu Rande zu kommen.

Nun war also in selbstverständlicher Entwickelung der Erde der Materialismus hereingekommen. Man mußte daher, um die mineralische Entwickelung als solche ins Auge zu fassen, die Aufmerksamkeit nur auf das Materielle hinlenken. Das ist aber der Materialismus! Die Okkultisten, die Sonderzwecke hatten, die sagten sich: Also rechnen wir einmal mit dem Materialismus. Wenn man den bloßen irdischen Materialismus nimmt, dann muß der Mensch doch einmal durch sein Denken dahinterkommen, daß es keine Atome gibt. Da kann man nicht viel Grünes pflanzen, wenn man bloß beim irdischen Materialismus bleibt. Aber sicher kann man des Menschen Denken verderben, wenn man den Materialismus okkult macht. Und dazu ist die beste Gelegenheit, daß man den Mond, der als Gegensatz zur achten Sphäre geschaffen werden mußte, als achte Sphäre hinstellt! Denn wenn die Menschen glauben, die Materie, die als Gegengewicht geschaffen werden mußte zur achten Sphäre, sei die achte Sphäre, dann überbietet man jeden irdischen und denkbaren Materialismus. – Und jeder irdische Materialismus wird überboten durch diese Behauptung von Sinnett. Da wird der Materialismus auf das okkulte Gebiet getragen, da wird der Okkultismus Materialismus. Aber über kurz oder lang hätten die Menschen dahinterkommen müssen. H. P. Blavatsky, die tief hineinsah in dieses Erdenwerden, ahnte etwas davon, nachdem sie hinter die Schliche jener merkwürdigen Individualität gekommen war, von der ich schon in den letzten Stunden gesprochen habe. Sie sagte sich: Das kann nicht so weitergehen, das muß anders gemacht werden. – Das sagte sie aber unter dem Einflusse der indischen Okkultisten des linken Pfades: Es muß anders gemacht werden, aber es muß doch irgendwie etwas geschaffen werden, worauf man nicht so leicht kommt.

Um nun ihrerseits etwas zu schaffen, was über das Sinnettsche hinausging, war sie auf die Vorschläge der sie inspirierenden indischen

Okkultisten eingegangen. Diese hatten nichts anderes im Auge, da sie Anhänger des linken Pfades waren, als ihre indischen Sonderinteressen. Sie hatten im Auge, über die Erde hin ein Weisheitssystem zu begründen, aus dem der Christus ausgeschlossen war, und aus dem auch Jahve, Jehova ausgeschlossen war. Es mußte also etwas hineingeheimnißt werden in die Theorie, was nach und nach Christus und Jahve eliminierte.

Da wurde das Folgende beschlossen. Man sagte: Seht einmal Luzifer an. – Von Ahriman sprach man nicht, man erkannte ihn so wenig, daß man den einen Namen für beide gebrauchte. – Dieser Luzifer ist eigentlich der große Wohltäter der Menschheit. Der bringt den Menschen alles, was die Menschen durch ihr Haupt, durch ihren Kopf haben: Wissenschaft, Kunst, kurz allen Fortschritt. Das ist der wahre Lichtgeist, das ist derjenige, an den man sich halten muß. Und Jahve, was hat der eigentlich getan? Die sinnliche Vererbung hat er über die Menschen ausgegossen! Er ist ein Mondgott, der das Mondhafte hineingebracht hat. – Daher die Behauptung der «Geheimlehre»: an Jahve dürfe man sich nicht halten, denn der sei nur der Herr der Sinnlichkeit und alles niedrigen Irdischen, der wahre Wohltäter der Menschheit sei Luzifer. – Die ganze «Geheimlehre» ist so eingerichtet, daß das hindurchleuchtet, und es ist auch deutlich darin ausgesprochen. Daher mußte H. P. Blavatsky zu einem Christus-Jahve-Hasser präpariert werden aus okkulten Gründen heraus. Denn auf okkultem Gebiete bedeutet jener Ausspruch genau dasselbe, was auf dem Sinnettschen Gebiete der Ausspruch bedeutet: der Mond ist die achte Sphäre.

Solchen Dingen kommt man nur durch Erkenntnis bei, richtig nur durch Erkenntnis kommt man ihnen bei. Daher mußte schon, als wir unsere Zeitschrift «Luzifer-Gnosis» begannen, der erste Artikel über Luzifer handeln, damit man ihn richtig ins Auge faßte, damit man sieht, daß er durch das, was er tut, ein Wohltäter der Menschheit ist, indem er die Kopfarbeit bringt. Aber das Gegengewicht muß auch da sein: als Gegengewicht mußte die Liebe da sein. Das war schon in dem ersten Artikel in «Luzifer» geschrieben, weil an diesem Punkte überhaupt eingesetzt werden mußte.

Sie sehen, die Dinge sind ziemlich verwickelt. Im Grunde genommen war auch, was man durch H.P.Blavatsky erreichen wollte, dieses: die

Menschen zum Glauben an die achte Sphäre zu verführen. Man konnte sie am leichtesten zum Glauben an die achte Sphäre verführen, wenn man ihnen in der «Geheimlehre» etwas Falsches als die achte Sphäre vorführte. – Natürlich wurden die Menschen zur geistigen Welt hingelenkt. Dieses große Verdienst hat die «Geheimlehre» von H. P. Blavatsky, daß die Menschen durch sie zur geistigen Welt hingelenkt worden sind. Aber der Weg war ein solcher, welcher Sonderinteressen verfolgte, nicht die Interessen der allgemeinen Menschheitsentwickelung. Alle diese Dinge müssen wir dringend ins Auge fassen, wenn wir uns ganz klar werden wollen, welches der heilsame Weg ist. Wir dürfen nicht ohne Belege leere Worte hinnehmen, wenn wir einen wirklichen Okkultismus haben wollen. Wir müssen schon die Dinge klar sehen wollen. Insbesondere in dem jetzigen Zeitpunkte unserer Entwickelung mußte ich einige Andeutungen gerade über diese Dinge machen, Andeutungen, die ein anderes Mal noch durch bedeutungsvollere Sachen ergänzt werden können. Ich mußte sie Ihnen aus dem Grunde machen, weil, wenn Sie diese Dinge richtig ins Auge fassen, Sie sehen werden, wie von dem Beginne unserer geisteswissenschaftlichen Bewegung an unser Schiff gesteuert worden ist; so gesteuert worden ist, daß gerechnet wird mit all den Abwegen, die genommen werden können, und mit alledem, was gewissermaßen der geistigen Entwickelung der Menschheit drohte.

Es durfte nicht blind, nicht irgendwie aus einer Schwärmerei heraus ein Weg in die geistige Welt angedeutet werden. Daher mußte ständig immer wieder und wieder die Ermahnung unter Sie, meine lieben Freunde, gestreut werden, daß es notwendig, dringend notwendig ist, sich nicht betören zu lassen durch das, was den Menschen hinführt zur achten Sphäre. Und wenn immer wieder geredet worden ist davon, man solle vorsichtiger sein auf dem Gebiete des visionären Hellsehens, man solle dasjenige Hellsehen allein als richtig gelten lassen, welches Luzifer und Ahriman ausschließt und in die höheren Welten hinaufführt, dann sieht man, daß ausgemerzt werden sollte, was die Seele mit der achten Sphäre in Gemeinschaft zu bringen vermag. Wenn immer wieder die Tendenz auftritt, den freien Willen zu binden und zu fesseln an das Gebiet des visionären Hellsehens, so ist das ein Zeichen, daß im Grunde genommen den klaren Bestrebungen innerhalb unserer

Bewegung Widerstand geleistet worden ist aus der Liebe zu der Bindung des freien Willens in das visionäre Hellsehen hinein.

Wie froh waren manche, wenn sie diesen freien Willen nur binden konnten! Das zeigte sich daran, wieviel von denjenigen Bewegungen, die ich gekennzeichnet habe, von außen hereingetragen worden ist in unsere Bewegung. Nicht von Blavatsky und nicht von außen, sondern durch unsere Mitglieder selber wurde beständig Bresche geschlagen in das, was erreicht werden sollte. Und das geschah und geschieht dadurch, daß man immer wieder bewundert, was von visionären Hellsehern herangebracht wird! Wenn man bewunderte, was von visionären Hellsehern herangebracht wurde, dann war das ein solches Brescheschlagen, und dann war das ein Ausdruck der perversen Liebe zur achten Sphäre. Und wenn der oder jener gesagt hat: Der Doktor hat gesagt, daß es gemacht werden soll –, dann bedeutet das, daß ein solcher den freien Willen fremden Einflüssen überliefern wollte, daß er ihn nicht durch sich, sondern durch etwas anderes bestimmen lassen wollte; er wollte, der andere solle in die physische Welt eine Geneigtheit tragen, den freien Willen binden zu lassen. Auch jedesmal, wenn die Menschen sich auf Fatalismus verlassen, statt durch ihre Urteilskraft zu entscheiden, zeigen sie ihre Neigung zu der achten Sphäre; und alles, was wir für die achte Sphäre erleben, verschwindet von der Erdenentwickelung, geht nicht mit der Erdenentwickelung in der rechten Weise vorwärts.

Wir sind an einem Punkte angelangt, wo wir wohl auf alle diese Dinge achten müssen. Daher sind diese Dinge gesagt worden. Wir sind an einem Punkte angelangt, wo man aufmerksam wird sein müssen auf das Zünglein an der Waage, das zwischen exoterisch und esoterisch fortwährend schwebt. Die Praxis, die im Esoterischen bei uns beobachtet worden ist, zeigt, wie man im Grunde genommen das, was als das eigentlich okkultistische Leben vorhanden sein muß, nicht mit Worten aussprechen kann. Man sagt es einmal esoterisch, einmal exoterisch, und wenn man exoterisch und esoterisch spricht, so sind das gleichsam zwei verschiedene Dialekte *einer* unaussprechbaren Sprache. Und wenn ein Mensch in seinem Hochmute das Exoterische durch das Esoterische ersetzt haben will, dann vergißt er eben, daß das Esoterische und das Exoterische zwei Dialekte einer unaussprechbaren Sprache sind, und daß es sehr darauf ankommt, wie man die Waagschale zu halten vermag zwischen dem Esoterischen und Exoterischen. Das aber, was noch zwischen dem Exoterischen und dem Esoterischen vorliegt, das muß uns als eine unaussprechbare Sprache gelten; das ist immer etwas, was nicht so unmittelbar ausgesprochen werden kann.

Wenn etwas Esoterisches zum Beispiel veröffentlicht wird, wie etwa meine «Geheimwissenschaft», so muß bei der Veröffentlichung wohl darauf gesehen werden, daß in einem solchen Buche alles so gesagt wird, daß es durch die Zeitenbildung, die draußen ist in der nichtokkultistischen Welt, zu begreifen ist. Wenn irgend etwas esoterisch bleiben soll, so bedeutet das nur, daß es unter denjenigen Leuten bleiben soll, die alles das mitmachen, was im Esoterischen geboten wird. Wenn nicht alles in der Ordnung geht, so wird das Esoterische in das Exoterische getragen und dann geht man immer einer Gefahr entgegen. Das aber geschieht jedesmal, wenn die Möglichkeit geboten wird, daß dasjenige, was nur in einem engeren Kreise leben soll, in die Welt hinausgetragen wird, so daß man die Möglichkeit verliert, das in die Welt Hinausgetragene weiter zu verfolgen. Das geschieht in dem Falle, wenn Leute, die unsere Zyklen in der Hand haben, sich von unserer Gesellschaft trennen und draußen mit unseren Zyklen machen, was sie wollen; wenn wir nicht mehr in der Hand haben, was wir in der Hand haben sollten. Das geschieht auch jedesmal dann – was innerhalb unseres Kreises geltend gemacht werden kann –, wenn man zum Beispiel an solche Dinge wie die folgenden denkt. Sehen Sie, ich habe mich in den Jahren, in denen wir unsere Geisteswissenschaft treiben, bemüht, die Dinge so zu entwickeln, daß jeder, der auf alles eingeht, sehen kann, wie die Dinge begriffen werden können, auch wenn man noch nicht zu einem Hellsehen gekommen ist. Ich habe versucht, nichts zu veröffentlichen, was nicht auf dem betreffenden Gebiete eingesehen werden kann. Daraus folgt aber, daß gegen diese geisteswissenschaftliche Bewegung nur diejenigen etwas haben können, die dem Übergange der Menschen in die achte Sphäre entgegenkommen wollen. Als ich das Allerheikelste veröffentlicht habe, nämlich die Geschichte von den zwei Jesusknaben, da erhob sich von einer Seite, die noch nichts verstand, von einer Seite, wo man nur den Mediumismus gelten lassen will – ich kann Ihnen den betreffenden Aufsatz vorlesen –, Widerspruch, während jeder, der die Bibel studieren will, heute schon begreifen kann, was es mit der Geschichte von den beiden Jesusknaben für eine Bewandtnis hat. Daher müssen wir auf dem Boden stehen, die Dinge, die uns entgegengebracht werden, zu verfolgen, nicht aber zu sagen, daß sie unter uns aufgenommen werden auf Autoritätsglauben hin. Niemals sollte die Phrase auftreten, daß Wahrheiten nur aufgenommen werden, weil ich sie sage! Wir würden uns gegen die Wahrheit versündigen, wenn wir so etwas sagten. Es mag etwas auf Vertrauen beruhen; das kann aber niemals zum Grundsatz gemacht werden, weil es eine Grundlage sein soll, die jeder für sich behalten sollte, weil ein anderer vielleicht besser den Weg gehen könnte: nicht auf Vertrauen hinzunehmen, sondern zu prüfen.

Man wird gerade durch Prüfen finden, wie die Dinge sind. So oft das Wort Vertrauen bei uns aufgetaucht ist, ist es auch gefährlich gewesen, war ein Zeichen dafür, daß wir in eine Zeit eingetreten sind, wo uns Gefahren drohen. Jene Art, wie wir bisher uns verhalten haben, muß aufhören, denn Geisteswissenschaft beruht nicht auf Autorität, sondern auf Kenntnis der Sache. Die Zeit, wo wir es mit dem Vertreten der Geisteswissenschaft bequem hatten, ist vorbei. Allüberall werden die Feinde lauern, und wir werden viel zu kämpfen haben; wir werden uns auf den Kampf gefaßt machen müssen. Und wenn irgendwo verwirrte Köpfe sind, die zum Gebrauche ihres verwirrten Kopfes sich gedrängt fühlen, so wird das eine besondere Möglichkeit geben, die unserer geisteswissenschaftlichen Bewegung entgegenwirkenden Kräfte zu entwickeln.

Diese Dinge müssen wir als aus der Natur der Sache selbst hervorgehend betrachten. Wir werden uns entschließen müssen, mit all diesen Dingen zu rechnen. Denn einseitige Bewegungen finden da und dort Geltung, finden da und dort Anhänger, weil es da und dort immer Gruppen von Menschen gibt, welche ein Interesse haben für die Einseitigkeit. Bedenken Sie doch, daß die Menschheit aus lauter Gruppen von Menschen besteht und wenn Sie alle Gruppen zusammennehmen, so haben Sie die ganze Menschheit. Wenn nun ein Okkultist sich einer

Gruppe annimmt, so findet er bei seiner Gruppe schon einen Rückhalt, und er kann von da ausgehen, weil diese Gruppe ihm hilft. Daher hat jeder, der von einer einseitigen Auffassung ausgeht, ein Stück Zustimmung und Liebe zu erwarten. Wenn man aber von der Wahrheit ausgeht, so hat man zunächst die ganze Menschheit gegen sich. Die Wahrheit muß, auch ohne daß ein Interesse dafür vorhanden ist, ihr Gebiet erobern. Deshalb wird in Wirklichkeit nichts mehr gehaßt als die Wahrheit, als die ungeschminkte Wahrheit. Und deshalb ist gar mancher da oder dort Anhänger, der eigentlich in seinem tiefsten Inneren einen Haß in seiner Seele hat. Kein Wunder, wenn dieser Haß einmal die entgegengesetzte Kraft, die eine Wand dagegen bildet, zersprengt, und einmal durch irgendein Wesen gesprengt wird, was eigentlich an längst aufgehäuftem Hasse vorhanden ist. Es braucht dieses Wesen nicht immer schon in seinem Namen eine Andeutung davon zu geben, daß es die dem Haß entgegengesetzte Kraft «sprengelt». Aber es kann doch in dieser Weise aufgefaßt werden. Solcher Haß ist im Grunde viel verbreiteter als man denkt; mit diesem Haß muß man rechnen. Die Wahrheit wird nämlich eigentlich immer gehaßt und deshalb besteht immer, wenn irgendwo die Wahrheit sich geltend machen will, irgendwie auch schon das Bestreben, das, was sich da als Wahrheit geltend machen will, so umzuwandeln, so umzusetzen, daß es irgendwie den gegnerischen Mächten dienen kann. Und in den mancherlei Versuchen, die gegenwärtig in unserer Mitte auftreten, müssen wir eben den Versuch sehen, daß dasjenige, was bei uns als Wahrheit auftritt, umgekehrt wird, in einer anderen Weise gebraucht wird. Das kann man am raffiniertesten dadurch machen, daß man sagt: Die Lehre ist gut, der Lehrer taugt nichts. – Man raubt sie gleichsam dem Lehrer und will sie dann zu etwas anderem verwenden. Ja, am liebsten hätten es Luzifer und Ahriman, wenn sie die ganze Götterweisheit nehmen und in die achte Sphäre hineinbringen, hineinbefördern könnten.

Es handelt sich dabei darum: eine Gesellschaft, in welcher Freiheit existieren kann, umzuformen in eine Sklavengesellschaft. Das ist die Methode, die dem Ahriman dienen kann, der darauf ausgeht, solche Umtriebe zu gebrauchen, um sie für sich dienstbar zu machen. Das ist die mehr esoterische Seite der Sache, die wir nun aber auch exoterisch, in dem anderen Dialekte, mit dem nötigen Ernste anschauen müssen.

Daß wir in einer wichtigen Zeit stehen mit der Entwickelung unserer Geisteswissenschaft, das bitte ich Sie, nicht aus dem Auge verlieren zu wollen. Ich habe einiges von dem gesagt, was ich heute, insbesondere in dem letzten Teile, habe sagen wollen. Wenn sich die Notwendigkeit herausstellen sollte, über andere Sachen noch zu konferieren, so würde ich auch morgen noch eine halbe Stunde darüber weitersprechen. Da ich nicht wünsche, daß die Sachen, welche hier in der letzten Viertelstunde besprochen worden sind, zu allerlei Mißverständnissen Veranlassung geben, so wird es besser sein, wenn ich morgen über diese Dinge weiterrede.

SECHSTER VORTRAG

Dornach, 19. Oktober 1915

Wenn Sie noch einmal eine Art Gemütsrückblick – womit ich mehr einen zusammenfassenden Rückblick meine, ohne auf die Einzelheiten einzugehen –, wenn Sie also eine Art Gemütsrückblick tun auf das, was ich mir erlaubte, in den letzten Vorträgen und Betrachtungen hier vor Ihnen auseinanderzusetzen, so werden Sie sehen, daß der Gang der Entwickelung, den die geisteswissenschaftliche Weltanschauungsströmung nehmen mußte, demjenigen, der sich dieser geisteswissenschaftlichen Weltanschauung gegenüber verantwortlich fühlt, bestimmte Verantwortungen, starke Verantwortungen auferlegt. Denn Sie haben gerade aus den Betrachtungen der letzten Zeit wohl entnehmen können, daß starke Schwierigkeiten für den Menschen erwachsen – eine andere Art von Schwierigkeiten als man sie sonst im Leben hat –, um sich auszukennen und einen richtigen, geraden Gang zu gehen.

Nicht wahr, im Leben des physischen Planes sind wir in vieler Beziehung geschützt vor Abirrungen nach der einen oder anderen Richtung. Ich habe ja auf diesen Schutz schon vor vielen Jahren aufmerksam gemacht, als ich einige Schilderungen gab über das Problem des Hüters der Schwelle, die dann im Laufe der Zeit ergänzt worden sind. Schon in den alten Aufsätzen, die dem Buche «Wie erlangt man Erkenntnisse der höheren Welten?» einverleibt worden sind, kann man sehen, wie der Mensch auf dem physischen Plane geschützt ist vor einem zu leichten Abirren nach der einen oder anderen Seite in intellektueller und moralischer Beziehung. Nicht wahr, wir kommen ins Leben so herein, daß uns im Laufe unserer Kindheit gewissermaßen Richtkräfte mitgegeben werden fürs Leben. Wir wissen genau: zu unserer freien Betätigung der Urteilskraft erwachen wir im Grunde genommen erst später im Leben.

Beobachten Sie einmal das Kind und vergleichen Sie sein Seelenleben mit dem des Erwachsenen. Dann werden Sie sehen, wie Sie in einer gewissen Beziehung doch eine Nuancierung in dem Unterschiede zwischen dem Kindesleben und dem Leben des Erwachsenen annehmen dürfen, indem Sie sich sagen können: der Mensch wächst aus einem gewissen Dämmerleben, das er während seiner Kindheit führt, in späteren Jahren zu der freien Betätigung seiner Urteilsfähigkeit heran. Es handelt sich wirklich darum, daß man diese Lebensnuance gut ins Auge faßt.

Wenn man zu sehr am Kinde den ganzen Verlauf des menschlichen Lebens von der Geburt bis zum Tode betrachtet, so wird man vielleicht diese Metamorphose des inneren Seelenlebens zu wenig beachten. Aber es ist wichtig, daß man sich auf sie einläßt, weil in der Zeit, in der unsere Urteilskraft noch nicht völlig erwacht ist, gerade dasjenige an uns herankommen kann, was uns dann leitet und lenkt im späteren Leben. Wir müssen gewissermaßen für die freie eigene Urteilskraft umdämmert sein in den ersten Lebensjahren, damit gewisse Richtkräfte in unseren Intellekt, in unsere moralischen Impulse hineinkommen, damit wir nicht allzufrüh die Kräfte kristallisieren, die uns mitgegeben werden fürs Leben, die einverseelt werden unserem Wesen – ich will nicht sagen einverleibt. Dadurch haben wir etwas für das ganze Leben, dadurch richten wir uns wirklich im ganzen Leben nach solchen uns einverseelten intellektuellen und moralischen Impulsen.

In einer gewissen Weise werden wir, wenn wir nun heranrücken an die Begriffe der geistigen Welten, freier gemacht. Es war oftmals die Rede davon und es muß oftmals die Rede davon sein, daß auch dieses Eintreten in die geistigen Welten wiederum eine Art Erwachen ist aus dem gewöhnlichen Lebenszustande, aus den gewöhnlichen Lebensverhältnissen heraus; also wiederum eine solche ähnliche Nuance in den Lebensmetamorphosen, wie die von der Kindheit zu der Urteilsfähigkeit des Lebens.

Dadurch aber sind wir in der Tat sehr leicht in die Lage versetzt, wenn wir so begriffsmäßig, wie es sein soll, die geisteswissenschaftliche Weltanschauung aufnehmen, die feste Richtung des Lebens, die wir vorher gehabt haben, ins Wanken geraten zu sehen. Es handelt sich deshalb darum, gerade den ganzen Menschen, der uns einverpflanzt ist, zusammenzunehmen, wenn wir in das Begreifen der geistigen Welten eintreten, weil wir dieses durch die Kindheit uns einverpflanzte, einverseelte Lebenskapital um so notwendiger brauchen, wenn wir an diejenigen Dinge herantreten, die uns aus der Welt jenseits der Schwelle des Lebens geoffenbart werden sollen. Und ich zeigte Ihnen, wie leicht es ist, unter selbstverständlichen Einflüssen der verschiedenen Zeitströmungen da oder dorthin abzuirren. Denn solch ein Abirren, wie es zum Beispiel in *Sinnetts* «Esoterischem Buddhismus» der Fall ist, kommt dadurch zustande, daß der starke Impuls des Materialismus auf die Seelen der Menschen wirken kann, ich sage: wirken kann.

Ebenso aber, wie dadurch, weil orientalisierende Einflüsse da waren, ein Abirren möglich war nach der Richtung, die ganze Natur des heutigen Mondes eigentlich zu verleugnen, zu verleumden, ebenso können wir auf der anderen Seite abirren, die Möglichkeit eines Abirrens sehen dadurch, daß gewisse Menschen ein Interesse haben, die Wahrheit von den wiederholten Erdenleben nicht herauskommen zu lassen. Derjenige – und das ist in diesem Falle nicht Herr Sinnett, sondern derjenige, der hinter ihm gestanden hat –, der ein Interesse daran hat, das menschliche Erdenleben so zu gestalten, daß der Materialismus gleichsam noch übermaterialisiert wird, bringt so etwas, wie die Lehre vom Monde, in ein sonst wahres System hinein und lenkt dadurch das wahre System nach einer bestimmten Richtung ab.

Nun wissen wir ja, daß die abendländische Kultur mit ihrem amerikanischen Nachwuchse seit den letzten Jahrhunderten unter einem starken Impulse des Christentums steht. Ich habe mich selber bemüht zu zeigen, daß mit Christentum nicht nur gemeint sein kann, wie man das Christentum heute begreifen kann. Begreifen wird man vieles erst in der Zukunft, und wir fangen selber ja erst an, manches von dem Mysterium von Golgatha zu begreifen. Aber die Impulse des Christentums sind reale Impulse, sie wirken auch dann, wenn sie die Menschen noch nicht verstehen. Nur mußten sie in den verflossenen Jahrhunderten so wirken, daß ausgeschlossen wurde ein Teil der allgemeinen Weltenwahrheiten, der ganz gut mit dem Christentum verträglich ist. Aber die Einsicht reichte nicht aus, um klar zu begreifen, daß er damit verträglich ist. Es wurde das, was sich auf die wiederholten Erdenleben bezieht, ausgeschlossen aus dem Christentum. Und so ist eine abendländische Kultur und ein amerikanischer Nachwuchs entstanden, mit einem Christentum, das gewisse Bestandteile wie die Lehre von den wiederholten Erdenleben ausgeschlossen hat.

Nun habe ich gezeigt, wie gewisse Okkultisten sich bemüht haben, ihrerseits dieses fortzuführen, wie sie einseitig alles aufbringen wollten, um diese nun einmal hergebrachte Anschauung von den christlichen Impulsen zu retten: diese Anschauung, die ausgeschlossen hat die Wahrheit von den wiederholten Erdenleben. Ich habe auf gewisse okkultistische Richtungen, die zum Beispiel in Beziehung zur Hochkirche stehen, hingewiesen. Das waren durchaus wissende Leute, um die es sich da gehandelt hat. Ja, man kann sagen, daß sie okkultistisch viel besser geschult waren als die führenden Leute der Theosophischen Gesellschaft. Aber ihnen lag alles daran, die Lehre von den wiederholten Erdenleben weiter zu eliminieren; und das hängt zusammen damit, daß sie ableugneten, daß der Mensch – so wie ich es in der «Geheimwissenschaft im Umriß» dargestellt habe – im Laufe seiner Erdenentwickelung doch ein Verhältnis mit den anderen Planeten unseres Sonnensystems eingeht.

Diejenigen Kräfte, welche da in die Menschenseele verpflanzt werden, haben es hauptsächlich zu tun mit des Menschen Anteil am außerirdischen Kosmos; und über diesen Anteil der Menschenseele am außerirdischen Kosmos möchte man von dieser Seite her gerade die Menschen im unklaren lassen. Man möchte sie ablenken von dem Bewußtsein, daß die Seele nicht nur mit den irdischen Wesen und den irdischen Ereignissen einen Zusammenhang hat, sondern auch mit dem, was im Kosmos draußen ist, was uns zum Beispiel entgegenleuchtet von den anderen Planeten unseres Sonnensystems.

Hauptsächlich haben die Impulse, welche von den anderen Planeten unseres Sonnensystems ausgehen, indem sie auf den Menschen wirken, die Gewalt, die Seele als lebendige Seele dem physischen Tode zu entreißen. Damit haben sie es vorzugsweise zu tun, wie Sie es aus den Schilderungen über das Leben zwischen dem Tod und einer neuen Geburt ersehen können, die ich in den verschiedenen Zusammenhängen und von verschiedenen Gesichtspunkten aus gegeben habe.

Wenn Sie aber zurückgehen in der Menschheitsentwickelung, dann werden Sie sehen, daß gerade in den Zeiten, in denen noch atavistische Erkenntnisse, hellseherische Erkenntnisse wie ein Erbteil aus alten Zeiten vorhanden waren, die Menschen ihren Blick nach den anderen

Sternen unseres Sonnensystems hinlenkten; und dasjenige, was für unsere Zeit eine so fragwürdige Wissenschaft geworden ist, die Astrologie, spielte eine ungeheuer große Rolle in den alten Zeiten.

Warum, so können wir uns fragen, hat die Astrologie aufgehört, diese Rolle zu spielen? Weil, um dem Christentum Zeit zu geben, sich in das Erdentum hineinzuleben, der Blick der Seelen abgelenkt werden mußte. So wie von der imaginativen Welt der Hellseherblick abgelenkt werden mußte, so mußte abgelenkt werden der Blick von den Impulsen, die von den Planeten unseres Sonnensystems ausgehen. Was von der Astrologie geblieben ist, das sind alles alte Traditionen. Ich habe mich darüber öfter ausgesprochen. Gewissermaßen können wir sagen: das alte Hellsehen und auch der alte Blick und das Wissen von den Impulsen, die von den Planeten unseres Sonnensystems ausgehen, das alles wurde eingeschränkt. Der Mensch wurde zurückverwiesen auf unsere bloß wahrnehmbare Welt, auf seine Sinne, mit denen er nur das sehen sollte, was auf der Erde vorgeht, damit stark werden konnten die Impulse vom Mysterium von Golgatha, damit sie versenkt werden konnten in die Seelen, in die Gefühle der Gläubigen, damit die Menschen sich verinnerlichen konnten.

Denn das Hellsehen war in alten Zeiten doch eine äußerliche Fähigkeit. Man brauchte es nicht zu erwerben, man hatte es als Erbgut. Wie man heute Augen und Ohren hat, so hatte man damals das Hellsehen. Es kommen aber die Zeiten heran, in denen man es immer mehr und mehr wieder erwerben wird. Dazu mußte man einmal abgeschlossen werden von der geistigen Welt und beschränkt werden auf die äußere mineralische Welt, damit von innen heraus alles wieder aufgebaut werden kann. So muß von innen heraus aufgebaut werden das, was man früher von außen herein gesehen hat. Ich will es Ihnen einmal schematisch andeuten.

Stellen Sie sich einen Menschen vor mit dem alten hellseherischen Blick. Der richtete seinen Blick – ich will das Auge als Repräsentant für den hellseherischen Blick setzen, obgleich der hellseherische Blick nicht an das Auge gebunden ist – hinaus in die Sternensphäre und sah in dieser die verschiedenen geistigen Impulse, die von ihr herkommen (siehe Zeichnung Seite 108, oben).

Dann im Verlaufe der Zeiten erlosch dieses Hellsehen, und des Menschen Blick wurde auf das irdische Leben beschränkt. An die Stelle des früheren Hellsehens mußte etwas anderes treten. Was dahin treten mußte, könnten wir jetzt so zeichnen. Wir könnten sagen: Das, was früher von außen nach innen herangekommen war, das mußte jetzt von innen nach außen gehen. Der Mensch mußte gleichsam das, was der Himmel in ihn verpflanzt hatte, wiederum lernen hinauszuprojizieren, damit er seinen Zusammenhang wiederfindet mit den Himmelserscheinungen.

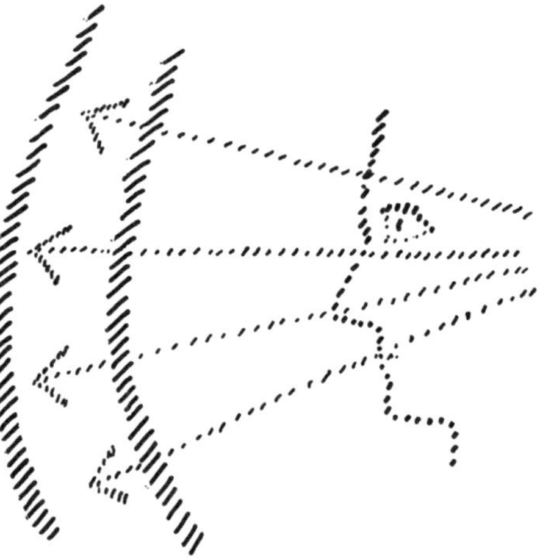

Gerade der umgekehrte Weg mußte gemacht werden. Es ist wirklich so, daß die menschliche Natur gerade jetzt in diesem Zeitpunkte in einer Umorganisation begriffen ist. Sie ist durchgegangen, ich möchte sagen, durch den Punkt der äußersten Verfinsterung, und einer der Ausdrücke dafür ist das, was ich die Hochflut des Materialismus im 19. Jahrhundert genannt habe. Aber es bereitet sich für die Menschheit schon wieder ein Hinausleben vor. Wenn wir das okkultistisch charakterisieren wollen, so können wir sagen: die Menschen haben früher nicht nur wahrgenommen und gedacht mit ihrem physischen Leibe, sondern sie haben wahrgenommen und gedacht mit ihrem Ätherleibe. Das im Ätherleibe Wahrgenommene wurde im astralischen Leibe als Astrologie bewußt; heute, in der Astronomie, wird alles errechnet. Jetzt muß der Ätherleib wieder belebt werden, und das hängt zusammen mit dem ätherischen Wiedererscheinen des Christus. Indem die Ätherleiber wieder belebt werden, schauen sie den Christus. Aber Sie sehen: eine Belebung, eine Vitalisierung des Ätherleibes muß stattfinden.

Man kann da ganz merkwürdige Entdeckungen machen, wenn man auf die Dinge wirklich eingeht. Es ist das ganze Gefühl dafür verschwunden, daß der Mensch einen Ätherleib hat; dagegen ist das Gefühl aufgetaucht, als wenn der Mensch nur einen physischen Leib hätte. Aber Sie stellten sich etwas ganz Falsches vor, wenn Sie glauben würden, diese Meinung, daß der Mensch bloß einen physischen Leib habe, sei wirklich so sehr alt. Sie ist gar nicht so alt. Wenn wirklich dieses Beschränken auf den physischen Leib durch die Hochflut des Materialismus des 19. Jahrhunderts bewirkt worden ist, dann, könnten Sie sagen, müssen die Menschen vorher doch noch etwas geahnt haben von dem Ätherleibe, der da untertauchte, und der jetzt wieder auftaucht. Nun, Beweise dafür, daß die Leute wirklich etwas gewußt haben von dem Ätherleibe, ein Wissen hatten, das da war und jetzt allmählich unberücksichtigt gelassen wurde, könnte ich Ihnen viele geben. Ich könnte Ihnen viele Stellen bringen aus älteren Werken. Ich will Ihnen aber nur eine Stelle vorlesen aus einem im Jahre 1827 erschienenen Buche. Darin finden Sie auf Seite 208 eine merkwürdige Stelle. Ich werde sie recht langsam vorlesen, damit Sie während des Vorlesens darauf achten können, wie anders man heute über diese

Dinge schreibt, unter dem Einflusse der ganz materialistisch gewordenen Weltanschauung.

«Man verbindet fälschlich mit der bloßen Aufnahme von Speise und Trank und deren Verarbeitung in den Dauungsorganen den Begriff der Ernährung. Nicht von Speise und Trank, sondern vom Blute wird der Organismus ernährt und das organische Leben unterhalten, und zwar auch vom Blute (dem neutralisierten irdischen und ätherischen Lebensprinzip)» – also er zeigt, daß er nicht vom physischen Blute spricht, sondern von dem, was dem Blute als ätherisches Lebensprinzip zugrunde liegt – «nicht eher, als bis es in den plastischen Häuten zum belebenden und bildenden Hauch (Aura vitalis) gesteigert und gleichsam sublimiert ist.»

Was will der Mann damit sagen? Die äußere Ernährung, das ist eigentlich nicht die Haupterscheinung, sondern das, worauf es ankommt, ist, daß, während die äußere Ernährung sich vollzieht, die Speisen gewisse Extrakte von sich ins Blut senden, so daß ein Prozeß vorgeht in dem, was als ätherisiertes Lebensprinzip dem Blute zugrunde liegt. Im Jahre 1827 schreibt man das. Der Schreiber hat sogar eine Klammer gemacht da, wo er sagt: «... bis es in den plastischen Häuten zum belebenden und bildenden Hauch (Aura vitalis) gesteigert und gleichsam sublimiert ist.» Dieses «plastisch» ist dasselbe Wort wie «imaginativ». Ich könnte ebensogut lesen: «... als bis es in den imaginativ bildsamen Häuten zum belebenden und bildenden Hauch (Aura vitalis) gesteigert und gleichsam sublimiert ist.» In Klammern steht: «Aura vitalis.» Das können Sie nicht anders übersetzen, als: Ätherleib.

Der Mann, der das geschrieben hat, war Professor der psychischen Heilkunde auf der Universität zu Leipzig und Arzt am St.Georgenhause daselbst. Es ist Dr. *Johann Christian August Heinroth,* von dem ich im Zusammenhange mit Goethe einmal gesprochen habe.

Sie werden daraus ahnen können – und solch ein Beispiel könnte man nach Hunderten vermehren –, wie ganz anders der Ton war, wie in die materialistische Weltanschauung hinein versunken ist das Wissen, das vor gar nicht zu langer Zeit noch vorhanden war. Man kann sagen, es war ein Strom von Wissen da. Man könnte es schematisch so aufzeichnen:

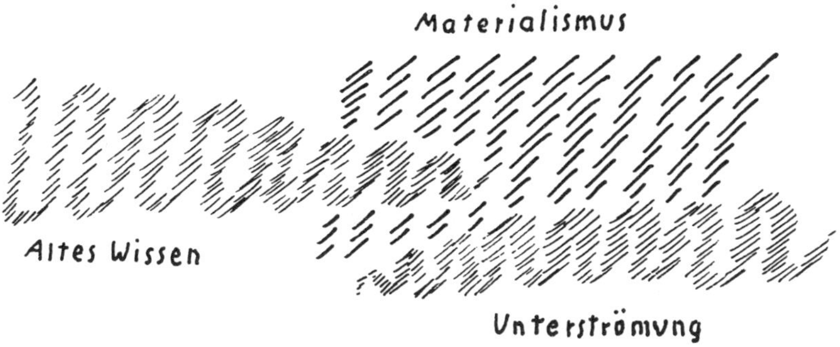

Der Strom versickert da, und die materialistische Weltanschauung kommt herauf. Aber unter der Strömung, sozusagen als Unterströmung entwickelt sich in der Menschennatur das, was ich gesagt habe: von innen heraus baut sich wiederum der Zusammenhang mit dem Kosmos auf. Sie können jetzt wieder sagen: Beweise uns, daß es Menschen gegeben hat, die etwas davon ahnten, daß, während auf der einen Seite das Wissen von der alten Bedeutung des Ätherleibes, der von außen die Eindrücke bekam, versickert, es auf der anderen Seite vielleicht doch schon Menschen gegeben hat, welche gewußt haben, daß von innen heraus der Ätherleib sich wieder vitalisierte.

Da will ich Ihnen eine Stelle vorlesen aus einem Buche, das allerdings noch früher erschienen ist, und aus dem Sie ersehen können, daß es schon Leute gegeben hat, die darauf aufmerksam machten, wie die Menschheitsorganisation sich in der Zukunft ändern wird. Allerdings ist die Sache sehr verhüllt erzählt, aber sie ist immerhin erzählt. Es wird in diesem Buche von einer Frauengestalt erzählt. Die meisten von Ihnen werden wissen, wenn ich die Stelle vorlese, woraus sie ist.

Diese Frau befindet sich zu unserem Sonnensystem – so wird gesagt – «in einem Verhältnis, welches man auszusprechen kaum wagen darf. In dem Geiste, der Seele, der Einbildungskraft hegt sie, schaut sie es nicht nur, sondern sie macht gleichsam einen Teil desselben: sie sieht sich in jenen himmlischen Kreisen mit fortgezogen, aber auf eine ganz eigene Art; sie wandelt seit ihrer Kindheit um die Sonne, und zwar, wie nun entdeckt ist, in einer Spirale, sich immer mehr vom Mittelpunkt entfernend und nach den äußeren Regionen hinkreisend.» Also es wird hier erzählt, daß es eine Seele im Frauenkörper gibt, die nicht mehr mit dem Erdenleben, sondern mit dem Sonnenleben geht, daß sie im Laufe des Lebens immer größere Kreise zieht, ja, daß man annehmen kann, daß die Wesen, insofern sie körperlich sind, nach dem Zentrum, und insofern sie geistig sind, nach der Peripherie streben. Es wird also eine Seele beschrieben, die mit dem Kosmos lebt:

«Makarie befindet sich zu unserm Sonnensystem in einem Verhältnis, welches man auszusprechen kaum wagen darf. In dem Geiste, der Seele, der Einbildungskraft hegt sie, schaut sie es nicht nur, sondern sie macht gleichsam einen Teil desselben: sie sieht sich in jenen himmlischen Kreisen mit fortgezogen, aber auf eine ganz eigene Art; sie wandelt seit ihrer Kindheit um die Sonne, und zwar, wie nun entdeckt ist, in einer Spirale, sich immer mehr vom Mittelpunkt entfernend und nach den äußeren Regionen hinkreisend.

Wenn man annehmen darf, daß die Wesen, insofern sie körperlich sind, nach dem Zentrum, insofern sie geistig sind, nach der Peripherie streben, so gehört unsere Freundin zu den geistigsten; sie scheint nur geboren, um sich von dem Irdischen zu entbinden, um die nächsten und fernsten Räume des Daseins zu durchdringen. Diese Eigenschaft, so herrlich sie ist, ward ihr doch seit den frühesten Jahren als eine schwere Aufgabe verliehen. Sie erinnert sich von klein auf ihres innern Selbst als von leuchtenden Wesen durchdrungen, von einem Licht erhellt, welchem sogar das hellste Sonnenlicht nichts anhaben konnte.» – Sie trägt in sich also Lichtquellen, und das äußere Licht kann ihr nichts anhaben. – «Oft sah sie zwei Sonnen, eine innere nämlich, und eine außen am Himmel, zwei Monde, wovon der äußere in seiner Größe bei allen Phasen sich gleich blieb, der innere sich immer mehr und mehr verminderte.

Diese Gabe zog ihren Anteil ab von gewöhnlichen Dingen, aber ihre trefflichen Eltern wendeten alles auf ihre Bildung; alle Fähigkeiten wurden an ihr lebendig, alle Tätigkeiten wirksam, dergestalt, daß sie allen äußeren Verhältnissen zu genügen wußte, und indem ihr Herz, ihr Geist ganz von überirdischen Gesichten erfüllt war, doch ihr Tun und Handeln immerfort dem edelsten Sittlichen gemäß blieb. Wie sie heranwuchs, überall hilfreich, unaufhaltsam in großen und kleinen

Diensten, wandelte sie wie ein Engel Gottes auf Erden, indem ihr geistiges Ganze sich zwar um die Weltsonne, aber nach dem Überweltlichen in stetig zunehmenden Kreisen bewegte.

Die Überfülle dieses Zustandes ward einigermaßen dadurch gemildert, daß es auch in ihr zu tagen und zu nachten schien, da sie denn bei gedämpftem inneren Licht äußere Pflichten auf das treuste zu erfüllen strebte, bei frisch aufleuchtendem Innern sich der seligsten Ruhe hingab. Ja, sie will bemerkt haben, daß eine Art von Wolken sie von Zeit zu Zeit umschwebten und ihr den Anblick der himmlichen Genossen auf eine Zeitlang umdämmerten, eine Epoche, die sie stets zu Wohl und Freude ihrer Umgebungen zu benutzen wußte.

Solange sie die Anschauungen geheim hielt, gehörte viel dazu, sie zu ertragen. Was sie davon offenbarte, wurde nicht anerkannt oder mißdeutet; sie ließ es daher in ihrem langen Leben nach außen als Krankheit gelten, und so spricht man in der Familie noch immer davon: zuletzt aber hat ihr das gute Glück den Mann zugeführt, den Ihr bei uns seht, als Arzt, Mathematiker und Astronom gleich schätzbar, durchaus ein edler Mensch, der sich jedoch erst eigentlich aus Neugierde zu ihr heranfand. Als sie aber Vertrauen gegen ihn gewann, ihm nach und nach ihre Zustände beschrieben, das Gegenwärtige ans Vergangene angeschlossen und in die Ereignisse einen Zusammenhang gebracht hatte, ward er so von der Erscheinung eingenommen, daß er sich nicht mehr von ihr trennen konnte, sondern Tag vor Tag stets tiefer in das Geheimnis einzudringen trachtete.

Im Anfange, wie er nicht undeutlich zu verstehen gab, hielt er es für Täuschung; denn sie leugnete nicht, daß von der ersten Jugend an sie sich um die Stern- und Himmelskunde fleißig bekümmert habe, daß sie darin wohl unterrichtet worden und keine Gelegenheit versäumt, sich durch Maschinen und Bücher den Weltbau immer mehr zu versinnlichen. Deshalb er sich denn nicht ausreden ließ, es sei eingelernt, die Wirkung einer in hohem Grad geregelten Einbildungskraft, der Einfluß des Gedächtnisses sei zu vermuten, eine Mitwirkung der Urteilskraft, besonders aber eines versteckten Kalkuls.

Er ist ein Mathematiker und also hartnäckig, ein heller Geist und also ungläubig; er wehrte sich lange, bemerkte jedoch, was sie angab, genau, suchte der Folge verschiedener Jahre beizukommen, hielt sich besonders an die neusten mit dem gegenseitigen Stande der Himmelslichter übereintreffenden Angaben und rief endlich aus: ‹Nun, warum sollte Gott und die Natur nicht auch eine lebendige Armillarsphäre, ein geistiges Räderwerk erschaffen und einrichten, daß es, wie ja die Uhren es uns täglich und stündlich leisten, dem Gang der Gestirne von selbst auf eigene Weise zu folgen imstande wäre!›

Hier aber wagen wir nicht, weiter zu gehen; denn das Unglaubliche verliert seinen Wert, wenn man es näher im einzelnen beschauen will. Doch sagen wir so viel. Dasjenige, was zur Grundlage der anzustellenden Berechnungen diente, war Folgendes: ihr, der Seherin, erschien unsere Sonne in der Vision um vieles kleiner, als sie solche bei Tage erblickte; auch gab eine ungewöhnliche Stellung dieses höheren Himmelslichtes im Tierkreise Anlaß zu Folgerungen. Dagegen entstanden Zweifel und Irrungen, weil die Schauende ein und das andere Gestirn andeutete, als gleichfalls in dem Zodiak erscheinend, von denen aber am Himmel nichts gewahr werden konnte. Es mochten die damals noch unentdeckten kleinen Planeten sein; denn aus andern Angaben ließ sich schließen, daß sie, längst über die Bahn des Mars hinaus, der Bahn des Jupiter sich nähere. Offenbar hatte sie eine Zeitlang diesen Planeten, es wäre schwer zu sagen, in welcher Entfernung, mit Staunen in seiner ungeheuren Herrlichkeit betrachtet und das Spiel seiner Monde um ihn her geschaut, hernach aber ihn auf die wunderseltsamste Weise als abnehmenden Mond gesehen, und zwar umgewendet, wie uns der wachsende Mond erscheint. Daraus wurde geschlossen, daß sie ihn von der Seite sehe und wirklich im Begriff sei, über dessen Bahn hinauszuschreiten und in dem unendlichen Raum dem Saturn entgegenzustreben. Dorthin folgt ihr keine Einbildungskraft, aber wir hoffen, daß eine solche Entelechie sich nicht ganz aus unserm Sonnensystem entfernen, sondern wenn sie an die Grenze desselben gelangt ist, sich wieder zurücksehnen werde, um zu Gunsten unserer Urenkel in das irdische Leben und Wohltun wieder einzuwirken.»

Da haben wir auf eine sehr bedeutungsvolle Art die Anschauung dargestellt, wie die Seele des Menschen wirklich werden will, wie die Seele des Menschen aus dem Inneren heraus wiederum zur Sternenwelt zurückkehren wird. Ich habe Ihnen die Schilderung Makariens vorgelesen aus «Wilhelm Meisters Wanderjahre» von *Goethe,* und er hat dabei ausdrücklich hinzugefügt, daß er nicht alles gesagt habe. Er deutete an, daß es eine ätherische Dichtung ist, mit den Worten: «Indem wir nun diese ätherische Dichtung, Verzeihung hoffend, hiermit beschließen, wenden wir uns wieder zu jenem terrestrischen Märchen, wovon wir oben eine vorübergehende Andeutung gegeben.»

Und bevor Goethe die Schilderung Makariens gibt, sagt er: «Zu diesem Punkte aber gelangt, können wir der Versuchung nicht widerstehen, ein Blatt aus unseren Archiven» – Goethe meint geistige Archive – «mitzuteilen, welches Makarien betrifft und die besondere Eigenschaft, die ihrem Geist erteilt ward. Leider ist dieser Aufsatz erst lange Zeit, nachdem der Inhalt mitgeteilt worden, aus dem Gedächtnis geschrieben und nicht, wie es in einem so merkwürdigen Fall wünschenswert wäre, für ganz authentisch anzusehen. Dem sei aber, wie ihm wolle, so wird hier schon so viel mitgeteilt, um Nachdenken zu erregen und Aufmerksamkeit zu empfehlen, ob nicht irgendwo schon etwas ähnliches oder sich annäherndes bemerkt und verzeichnet worden.»

Ich wollte Sie auf diese Episode aus «Wilhelm Meisters Wanderjahre» aufmerksam machen, weil Sie daraus ersehen, daß wir mit unserer Geisteswissenschaft wirklich den Anforderungen der Zeit entgegenkommen. Die Menschennatur ändert sich so, daß sie wieder aus sich selber heraus gebären wird, was sie verloren hat von der alten Erbschaft aus der vorirdischen Welt. Und es werden die Menschen wissen müssen, was an sie herantritt, sonst würden sie ganz verwirrt werden. So muß sich das, was Geisteswissenschaft ist, in unsere Zeit hineinstellen.

Aber in dem Augenblicke, wo die Menschen auf dieses, worauf hier gedeutet worden ist, aufmerksam werden, kommt unweigerlich, daß sie auch auf die Reinkarnationslehre kommen müssen, weil sie sich sagen müssen, daß eine solche Entelechie aus der jenseitigen Welt, aus der Jupiter-, Saturnsphäre und so weiter doch wieder etwas zu tun haben könnte mit der Erde und zu uns zurückkehren könnte. Deshalb, sagen diejenigen Okkultisten, die die Reinkarnationslehre nicht aufkommen lassen wollen, müssen Barrikaden aufgerichtet werden gegen das Herankommen dieser Anschauung, und diese Barrikaden werden dadurch aufgerichtet, daß man die Menschen möglichst ablenkt von dem Zusammenhange mit den Weltenkörpern des Sonnensystems. So sehen wir, wie gerade von dieser Seite ein intensives Interesse vorhanden ist, gewisse Dinge nicht aufkommen zu lassen. Ich habe gestern gesagt: Ist ein Interesse für eine einseitige Richtung vorhanden, so findet sie immer eine Stütze; die Wahrheit im allgemeinen aber wird angefochten und alles mögliche geschieht, um die Wahrheit an sich gar nicht herauskommen zu lassen. Und es wird zu dem richtigen Stehen innerhalb unserer geistigen Bewegung gehören, daß wir uns voll bewußt sind, daß die Wahrheit, die gesucht wird, von vielen, vielen Seiten angefochten werden wird. Aber nichts ist notwendiger, als daß wir versuchen, um gewappnet zu sein, wirklich nach allen Seiten hin Klarheit des Denkens zu entwickeln. Sie müssen ins Auge fassen, daß dasjenige, was als gegnerisch, namentlich was als gegnerische Persönlichkeiten gegen unsere Bewegung auftritt, wirklich zum großen Teile Figuranten sind für die gegnerischen Mächte. Wir treten da in ein Wirken übersinnlicher Gewalten ein. Diese übersinnlichen Gewalten, zu denen Ahriman und Luzifer gehören, wirken selbstverständlich im Menschenleben durch Menschenseelen, die einfach ihre Werkzeuge sind.

Daher ist es notwendig, genau zu wissen, um was es sich in dem einen und in dem anderen Falle handelt; aber das Allernotwendigste ist, niemals zu versäumen, sich ein ganz klares, exaktes Denken anzueignen – so gut man eben kann. Sie wissen ja, das Leben selbst hat seine Widersprüche, und *Hegel* hat seine ganze Philosophie aufgebaut auf die Aufdeckung der Widersprüche im Dasein. Darum handelt es sich nicht, die Widersprüche zu vermeiden im Leben, denn die sind da. Aber darum handelt es sich, den Widerspruch zu erkennen und ins Auge zu fassen.

Ahriman und Luzifer können nur etwas machen, wenn ein Widerspruch unbemerkt bleibt, wenn wir nicht die Kraft und den Willen haben, den Widerspruch aufzudecken. Überall da, wo wir uns in einen Widerspruch verwickeln, den wir nicht als Widerspruch erkennen, sondern einfach gelten lassen als einen lebenswahren Inhalt, überall da haben Luzifer und Ahriman die Möglichkeit, sich unserer Seele zu bemächtigen.

Nehmen wir einmal einen merkwürdigen Widerspruch, der uns in den letzten Wochen hier entgegengetreten ist. Ich habe, gedrängt durch die Tatsachen, Ihnen eine Stelle aus einem Briefe einer Dame vorlesen müssen, der die Worte enthielt, daß gewollt wurde von jener Seite her nicht die Lehre und nicht der Lehrer, sondern der Mensch. Also nicht die Lehre und nicht der Lehrer, sondern der Mensch wurde gesucht. Die Lehre wurde gewissermaßen als etwas wie eine Beigabe hingenommen und hingestellt, auf den Menschen wurde der Hauptwert gelegt. So wurde die Sache dargestellt. Dann kam etwas anderes, dann kam just die Umkehr. Der Mensch wurde in intensiver Weise abgelehnt und von der Lehre wurde behauptet, daß man sie als eine richtige anerkennen müsse. Denken Sie: auf der einen Seite wird behauptet, man suche nicht die Lehre und nicht den Lehrer, sondern den Menschen, und auf der anderen Seite wird behauptet: Den Menschen hasse ich, den Menschen lehne ich ab, der verspricht und hält nicht, was er verspricht; aber die Lehre ist gut, die Lehre nehme ich an.

Was heißt das eigentlich? Das heißt: Ich stand eine Zeitlang in einer gewissen Beziehung zu einem Menschen; der interessierte mich, die Lehre wenig. Dann wende ich mich von dem Menschen ab, und da betone ich das, was mich eigentlich gar nicht interessiert hat. Was ich vorher abgelehnt habe, das betone ich; ich habe die Lehre gar nicht aufgenommen und sage dann: sie sei gut. – Es ist doch klar, ich spreche über ein Nichts, indem ich so mich ausdrücke. Ich sage: ich behalte das, was ich gar nicht aufnehmen wollte, was ich gar nicht haben kann, weil ich vorher abgelehnt habe, es aufzunehmen.

Da haben Sie so ein lebendiges Beispiel von einem in der Welt existierenden Widerspruch. Wie können Sie denn zweifeln, daß da, wo solch ein Widerspruch sich geltend macht, noch irgendeine wirkliche innere Beziehung zu unserer geisteswissenschaftlichen Bewegung vorhanden sein kann! Da ist ja gar keine innere Verwandtschaft vorhanden zu dem, was unsere geisteswissenschaftliche Bewegung ist. Es ist wichtig, sich solch einen wirklichen Widerspruch vor Augen zu führen. Denn wenn wir solche Dinge unter uns nicht bemerken, dann werden wir den geraden Weg in die Erkenntnisse der geistigen Welt niemals finden. Selbstverständlich kann uns vieles entgehen, aber wir müssen den guten Willen haben, solche Lebenswidersprüche wirklich zu bemerken.

Aber auf der anderen Seite werden solche Widersprüche benützt, gerade um die Wahrheit gewissermaßen aus den Angeln zu heben. Denken Sie zum Beispiel, jemand würde sagen: Ein Mensch bringt eine Lehre, aber der Mensch ist voller Widersprüche, sogar voller Immoralitäten, sogar von der Kraft des Bösen beherrscht; die Lehre aber und verschiedenes andere, was mit der Lehre zusammenhängt, sei gut: das nehme man durchaus an. – Ja, wenn aber die Lehre, um die es sich handelt, gerade darin besteht, daß derjenige, der die Lehre und die Bewegung für diese Lehre vertritt, durch diese Lehre seine Beziehungen zu den anderen herstellt – daß er also das Verhältnis zwischen sich und den anderen gerade durch die Lehre herstellt –, wenn er überhaupt nichts anderes sein will als der Träger der Lehre: dann verlangt man aus solcher Einstellung heraus, daß er etwas anderes sein soll! Und während man allerlei von dem Menschen verlangt und doch im Grunde genommen dasjenige ablehnt, was die Lehre gibt, sagt man: Die Lehre ist gut, jedoch der Mensch ist schlecht!

Wahrhaftig, man kann auf eine solche Art, wenn man sich zu schwach fühlt, die Lehre irgendwie anzugreifen, schon etwas ausrichten gegen die Lehre bei denen, bei welchen man Glauben findet. Es ist der beste Weg, eine Lehre, die man nicht widerlegen kann, auf diese Art in Grund und Boden zu bohren, denn man liefert sie den luziferisch-ahrimanischen Mächten aus, wie ich gestern schon angedeutet habe.

Wie oft ist gerade in unserer Bewegung gesagt worden, unsere Lehre soll nicht bloß Theorie sein, sondern soll unmittelbares Leben sein. Indem man sie zur bloßen Theorie macht, tötet man sie; man übergibt sie Ahriman, dem Gotte des Todes. Es ist die beste Methode, Ahriman dasjenige zu übergeben, was gelehrt wird, und es in ordnungsmäßiger Art aus der Welt zu schaffen, und es ist eine Methode, die sehr ähnlich ist, wie Sie sehen, dem, was gewisse Individualitäten getan haben, die, sagen wir, hinter Mr. Sinnett standen. Sie haben ihm eine bestimmte Direktion eingegeben, die nicht richtig war, um ihn nach einer gewissen falschen Richtung hinzuleiten. Diese Direktion bestand darin, daß man gerade das Richtige verleumdete. Der Mond, der eigentlich als physischer Mond eine Paralysierung ist gegenüber der achten Sphäre, wird zur achten Sphäre erklärt. Die achte Sphäre wird dadurch gerade verdeckt, wird weggewischt. Und später wird das von *H. P. Blavatsky* dadurch korrigiert, daß gesagt wird – während Jahve im Monde ein Heilmittel geschaffen hat gegenüber der achten Sphäre –, daß er nur die niedere Lebenssphäre, die Sinnessphäre des Menschen geschaffen habe. Es besteht also diese Methode darin, daß man einen Dunst des Verächtlichmachens über irgend etwas verbreitet, und es damit in ein falsches Licht stellt. Wenn Sie genau eingehen auf die Dinge, so werden Sie sehen, daß das, was hier bei uns passiert ist, in der Hauptsache von demselben Schnitte ist, nur in kleinerem Maßstabe. Es ist ein Versuch, das, was als Wahrheit in die Welt treten will, zu verleumden. Man fühlt sich zu schwach, die Lehre zu widerlegen, also klagt man denjenigen an, der die Lehre zu vertreten hat. Damit ist verknüpft, daß man selber zu schwach ist, die Lehre zu durchdringen.

Es ist ein ungeheuer bemerkenswertes Problem für denjenigen, der mit Ernst und Würde in unseren Reihen steht, denn diese Dinge müssen wir von einem höheren Gesichtspunkte aus durchschauen. Ich will noch ein Beispiel geben. Ich führe diese Beispiele an, weil sie naheliegen und weil sie uns zeigen, wohin wir den Blick richten müssen und wie sie dazu dienen können, die nächsten Dinge von einem höheren Gesichtspunkte aus zu beurteilen. Es muß in unserer Bewegung aufs schärfste betont werden – und es geschah die ganzen Jahre hindurch, seitdem unsere Bewegung von mir vertreten wird –, daß das atavistische Hellsehen in das richtige Licht gestellt werde, daß man niemals sich täusche über das alte atavistische Hellsehen. Was man erfand, um das, was wir tun oder wollen, in der allerschärfsten Weise zu entstellen, dafür ist ein Beispiel, daß man sagte: Man kann sehen, da ist eine Bewegung, die sich darauf verlegt, das Hellsehen zu pflegen –, und daß man sich bemühte, die Sache so zu wenden, als ob in dieser Bewegung alle Menschen veranlaßt würden, das Hellsehen zu pflegen. Wenn so etwas getan wird, dann breitet man über diese Bewegung einen Nebel aus. Die Wahrheit wird geradezu umgekehrt, wenn es auch ganz begründet ist, daß wir das Hellsehen pflegen müssen. Aber man hat da ein gutes Mittel, um die Menschen haßerfüllt zu machen gegen die Bewegung.

Man kann ja sagen, wenn eine Bewegung heute auftritt, muß sie so auftreten, daß sie nicht mehr das alte atavistische Hellsehen pflegt. Wenn man aber anhängt: Das aber tut diese Bewegung – so heißt das, man sagt dasselbe, was die Bewegung auch sagt, dann aber hängt man gerade der Bewegung den Tadel an, der mit diesen Worten ausgesprochen wird. Man dreht also die Richtung des Pfeiles um. Das tritt uns zum Beispiel in unserer Nähe entgegen. In unserer Nähe wird gepredigt, vorgetragen, daß insbesondere von mir diejenigen, die hier in Dornach versammelt sind, zum Hellsehen angehalten würden. Dabei läßt man durchblicken, daß das ein krankhaft atavistisches Hellsehen sei.

Selbstverständlich hat derjenige, der das sagt, keine Ahnung, was er eigentlich sagt. Er ist selbstverständlich ein Figurant. Aber wir müssen tiefer hineinschauen in die Zusammenhänge. Wir müssen uns klar sein darüber, daß wir in einer Zeit leben, wo solche Impulse gegen uns geltend gemacht werden. Und besonders grotesk würde uns das dann entgegentreten können, wenn unsere Lehre selber als Waffe gegen uns genommen würde, und wir von unserer Lehre aus widerlegt würden. Auch das ist sogar schon geschehen. Sie wissen, in einer der Gegenschriften der letzten Woche ist mit Zitaten der «Mysteriendramen» und der «Geheimwissenschaft» ein Angriff geformt worden gegen das, was von mir vertreten wird. Sie haben also überall die Mächte am Werke, die die Wahrheit nicht aufkommen lassen wollen.

Über die Wahrheit selbst brauchen wir uns keine Sorge zu machen, insbesondere dann nicht, wenn wir wahrnehmen, daß wir mit unseren eigenen Wahrheiten sogar angegriffen werden, daß man also das, was wir selber sagen, gegen uns wendet. Also nicht um eine Widerlegung, sondern um das, was wir eigentlich tun, handelt es sich. Wir haben daher nicht nötig gehabt, solange wir nicht angegriffen wurden, irgendwie auf Polemiken uns einzulassen. Daher auch unsere Ablehnung der Polemik, wie oft früher betont wurde. Die Wahrheit darf in die Welt gehen, indem sie nur das Positive betont. Aber in dem Augenblicke, wo Behauptungen in die Welt gehen, die die Wahrheit gar nicht berühren, da müssen wir gewappnet sein und erkennen, von welchem Gesichtspunkte aus solche Dinge zu beurteilen sind. Wir dürfen uns nicht nur auf den Standpunkt stellen, daß wir nachdenken über das, was in den Büchern steht, sondern wir müssen das ins Leben umsetzen, was als Lebensprinzip in unserer Lehre ist. Das heißt aber, daß wir das Leben nach den Prinzipien unserer Lehre beurteilen, daß wir also nicht über irgendwelche äußeren Angriffe so denken, wie wir nur denken müßten, wenn wir unsere Lehre wie eine Theorie aufgenommen hätten. Die Notwendigkeit der Polemik beginnt erst, wenn wir angegriffen werden. Dann aber müssen wir wissen, daß wir eine Lehre haben, die sehr leicht in ihr Gegenteil verkehrt werden kann, die wir daher zu hüten und zu bewachen haben. Insbesondere müssen wir uns vor allen Einseitigkeiten bewahren.

Es konnte zum Beispiel dieser oder jener Unterton gehört werden in dem, was da oder dort gesprochen worden ist: Untertöne, die von etwas kommen, was sehr leicht in das Extreme verfällt. Und da ist man recht leicht widerlegbar. Denken Sie doch nur einmal, daß wir genötigt waren, manches Wort über allerlei Einbildungen mit Bezug auf diese oder jene Inkarnationen zu sprechen. Wenn wir das bis zu dem Extrem treiben würden, daß wir jede solche Sache verlachen, dann würden unsere Gegner sagen können: Die lehren da etwas! Aber wenn sie irgendwie nur daran tippen sollen, dann machen sie sich selber darüber lustig.

Wir haben selbstverständlich keinen Grund, seelische, hellseherische Erlebnisse abzulehnen; wir haben nur die Pflicht, ihnen auf den Grund zu gehen, wenn es sich darum handelt, daß im Dienste der persönlichen Eitelkeit solche seelischen Erlebnisse entstellt werden, oder gar, wenn der äußere Gang der Ereignisse zeigt, daß diese seelischen Erlebnisse nicht richtig sind. Wir dürfen also, wenn ich das trivial sagen darf, das Kind nicht mit dem Bade ausschütten. In eine wissenschaftliche Theorie darf sich unsere Gesellschaft gewiß nicht umwandeln.

Und auch da sehen Sie, daß diese Gefahr sehr leicht kommen kann. Ich habe erwähnt, daß eine gewisse Schrift, die uns in den letzten Tagen zugesandt worden ist, geschickt geschrieben ist. Sie ist wirklich geschickt geschrieben, denn man kann in keiner glaubhafteren Weise unsere Bewegung angreifen, als wenn man sagt: Die benehmen sich so, als ob sie jede Beziehung der sinnlichen Welt auf die geistige Welt ablehnen würden, als wenn sie überall dies alles leugnen würden. – Das steht aber in jener Schrift. In einer beigelegten Schrift wird sonderbarerweise ausgeführt: Warum sollte denn nicht die Mutter Gottes sich auch noch wiederverkörpern? – Gewiß, kann man sagen, warum sollte sie es nicht? Es ist kein Grund da, daß es nicht sein kann. Aber Sie können gewiß sein, daß das exoterische Leben dieser Mutter Gottes dann anders gewesen wäre, daß die Wiederverkörperung nicht in solcher Weise aufgetreten wäre, wie sie da aufgetreten ist nicht als Persönlichkeit, sondern in der Art der Vertretung.

Wirklich, in diesen Dingen handelt es sich um etwas, was ich seit vielen Jahren betone, so betone, daß ich für notwendig gefunden habe, es einzufügen meiner philosophischen Grundschrift. Versuchen Sie die anderen Philosophien zu lesen. Sie werden in der Theorie, in den Ausdrucksformen auch in früheren Schriften manches finden, was in meiner «Philosophie der Freiheit» wiederkehrt. Aber eines ist da drinnen – wenigstens in der Art, wie es damit verwoben ist als ein ethisches Prinzip, als moralischer Impuls –, was, so wie es dort ausgedrückt ist, wirklich original ist: Es ist zum erstenmal eingefügt der moralische Takt als etwas, was nicht durch bloße Urteilskraft erfaßt werden kann, sondern was nur erfaßt werden kann durch die Gänze des Gemüts; daß man nicht, wenn irgend etwas leicht berührt werden soll, gleich ins Extrem verfällt und eine Sünde mit der anderen auskehren will, das ist moralischer Takt. Ich habe ihn so klar wie möglich zu definieren versucht gerade in der «Philosophie der Freiheit». Heute ist es wirklich notwendig zu betonen, daß wir der Gefahr entgehen müssen, in das andere Extrem zu verfallen, deshalb, weil wir eine fatale Sache zu behandeln haben.

Ich habe gestern auf die verschiedenen Gefahren hingewiesen. Aber gerade dabei habe ich die Notwendigkeit empfunden, heute noch etwas hinzuzufügen, weil ich das Augenmerk darauf lenken wollte, daß man nicht etwa in die anderen Extreme verfallen darf. Unser ganzes Wirken und das ganze Wesen unserer Bewegung muß darauf beruhen, die geistige Welt geltend zu machen, muß darauf beruhen, unser eigenes Leben mit der geistigen Welt im Zusammenhang zu empfinden und zu erleben.

Dann aber, wenn uns das heilig ist, müssen wir in taktvoller Weise es ablehnen, daß das unmittelbar persönliche Leben, das subjektiv persönliche Leben in die Dinge hineingezogen werde. Das ist wiederum nicht damit verknüpft, daß wir nicht forschen sollten, inwiefern wir selber die Wiederverkörperung von irgend jemand sind. Aber nun handelt es sich nicht darum, von einer Person aus die andere Persönlichkeit zu suchen. Das wäre ein bequemer Weg. Sondern es ist in einer solchen Weise zu suchen, wie ich es selber in einem Vortrage angedeutet habe. Es ist so zu suchen, daß wir zuerst darauf kommen, ich möchte sagen, gewisse Geheimnisse unseres Lebens zu durchschauen. Dann werden wir schon weiterkommen. Wir stehen in dieser Beziehung wirklich an einem unendlich bedeutungsvollen Punkte: daß wir wissen und beachten müssen das triviale Sprichwort: Man soll das Kind nicht mit dem Bade ausgießen. Aber auf der anderen Seite muß man mit aller Strenge zu Werke gehen, damit nicht das eintritt, was einer okkultistischen Bewegung im eminentesten Sinne schädlich wäre, nämlich das allmähliche Sich-Hineinleben in eine Dunstsphäre, in eine Sphäre der Unklarheit. Und was ist das für eine unglaubliche Unklarheit, wenn man sagen kann: Nicht die Lehre und nicht der Lehrer, sondern der Mensch wird gesucht – und dann wieder: Ach, der Mensch ist vom Bösen, die Lehre ist aber gut –, die Lehre, die man zuerst eben abgelehnt hat. Das ist ein Hineinleben in eine nebulose Sphäre; aber um Klarheit, Genauigkeit handelt es sich. Von diesem Gesichtspunkte aus müssen wir im Dienste unserer Bewegung die Sache betrachten. Es kann praktische Gesichtspunkte geben, die eine gewisse Härtigkeit in der Behandlungsweise notwendig machen. Das ist eine andere Sache. Aber wir müssen in unserem Inneren immer im Auge behalten, auf welchem Boden wir stehen, wir müssen im Auge behalten, daß wir auf dem Boden einer ernsten, würdigen Geistesbewegung stehen.

Das sind so manche Gesichtspunkte, die uns zu einer Erkenntnis führen können, welches die Lebensbedingungen für unsere Bewegung sind. Wenn man davon spricht, daß die äußere Wirklichkeit Maja ist, so muß man auch wirklich diese Maja studieren. Man darf nicht nur den theoretischen Satz betonen: Die äußere Wirklichkeit ist Maja –, und dann den Satz so behandeln, als ob sie das Allerwichtigste wäre, wenn sie einem im Konkreten in der Welt begegnet.

SIEBENTER VORTRAG

Dornach, 22. Oktober 1915

Ich habe gelegentlich der Auseinandersetzungen der letzten Tage eine Bemerkung gemacht, auf die ich heute noch einmal zurückkommen will, weil sie in ihrer weiteren Konsequenz eine Art Unterlage bilden sollte für dasjenige, was ich in den nächsten Tagen zu sagen haben werde. Ich habe gesagt, daß es in einer gewissen Hinsicht notwendig war, mit unserer geisteswissenschaftlichen Bewegung einmal eine solche spirituelle Bewegung zu begründen, welche ganz mit den Anforderungen des gegenwärtigen Entwickelungszyklus der Menschheit rechnet, welche wirklich alles das in Erwägung zieht, was gerade aus der Entwickelung der Menschheit heraus sich ergibt als eine Notwendigkeit für eine geisteswissenschaftliche Bewegung in unserer Zeit. Eine Bewegung also, welche das atavistische Hellsehen und auch das Wissen, das vom atavistischen Hellsehen zurückgeblieben ist, als antiquiert, als nicht mehr für unsere Zeit brauchbar betrachtet, also in einer gewissen Beziehung nicht mehr rechnet mit demjenigen, was von atavistischer Seite herstammt.

Damit war gegeben, daß eine große Menge desjenigen Wissens, das in der sogenannten Theosophischen Gesellschaft gegeben wurde, so wie es dort gegeben wurde, einfach abgewiesen werden mußte, oder ignoriert wurde, und daß von gewissen Seiten her ganz neu gebaut wurde. Es war daher auch das eifrigste Bestreben von Anfang an von seiten der alten Vertreter der Theosophischen Gesellschaft, uns Widerstand entgegenzusetzen. Ich will nur ein Beispiel nennen.

Sie können das, was von mir im Jahre 1904 in der ersten Auflage meiner «Theosophie» veröffentlicht worden ist in bezug auf die Schilderung der Seelenwelt und des Geisterlandes, mit dem vergleichen, was vorher da war. Sie müssen namentlich ins Auge fassen die genaue Unterscheidung, die von mir gemacht worden ist in bezug auf die seelische Welt und in bezug auf das seelische Innere des Menschen und dann werden Sie sehen, wie da ein großer Wert darauf gelegt wurde, genau festzuhalten die Unterscheidung in Empfindungs-, Verstandes-

und Bewußtseinsseele. Diese dreifache Unterscheidung war niemals in der Literatur der Theosophischen Gesellschaft gemacht worden, bei uns wurde gleich mit dieser Unterscheidung aufgetreten.

Gerade mit dieser Unterscheidung verhielt es sich so, daß von der anderen Seite das Bestreben bestand, sie zu verwischen, sie nicht aufkommen zu lassen. Ich erinnere mich noch lebhaft, wie man unseren jetzt schon verstorbenen Freund *Ludwig Lindemann,* der sich bemühte, unsere Sache in Italien durchzutragen, immer wieder versucht hat, davon zurückzubringen, indem man sagte: Es ist doch nur mit anderen Worten dasselbe, was in unseren Lehren auch schon gesagt ist. – Kurz, man wollte nicht aufkommen lassen, daß etwas Neues darin ist; und es war notwendig, immer wieder auf diese dreifache Unterscheidung hinzuweisen, damit die Leute sehen sollten, worauf es da ankommt. Und so war es bei sehr, sehr vielen Dingen.

So war also bei uns von Anfang an die Richtung eingeschlagen, die von unserem gegenwärtigen Zeitenzyklus gefordert wird: wirklich zu berücksichtigen und in Erwägung zu ziehen alles das, wovon ich Ihnen – wenigstens skizzenhaft – in den letzten Tagen und Wochen einiges habe sagen können. Aber um dieses strikt durchzuführen, war notwendig, sozusagen die ganze Art und Weise des Wirkens, wie sie überall in der Theosophischen Gesellschaft vorhanden war, anders zu gestalten. Und da ergab sich selbstverständlich vieles Mühsame, vieles recht Mühsame. Es ist der Ausdruck dieses Mühsamen in dem gegeben, wie ich selbst in die Literatur nur eingreifen konnte. Gewisse Dinge mußten natürlich in den ersten Jahren mit einer starken Reserve von mir dargestellt werden, einfach aus dem Grunde, weil Jahre notwendig waren, um gewisse Dinge genau nachzuprüfen, und weil ich von Anfang an mir vorgesetzt hatte, nichts anderes zu veröffentlichen und im wesentlichen auch nichts anderes zu sagen, als wofür ich in der Weise einstehen konnte, daß ich es nachgeprüft hatte.

Nun waren ja, wie Sie einsehen werden gerade nach den Bemerkungen, die ich in den letzten Tagen hier gemacht habe, Verwirrungen dadurch eingetreten, daß man die Forschung über das Leben zwischen dem Tode und einer neuen Geburt in ein ganz falsches Fahrwasser gebracht hatte. Ich habe Ihnen das in den letzten Vorträgen geschildert.

Aber es ist nicht immer ganz leicht gewesen, diese Dinge aus erster Hand nachzuprüfen. Wenn man gewissenhaft und mit voller Verantwortung vorgehen wollte, so mußte man eben wirklich genau auf alles eingehen, was sich einem an Gelegenheiten bot, um nachzuprüfen. Und diese Gelegenheiten dürfen nicht herbeigeführt werden, sondern in der Geistesforschung muß alles abgewartet werden. Sie dürfen nicht einmal im entferntesten herbeigewünscht werden.

Am meisten verbürgt durch alles, was ich Ihnen schon dargestellt habe, wie sie es sich vorgestellt haben, waren die vermeintlichen Erkenntnisse, die über das Leben zwischen dem Tode und einer neuen Geburt da waren. Aber während man auf dem physischen Plane falsche Forschungsergebnisse einfach dadurch richtigstellt, daß man sie mit physischen Mitteln nachprüft, und dann verhältnismäßig leicht herausbekommen kann, daß sie unrichtig sind, so ist das natürlich in den geistigen Welten doch noch anders. In den geistigen Welten ist das Vorhandensein einer falschen, unrichtigen Vorstellung über einen Tatbestand für die Forschung selbst verwirrend. Wenn also Dinge herausgekommen sind auf die Weise, wie ich sie Ihnen angedeutet habe in bezug auf die Mitteilungen über das Leben nach dem Tode durch Medien, so daß es eigentlich gar keine Mitteilungen von den Toten waren, sondern durch allerlei Neigungen bestimmte Mitteilungen von Lebenden, so waren diese angeblichen Forschungsresultate doch da. Die stehen dann vor einem. Und wenn man auf diesem Gebiete prüft, so hat man diese Forschungsresultate als reale Mächte zu bekämpfen. Etwas, was auf dem physischen Plane gesagt wird, kann man zurückweisen. Da setzt man sich an den Schreibtisch und weist es zurück. Ein falsches Forschungsresultat in der geistigen Welt ist ein lebendiges Wesen. Das ist da, das muß man erst bekämpfen, das muß man erst wegschaffen.

Gerade so, wie ich Ihnen gesagt habe, daß die Gedanken lebendige Wesen sind, so sind auch die falschen Forschungsresultate reale Mächte, die sofort da sind, wenn man die Schwelle der geistigen Welt übertritt. So daß man sagen kann, man tritt nun ein in die geistige Welt und will die Erkenntnis von dem Leben zwischen dem Tode und einer neuen Geburt zutage fördern. Aber jetzt stehen die falschen Gedanken, die produziert worden sind, als lebendige Wesen vor einem. Die sind real;

die erwecken zunächst den Anschein, daß sie real, daß sie wahr sind. Man muß sie daher erst bekämpfen, man muß erst prüfen, ob sie diejenigen Eigenschaften haben, welche unwahre Gedanken haben, oder ob sie die Eigenschaften des Wahren, das heißt, lebensfähige Eigenschaften haben.

Das muß man zunächst prüfen, und das dauert zuweilen lange Zeit. Und so war es natürlich schwierig, wenn man sich diese Nachprüfung zur Aufgabe setzte, gerade über dieses Gebiet des Lebens zwischen dem Tode und einer neuen Geburt zu forschen, schwierig, weil so viele falsche Ergebnisse zutage gefördert worden waren. Deshalb war es notwendig, sich gerade in dieser Beziehung große Reserven aufzuerlegen, dahingehend, daß die Dinge nur gesagt wurden, wenn sie absolut und strikt als wahr vertreten werden konnten. Daher war vieles notwendig, bevor zum Beispiel der Vortragszyklus gehalten werden konnte, der jetzt vorliegt über das «Innere Wesen des Menschen und Leben zwischen Tod und neuer Geburt».

Dieses Leben zwischen dem Tode und einer neuen Geburt – im allgemeinen ist es leicht zu schildern. Es beginnt damit, daß der Mensch, nachdem er jene Rückschau absolviert hat, die durch die Abtrennung des Ätherleibes vom physischen Leib gegeben ist, in dem lebt, was gewöhnlich durch die Literatur der Theosophischen Gesellschaft genannt wurde: Kamaloka. Aber vergleichen Sie das, was in jener Literatur Kamaloka genannt wurde, mit dem, was allmählich im Laufe der Jahre veröffentlicht worden ist, dann werden Sie schon den beträchtlichen Unterschied finden. Nun sage ich nicht – ich bitte, mich da nicht mißzuverstehen –, daß in der Gegenwart jeder die Aufgabe hat, alles nachzuprüfen. Es kann viel verbreitet werden aus Gründen, die man in seiner Seele hat. Die Aufgabe des einen ist eben nicht die des anderen. Ich betrachte es als meine Aufgabe, nichts zu sagen, was ich nicht als nachgeprüft vertreten kann. Das betrachte ich als meine spezielle, ganz individuelle Aufgabe.

Nun möchte ich noch einiges sagen, was wichtig ist zu berücksichtigen, wenn gerade diese ersten Jahre bezüglich des Lebens zwischen dem Tode und einer neuen Geburt zur Sprache kommen. Über diese ersten Jahre oder Jahrzehnte kann man eigentlich ein positives, gutes

Bild nur gewinnen, wenn man mancherlei vergleicht. Nur durch mancherlei, was sich da ergibt durch den Vergleich, läßt sich ein gutes Bild gewinnen, läßt sich, wenn ich so sagen darf, das allgemeine Bild, das ich in der «Theosophie» gegeben habe, durch allerlei Einzelheiten ergänzen; und darauf beruht ja unsere ganze Entwickelung. In der «Theosophie» ist gewissermaßen ein großer Grundriß gegeben, und dann sollte unsere Arbeit darin bestehen, auszufüllen die einzelnen Rubriken, auszufüllen, was dem großen Plane nach gezeichnet ist. Es handelt sich also darum, manches herbeizubringen, wodurch dieses oder jenes ausgefüllt werden kann, und wenn Sie ausgehen von der Darstellung in der «Theosophie» und dann übergehen zu dem, was in den Zyklen steht, zu dem, was immer intimer und intimer gesagt worden ist, was auch dann später gedruckt worden ist, so werden Sie sehen, daß wir wirklich ein Fortschreiten hatten, ein intimeres und immer intimeres Kennenlernen.

So ist es notwendig, wenn man ein genaues Bild über die ersten Jahre oder Jahrzehnte des Lebens nach dem Tode gewinnen will, zu vergleichen, wie sich dieses Leben ausnimmt bei Menschen, die ganz jung, sagen wir, in dem jüngsten Kindesalter gestorben sind, und wie es sich ausnimmt bei Menschen, die etwas später, etwa in der Mitte des Lebens gestorben sind, und dann wieder bei Menschen, die im hohen Alter gestorben sind. Da sind die Dinge überall in hohem Maße verschieden. In Wirklichkeit ist das Leben nach dem Tode in hohem Maße verschieden, je nachdem man früh oder spät verstorben ist; und ein wirklich getreues Bild ergibt sich erst aus solchen Vergleichen der Erlebnisse von den in verschiedenen Lebensaltern verstorbenen Menschen.

So zum Beispiel war es eine wesentliche, eine wichtige Grundlage, um auf gewisse Dinge zu kommen, daß man sich davon überzeugte, wie es mit früh aus dem Leben geschiedenen Menschen ist, ich will sagen, mit kleinen Kindern, und dann wieder mit aus dem Leben geschiedenen Menschen von elf, zwölf, dreizehn Jahren. Es ist wirklich ein großer Unterschied zu bemerken für das Leben post mortem, für das nachtodliche Leben, ob ein Mensch vor dem achten, neunten Jahre oder vor dem sechzehnten, siebzehnten Jahre gestorben ist. Das ist deutlich zu entnehmen aus gewissen Erlebnissen, die man mit den Toten haben kann. So kann man beobachten bei ganz früh verstorbenen Menschen, bei Menschen, die im zartesten Kindesalter gestorben sind, daß sie sich nach dem Tode sehr, sehr viel beschäftigen mit den Aufgaben, die die Menschheit hat unmittelbar in der Zeit, die nach diesen Toden folgt.

Die äußeren Vertreter der Religionsgemeinschaften tun gar nichts dagegen, daß sich gewisse Vorstellungen bei den Menschen festsetzen, die mit der Wahrheit nicht übereinstimmen. Sie werden es aus Ihrer eigenen Lebenspraxis wissen, daß von seiten der Vertreter der Religionsgemeinschaften nicht viel geschieht gegen die Vorstellungen, daß, wenn ein alter Mensch oder ein Kind stirbt, die Menschen es sich so vorstellen, daß dann der Alte drüben auch als Alter und das Kind drüben auch als Kind weiterlebt. Aber die Art, wie die Seelen hier leben, hat nichts zu tun mit der Art, wie sie drüben leben. Wenn ich auch als drei oder sechs Monate altes Kind sterbe, so kommen da die vielen ganzen Erdenleben in Betracht, und ich kann doch als sehr reife Seele in die geistige Welt eintreten. Es ist also total falsch, sich vorzustellen, daß das Kind als Kind fortlebt. Da findet man dann, daß solche Seelen, die früh im Kindesalter gestorben sind, Aufgaben bekommen, die zusammenhängen mit dem, was die Erde braucht, um den nötigen Geistesfond zu bekommen zum Weiterarbeiten. Ich möchte sagen, die Menschen können nicht arbeiten auf der Erde, ohne von den geistigen Welten heraus Impulse zu bekommen. Die Impulse kommen aber nicht in einer solch verwaschenen Weise, wie es sich der Pantheismus vorstellt, sondern sie kommen von wirklichen Wesen, und unter diesen findet man auch die Seelen früh verstorbener Kinder.

Konkret gesprochen: Nehmen wir an, wir sehen *Goethe* heranwachsen. Natürlich hat Goethe etwas von seiner Genialität auch dadurch, daß ihm die geistige Welt zu Hilfe kommt. Aber wenn man dem nachgeht, so kommt man zu den Seelen von Kindern, die früh verstorben sind. Das Geistige, das da in der Welt lebt, hat zu tun mit den Seelen früh verstorbener Kinder. Wenn dagegen Kinder sterben, welche neun bis zehn Jahre, aber noch nicht sechzehn, siebzehn Jahre alt sind, dann findet man sie ganz bald nach dem Tode in Gesellschaft von geistigen Wesen. Aber diese geistigen Wesen sind Menschenseelen. Man findet sie viel in Gemeinschaft mit Menschenseelen, und zwar mit solchen, die bald herunterkommen müssen auf die Erde, mit solchen, die auf ihre nächste Inkarnation warten. Diejenigen Menschen, die ganz früh im Kindesalter sterben, also bis zum siebenten, achten Jahre, findet man viel beschäftigt mit Menschen, die hier unten sind. Diejenigen aber, welche im Alter von sieben, acht bis sechzehn, siebzehn Jahren sterben, findet man mit solchen Seelen beschäftigt, die bestrebt sind, sich bald zu inkarnieren. Das sind dann für diese Seelen bedeutsame Stützen und Hilfen, man könnte sagen, wichtige Boten für dasjenige, was sie brauchen, um sich vorzubereiten für ihr Erdendasein. Das ist wichtig zu wissen, wenn man nicht im Allgemeinen herumreden, sondern wirklich eindringen will in diese geistigen Welten.

Nun aber ist es nicht so ohne weiteres leicht möglich, diese Dinge zu durchschauen. Man kann darauf kommen, wie diese Sachen sind, wenn man zum Beispiel sich sagt: Wie findet man eigentlich am besten die Toten? Da stellt sich dann heraus, daß man die Toten, wenn sie vor Jahren, selbst vor Jahrzehnten gestorben sind oder in der allerletzten Zeit, dadurch findet, daß man mit dem Bewußtsein für die geistige Welt im Schlafe aufwacht.

Ich habe Ihnen öfter geschildert: man kann auf zweierlei Arten aufwachen. Man wacht entweder mitten im Schlafe auf und weiß, jetzt schläfst du nicht, sondern du bist in der geistigen Welt darinnen – Andeutungen darüber finden Sie schon in dem Schriftchen «Ein Weg zur Selbsterkenntnis des Menschen. Acht Meditationen», das auch einmal in München erschienen ist –, oder auch man wacht mitten im Wachen auf. Aber dieses Forschen über das Leben der Toten geschieht besser, wenn man mitten im Schlafe aufwacht, weil man dann selber am verwandtesten ist in seiner Tätigkeit mit der Tätigkeit der Toten.

Man macht dann eine ganz merkwürdige Entdeckung. Nicht wahr, hier im physischen Leben ist es so, daß der Mensch vom Aufwachen bis zum Einschlafen sich immer erinnert an das frühere Leben vom Aufwachen bis zum Einschlafen. Wie lebt eigentlich der Mensch? Nicht wahr, so: Aufwachen, Tagesleben, Einschlafen; Aufwachen, Tagesleben, Einschlafen und so weiter. Während des Tageslebens erinnert er sich immer an das, was zurückliegt in einem früheren Tagesleben. Eigentlich besteht das Tagesleben, wenn es alltäglich verläuft, darin, daß man sich so erinnert. Anders ist es, wenn unser Ich [durch den Schlaf] unterbrochen wird, wenn wir uns nicht so erinnern. Das Kuriose ist aber dann, daß wir uns während des Schlafes immer nur erinnern an die vorangegangenen Schlafzustände. Nur ist das dem Menschen unbewußt. In den meisten Fällen erinnert er sich nicht an die zurückliegenden Schlafzustände. Es ist aber eine unterbewußte Erinnerung während des ganzen Lebens im Schlafe vorhanden.

Betrachten wir das Leben, welches umfaßt Einschlafen, Nacht, Aufwachen; Einschlafen, Nacht, Aufwachen. Das geht gerade so fort, daß durch das Tagleben das Nachtleben so unterbrochen wird, aber es ist eine kontinuierliche Lebensströmung doch da. Das Merkwürdige dabei ist, daß, während wir bei der Tagerinnerung passiv sind – die Dinge der Erinnerung sind da, sie tauchen auf in der Erinnerung und nur in Ausnahmefällen müssen wir uns anstrengen, um uns auf etwas Vergangenes zu besinnen –, ist es im Schlafe so, daß wir, wenn wir uns zu irgendeinem Zwecke an etwas erinnern wollen, Anstrengungen machen müssen. Diese Anstrengung im Schlafe ist die Regel. Aber der Mensch hat gewöhnlich nicht die Kraft, dieser Aktivität sich bewußt zu werden, daher erinnert er sich nicht während des Schlafes. Aber der Mensch ist während des Schlafes in der Regel viel regsamer, viel tätiger in der Seele als während des Wachens. Das ist immer so. Da kommt kein Träumen. Das Träumen entspricht dem, was wir im Wachen dann haben, wenn wir uns recht anstrengen, um uns zu erinnern. Aber wenn wir uns in der Nacht leicht anstrengen, so entspricht das dem gewöhnlichen Erinnern am Tage, wo wir uns nicht anstrengen, wo wir uns erinnern, weil die Erinnerungen von selber kommen. Die Erinnerung, die wir an das Tagleben haben, wird nach dem Tode in dem Rückblick auf das beendete Erdenleben rasch abgebraucht. Die Erinnerung aber an das, was der Mensch während der Nacht erlebt hat, wird rückwärts durchlaufen. Der Mensch durchläuft alle Erlebnisse der Nächte rückwärts in der Kamalokazeit.

Nicht wahr, hier im Leben sind wir wirklich mit dem beschäftigt, was uns der Tag zu geben hatte, und weiter mit dem, was wir während der Nacht durchlebt haben, aber ohne daß wir es wissen. Nach dem Tode kommt uns aber alles das zum Bewußtsein, was wir während der Nacht durchlebt haben. Nacht für Nacht kommt uns zurück. Und das ist wichtig, daß man darauf kommt, daß der Tote eigentlich zunächst seine Nächte durchlebt. Man kommt erst nach und nach darauf, und es ist gar nicht so leicht, darauf zu kommen, daß der Tote eigentlich seine Nächte durchlebt. Natürlich durchlebt er sein Leben, aber er erlebt es auf dem Umwege seiner Erlebnisse durch die Nächte hindurch.

Ich habe öfter gesagt: es ist ungefähr ein Drittel der Lebenszeit, die man in Kamaloka durchlebt. Wenn Sie nun bedenken, daß ein Mensch, der nicht als Kind stirbt, ungefähr ein Drittel des Lebens verschläft, dann werden Sie begreifen, warum die Kamalokazeit ungefähr ein Drittel der Erdenlebenszeit beansprucht. Die Kamalokazeit dauert so lange, wie die Nachtschlafenszeit dauerte, die ungefähr ein Drittel der gesamten Erdenlebenszeit ausmacht.

Sehen Sie, so fügen sich die Dinge zusammen. Es ist durchaus notwendig, daß man nach und nach die konkreten Erkenntnisse sorgfältig zusammenhält. Daher ist es so, wie soll ich sagen, so schockierend – das Wort gibt allerdings nicht vollständig wieder, was ich meine, aber ich will es doch gebrauchen –, wenn man mit voller Verantwortung über die geistige Welt reden will, und man nach den Vorträgen von jedem Beliebigen gefragt wird über dieses oder jenes. Die Leute möchten gern alles wissen, aber andererseits möchte man nur sagen, was man unmittelbar durchdacht hat. Man ist also gezwungen, dann über eine Menge Dinge zu sprechen, über die man noch nicht Gelegenheit hatte, eine sorgfältige Nachprüfung anzustellen. Man kann ja sprechen, denn die Wissenschaft des Okkultismus ist da; aber wenn man sich zum Grundsatz gesetzt hat, nur das zu sagen, was man nachgeprüft hat, so ist dieses Sprechen etwas, was man eigentlich nicht so tun möchte.

Nun erinnern Sie sich, daß ich gesagt habe: Wenn man so über die Schwelle der geistigen Welt tritt, findet man einen Menschen, der im elften, zwölften, dreizehnten, vierzehnten Jahre gestorben ist, verhältnismäßig bald nach seinem Tode unter denjenigen Menschen, die bald wieder auf die Erde kommen wollen und Aufgaben verrichten wollen auf der Erde. Er hilft nun mit, daß sie die rechten Wege finden in die Verkörperung hinein. Es sieht sonderbar aus, wenn man das sagt, aber es ist doch so.

Diese Dinge hängen nun aber wiederum mit gewissen Geheimnissen des Lebens, mit ganz bestimmten Geheimnissen des Lebens zusammen. Die Sache liegt so, daß man eigentlich auf bestimmte Dinge in der richtigen Weise erst dann kommt, wenn man die richtige Frage stellen kann. Nicht jede Frage, die man stellt, ist richtig gestellt, sondern man muß erst abwarten, bis man gewissermaßen gewürdigt wird, die richtige Frage zu stellen.

Nun werde ich Ihnen etwas sagen, was Sie vielleicht ganz merkwürdig berühren wird, was aber doch richtig ist. Sehen Sie, da tritt einmal die Frage auf, die sich durch das Folgende ergibt: Nicht wahr, der Mensch bekommt zweimal Zähne. Zunächst bekommt er diejenigen Zähne, die herausfallen gegen das siebente Jahr zu, und dann bekommt er ein zweites Mal Zähne. Das ist eine Tatsache. Ich glaube nicht, daß sehr viele Menschen sich die Frage vorlegen: Wie verhält es sich eigentlich mit diesem zweimaligen Zähnebekommen? Denn ich habe immer gefunden, daß, wenn über dieses zweimalige Zähnebekommen unter Fachleuten die Rede gewesen ist, sie so redeten, als ob das ein und dieselbe Sache wäre, das erste Zähnebekommen und das zweite Zähnebekommen. Wenn man sich die Sache aber als Okkultist vorlegt, so sind das ganz verschiedene Dinge, das erste und das zweite Zähnebekommen. So mußte ich einmal jemandem, der mir als ärztlicher Fachmann die Frage stellte, eine ganz groteske Antwort geben, die aber vom Standpunkte des Okkultismus richtig ist, obwohl sie ihm spaßig vorkam. Er sagte, man müßte die Kinder mit Milchzähnen möglichst bald an das Beißen gewöhnen, denn dazu haben ja die Menschen die Zähne, und daher muß man sie daran gewöhnen, daß sie beißen. Dieser Gedankengang ist aber nicht richtig, vom okkulten Standpunkte wenigstens nur halb richtig. Er muß jedenfalls schärfer ins Auge gefaßt werden. Von den zweiten Zähnen ist es ganz ohne Frage, daß man sie zum Beißen hat. Von den ersten Zähnen aber ist es eine Frage. Die hat man nämlich durch Vererbung. Man hat sie, weil sie die Eltern und die Voreltern gehabt haben; sie sind etwas Vererbtes. Erst wenn man diese abgestoßen hat, entwickelt man die zweiten Zähne. Die sind dann erst eine individuelle Errungenschaft. Die ersten hat man ererbt. Das ist ein Unterschied. Das ist etwas, was nur dann in Betracht kommt, wenn man auf feine Unterschiede acht gibt. Es ist keine besonders wichtige Sache, es können nicht besonders große Fehler gemacht werden, wenn man diese Frage nicht aufwirft. Aber wichtig ist, daß man weiß, daß die ersten Zähne zum Vererbungsimpulse in ganz anderer Beziehung stehen als die zweiten. Die zweiten Zähne wird man in Zusammenhang finden mit der gesamten Gesundheit, mit der ganzen Organisation des Menschen, während die ersten Zähne, namentlich in ihrem Gesundheitswert, viel mehr in Zusammenhang stehen mit der Gesundheit der Eltern und Voreltern. Insofern ist schon ein Unterschied da, den man auf empirischem Felde weiterverfolgen kann. Das sind feine Unterschiede. Aber wenn man in dieser Weise einmal hingelenkt ist auf die Zähnegeschichte, dann stellt sich etwas anderes heraus, und da kommt nun das, was Sie vielleicht sonderbar berühren wird, was aber doch eben wahr ist.

Nehmen Sie an, ein Kind stirbt, bevor es vollständig die zweiten Zähne bekommen hat, oder kurz danach. Da ist merkwürdig, weil es sich für die okkulte Forschung herausstellt, daß sich in der geistigen Welt realisiert, ob das Kind die zweiten Zähne noch nicht oder seit einiger Zeit schon bekommen hat. Angenommen, das Kind sei acht, neun Jahre alt gewesen und dann gestorben. Da entdeckt man, daß da etwas wirkt von den Impulsen, die sonst in die physische Welt hineingehen. Da macht man die Entdeckung, daß das die Kräfte sind, die in die Zähne hätten hineingehen sollen, jetzt aber dem Kinde zur Verfügung stehen. Insbesondere aber merkt man es bei dem Kinde, das früh verstorben ist, das die ersten Zähne verloren, aber die zweiten Zähne noch nicht bekommen hat, oder die zweiten eben erst bekommen hat. Da stellt sich merkwürdigerweise heraus, daß das Kind gewisse Kräfte hat, und daß diese Kräfte von ganz derselben Art sind wie diejenigen, womit auf dem physischen Plane die Zähne befördert werden in ihrem Herauswachsen aus dem ganzen Organismus.

Also, nicht wahr, wenn man hier in der physischen Welt steht, muß man gewisse physische Kräfte entwickeln, um die Zähne herauszuentwickeln aus dem Organismus. Wenn man diese Zähne noch nicht oder erst kaum entwickelt hat und vorher stirbt, so hat man diese Kräfte frei in der geistigen Welt, um mit ihnen hereinzuwirken in diese irdische Welt. Wenn man in der physischen Welt ist, wachsen diese Kräfte in die Zähne hinein, mit denen man dann in der physischen Welt wirkt.

Da sieht man wirklich in diesen wunderbaren Zusammenhang mit dem Kosmos hinein und erkennt das tief Wahre dessen, was in der ersten Szene der «Prüfung der Seele», im zweiten Mysteriendrama geschildert ist: wie die geistigen Welten mit ihren Wesen darauf hinarbeiten, den Menschen zustande zu bringen und das so dargestellt ist, daß, wenn Capesius dies zu Kopfe steigt, wie der Mensch das Ziel alles Götterwirkens ist, es ihn hochmütig machen könnte. Dieses so Grandiose wird aber kaum beachtet.

Ich habe ferner gesagt, daß die Menschenseelen, die zwischen dem achten, neunten und sechzehnten, siebzehnten Jahre sterben, unter denjenigen Seelen sind, die sich bald verkörpern wollen. Die haben wiederum besondere Seelenkräfte, die auch das Resultat einer Umwandlung sind. Der Mensch wird im vierzehnten, fünfzehnten, sechzehnten Jahre geschlechtsreif. Die Kräfte, die zur Geschlechtsreife führen, wandeln sich, wenn die Geschlechtsreife noch nicht zum Ausdruck gekommen oder eben vorbei ist, in der geistigen Welt um zu solchen Kräften, mit denen man unter denjenigen Seelen wirken kann, die ihre nächste Erdeninkarnation erwarten, um ihnen zu helfen, ihre nächste Erdeninkarnation vorzubereiten.

Denken Sie, welch unendlich tiefer Zusammenhang da besteht: die Produktionskräfte werden in der geistigen Welt umgewandelt zu Hilfskräften für die Seelen, die demnächst herabsteigen wollen in die physische Welt. Das sind wirklich Zusammenhänge, die uns zeigen, wie das Geistige, das jenseits der Schwelle wirkt, hier im Einzelnen, im Konkreten weiterwirkt. Wir lernen auch die physische Welt wirklich erst richtig erkennen, wenn wir die Sache so verfolgen und uns sagen: Wir beachten in der Regel gar nicht, daß Kraftentfaltungen da sind dadurch, daß der Mensch die Zähne abstößt und andere entwickelt. –

Das sind Kraftentfaltungen. Und wiederum: daß er geschlechtsreif wird, das bedeutet Kraftentfaltungen. Wenn der Mensch reif ist, so sind die Kräfte etwas ganz anderes.

Das alles führt dazu, sich einmal die Frage vorzulegen: Was eigentlich ist die Veranlassung, den Menschen in seinem normalen Leben nicht hineinschauen zu lassen in die geistige Welt? Nach zwei Richtungen hin ist diese geistige Welt versperrt. Einmal durch die äußere Natur. Wir nehmen die äußere Natur gleichsam als eine Hülle desjenigen wahr, was dahinter liegt. Kann man durch die Hülle durchdringen, dann ist man in der geistigen Welt darinnen. Die materialistische Weltanschauung sucht auf alle Weise, die Menschen nicht dahin kommen zu lassen, zu erkennen, daß da Geist dahinter ist. Ich habe öfter schon auch in öffentlichen Vorträgen auseinandergesetzt, daß da eine unbewußte Furcht vorliegt. Aber ebenso ist es im Inneren. Der Mensch nimmt sein Denken, Fühlen und Wollen wahr. Aber hinter dem liegt etwas anderes: dahinter liegt die ganze seelische Natur, die von Inkarnation zu Inkarnation geht. Und da wollen die jetzigen Religionsgemeinschaften nicht dahinter kommen lassen, daß hinter dem Denken, Fühlen und Wollen noch das andere liegt.

Daher wird das Buch «Die Rätsel der Philosophie», weil ich das im letzten Kapitel dargestellt habe, den Leuten ganz unbequem sein. Nach zwei Seiten hin ist der Weg zur Geisteswelt versperrt, möchte man sagen. Während die Naturforscher auf der einen Seite bemüht sind, ja nichts zu produzieren, was hineinführen könnte in die Welt, die hinter der Natur ist, sind wiederum die Vertreter der Religionsgemeinschaften bemüht, nur ja nichts an die Seelen herankommen zu lassen, was sie aufklären kann über dasjenige, was über den Tod hinaus und dann bis zum nächsten Leben geht.

Warum verhindern auf der einen Seite die Naturforscher, daß man hinter die Natur kommt, und auf der anderen Seite die Priester, daß man hinter die Seelengeheimnisse kommt? Diese Frage ist wichtig und wert, sie sich vorzulegen. Denn Sie werden finden, daß immer mehr und mehr sich die Dinge zuspitzen werden. Diejenigen, die sich aus der Naturwissenschaft heraus eine Weltanschauung formen, werden unsere Gegner sein, weil sie nicht durchkommen lassen wollen die geistige Welt, die hinter der Natur ist. Und die Priester werden unsere Gegner sein, weil sie nicht durchkommen lassen wollen dasjenige, was hinter dem Denken, Fühlen und Wollen liegt, was von Inkarnation zu Inkarnation geht. Auf der einen Seite sagt der Naturforscher durch die Naturwissenschaft: Hier sind die Grenzen der Erkenntnis –, auf der anderen Seite sagen die Religionsvertreter: Weitergehen zu wollen, ist eine Sünde, ist eine Vermessenheit des Menschen. – Worin diese zwei Arten der Gegnerschaft ihren Grund haben, diese Frage werden wir uns morgen vorlegen und von der Beantwortung dieser Frage zu weiterem übergehen.

ACHTER VORTRAG

Dornach, 23. Oktober 1915

Ich habe gestern am Schlusse darauf aufmerksam gemacht, daß – gewissermaßen selbstverständlich – von zwei Seiten her sich Gegner der geisteswissenschaftlichen Bewegung ergeben. Auf der einen Seite vom naturwissenschaftlichen Gebiete, indem gerade der Aufbau, die ganze Ausprägung des Naturwissenschaftlichen in der Gegenwart bis zu einem gewissen Grade so sein muß, daß derjenige, der durch eine naturwissenschaftliche Bildung durchgeht und glaubt, sich aus dieser naturwissenschaftlichen Bildung heraus eine Weltanschauung aufbauen zu können, zu dürfen oder zu müssen, sich gedrängt fühlt zu einer Weltanschauung, die durch ihre materialistische Färbung gewissermaßen gegnerisch sein muß dem gegenüber, was unsere Geisteswissenschaft sein will. Man muß auf diesem Gebiete richtig denken. Man muß sich klar sein darüber, daß ein Mensch, der heranwächst in der naturwissenschaftlich-materialistischen Methode unserer Zeit, die wir als Notwendigkeit erkannt haben, in vielen Fällen eigentlich gar nichts dafür kann, daß er durch die Gedanken, die in ihm angeregt werden, zum Gegner wird. Das kann natürlich niemanden davon freisprechen, diese Gegnerschaft, wenn sie auftritt, bekämpfen zu müssen. Aber man wird sie nur richtig bekämpfen, wenn man das, was ich eben gesagt habe, in Erwägung zieht.

Auf der anderen Seite ergibt sich in ähnlicher Weise eine Gegnerschaft, die ausgeht von den Vertretern der verschiedenen Religionsgemeinschaften. So wie gewissermaßen das naturwissenschaftliche Gebiet der Gegenwart ein Interesse daran hat, das Geistige, das hinter der Natur ist, zu verbergen, so haben die heutigen Vertreter einer Religionsgemeinschaft zumeist ein Interesse daran, das Geistige, das hinter der Seele ist, zu verbergen. So daß man sagen kann: Von seiten der Naturwissenschaft kann eine Geisteswissenschaft nicht aufkommen, weil das Geistige hinter der Natur verborgen werden soll; von seiten der Religionsgemeinschaften kann eine Geisteswissenschaft nicht aufkommen, weil der Geist hinter den Seelenerscheinungen verborgen gehalten werden soll. Hier ist es genau wieder so. So wie nun einmal die Religionsgemeinschaften sind, werden sie immer dazu neigen, das, was aus der Geisteswissenschaft heraus an die Öffentlichkeit tritt, zu bekämpfen, weil sie kein Interesse daran haben, den Geist hinter den Seelenerscheinungen zu zeigen, sondern weil sie eigentlich ein Interesse daran haben, den Geist hinter den Seelenerscheinungen zu verbergen. Das muß man wissen, und es soll wiederum nicht begründen, daß man die Gegnerschaft unberücksichtigt läßt, sondern daß man die richtige Stellung dazu findet.

Nun ist es außerordentlich schwierig, gerade über dieses Kapitel zu sprechen. Denn man berührt da im Grunde genommen Dinge, auf die jeder kommen müßte durch das, was er zwischen den Zeilen liest in geisteswissenschaftlichen Schriften, was er fühlt in den Mitteilungen der Geisteswissenschaft. Denn es liegt den Dingen, die ich damit berührt habe, eigentlich etwas sehr Tiefes zugrunde, etwas sehr Bedeutungsvolles. Es liegt diesen Dingen zugrunde, daß es aus gewissen Gründen eigentlich gefährlich ist, so ohne weiteres von der Natur, ich möchte sagen, von der Naturoberfläche aus hinzuweisen auf dasjenige, was hinter der Natur liegt. Und weil es gewissermaßen gefährlich ist, gibt es ja das, was ich mehr oder weniger symbolisch bezeichnet habe, indem ich sagte: Die sogenannten geheimen Gesellschaften oder Orden haben überall eine Art «Rechte»: diejenigen Esoteriker, die streng festhalten wollen an dem Verschweigen alles dessen, was mit den höheren Geheimnissen zusammenhängt. Solche Orden haben alle – aber wie gesagt, die Ausdrücke sind symbolisch gemeint – eine Art Rechte, eine Art Mittelpartei und eine Art Linke. Die Linke ist immer geneigt, gewisse Dinge der Esoterik zu veröffentlichen. Diejenigen aber, welche auf der rechten Seite stehen, sind eigentlich ganz und gar abgeneigt, irgendwie etwas von dem, wovon sie glauben, daß es durch die geheimen Orden zu bewahren ist, an die Öffentlichkeit zu bringen. Denn sie halten dasjenige Wissen, von dem sie glauben, daß es bewahrt werden soll durch die Orden, für gefährlich, wenn es in den Händen von nicht zulänglichen Personen ist, wenn es in der Öffentlichkeit von Personen vertreten werden könnte, welche nicht genügend vorbereitet sind zu dieser Vertretung.

Nun ist es deshalb so schwierig, über dieses Thema zu sprechen, weil man in dem Augenblick, wo man darüber spricht, auch schon genötigt ist, gewisse Andeutungen zu geben, die sozusagen die Sache öffentlich machen. Die geheimen Orden, die wirklich mehr oder weniger mit oder ohne Grund glauben ein höheres Wissen zu bewahren, wählen selbstverständlich eine Methode, durch die sie das Hinausdringen ihres wirklichen oder vermeintlichen Wissens in die Öffentlichkeit mit gewissen Vorsichtsmaßregeln versehen.

Solche Orden haben gewöhnlich Grade, und die Grade sind so, daß es drei untere Grade gibt und drei obere Grade. Die drei unteren Grade bekommen in der Regel nicht dasjenige Wissen, von dem die höher Graduierten die Meinung haben, daß sie im Rechte sind, wenn sie sagen: Dieses Wissen ist gefährlich in den Händen unvorbereiteter Personen –; sondern man bemüht sich, in diesen drei unteren Graden das wirkliche oder vermeintliche Wissen in Symbole einzukleiden, in allerlei Symbole, und ich habe ja von solchen symbolischen Mitteilungen in den Vorträgen der verflossenen Woche gesprochen.

Nun, von diesen Symbolen muß man vielleicht das Folgende sagen: Die Symbole sind so, daß, wenn sie wirklich treu bewahrt sind aus älteren Zeiten und nicht verballhornt worden sind durch allerlei Machinationen späterer Nichtswisser, sie für denjenigen, der diese Symbole durchdringt, eine Art von Sprache darstellen, welche nach und nach begriffen werden kann. Und wenn diese Sprache begriffen wird, dann übermittelt sie ein gewisses Wissen. Allerdings könnte man noch sagen, daß diese Symbole eine vorsichtig in Szene gesetzte Mitteilung sind, eine ganz vorsichtig in Szene gesetzte Mitteilung. Man stellt sich nicht auf den egoistischen Standpunkt, die Schätze des Wissens im engsten Kreise zu behalten. Man gibt sie gewissermaßen denjenigen, die man in den äußeren Kreis aufnimmt. Aber indem man sie gibt, verbirgt man sie zugleich in der Symbolik, so daß nur derjenige, der die Symbole aufzulösen in der Lage ist, zu den Wahrheiten vordringen kann. Es gibt solche Orden, die streng darüber wachen, daß theoretische Erklärungen der Symbole gar nicht gegeben werden, sondern daß die Symbole nur gelehrt oder geübt werden; so daß eigentlich jeder,

der die Symbole lesen will, wenn er von ihnen als von einer Sprache spricht, eben selber darauf kommen muß.

Nun könnte man sagen: Ist das auch wirklich ein Schutz? Kommt denn dadurch das Wissen nicht doch in unrechte Hände? – Nun, wenigstens bis ins 14., 15. Jahrhundert hinein konnte man sagen: die Orden, die also mit der Symbolik gearbeitet haben, brachten dadurch das Wissen nicht in unrechte Hände. Seit jener Zeit aber ist das allerdings anders geworden, wesentlich anders. Ich werde gleich sagen warum. Also bitte, halten Sie zunächst daran fest: Wenn okkulte Orden entstanden sind vor dem 14., 15., 16. Jahrhundert, so konnten die drei niederen Grade, denen als dem weiteren Kreise das Wissen in Symbolen gegeben wurde, im Grunde genommen keinen Mißbrauch damit treiben, eben weil man sich darauf beschränkte, nur die Symbole zu geben und alles weitere denjenigen zu überlassen, die die Symbole zu durchdringen hatten. Das war also im Grunde genommen ein Schutz, weil das Durchdringen der Symbole eine gewisse Geistesarbeit erforderte.

Nehmen Sie also an, jemand trat in einen niederen Grad eines okkulten Ordens ein. Da bekam er Symbole, die entweder gelehrt oder geübt wurden. Er bekam nur diese Symbole, er bekam nichts anderes, und er war darauf angewiesen, diese Symbole so auf sich wirken zu lassen wie Naturerscheinungen. Wollte er weiterdringen, wollte er den geheimen Sinn der Symbole erforschen, dann mußte er eben forschen, dann mußte er eine geistige Kraft anwenden. Hätte man ihm geholfen, dann hätte er diese geistige Kraft nicht anzuwenden gebraucht. Man half ihm aber nicht; er mußte also diese geistige Kraft selber anwenden, und er verbrauchte diese geistige Kraft für die Entzifferung der Symbole.

Nun handelt es sich darum zu fragen: Was ist das für eine geistige Kraft, die er für die Entzifferung der Symbole brauchte? Das ist dieselbe geistige Kraft, die, wenn er sie nicht für die Entzifferung der Symbole verwendet hätte, sondern für ein Durchdringen der Naturerscheinungen, ihm dazu gedient haben würde, ein raffinierter Mensch zu werden, so daß er gewisse Fähigkeiten in einem Dienste angewendet hätte, die er nicht in diesem Dienste hätte anwenden sollen. Es war also eine Aufgabe der Symbolik, dafür zu sorgen, daß diejenigen Kräfte, die hätten gefährlich werden können, abgelenkt wurden auf die Entzifferung der Symbole. Dadurch wurden die Kräfte abgelenkt davon, Schaden anzurichten.

Ein Zweites, was zu beachten ist bei diesen Symbolen, ist, daß die menschliche Natur veranlagt ist, solche Symbole moralisch zu betrachten. Es muß noch besonders gesagt werden, daß diese Symbole auch so angeordnet waren, daß sie moralisch betrachtet werden mußten. Aber wenn man Naturerscheinungen betrachtet, so kann man sie nicht moralisch betrachten. Man kann nicht die Lilie, weil sie blüht, mit moralischen Grundsätzen messen, sondern man muß ganz objektiv und unbeteiligt zu Werke gehen. Die Symbole sind nicht so, sondern sie erregen moralische Gefühle. Und diese moralischen Gefühle, die bei der Betrachtung auftauchen in der Seele, die waren geeignet, ungesunde Mystik in der Seele zu bekämpfen. So wurde auch die Kraft der ungesunden Mystik abgeleitet durch die inneren Wirkungen des Eindruckes der Symbole. Diese Symbolik hatte also ihre sehr guten Gründe.

Nun wirken aber seit dem 14., 15., 16. Jahrhundert diese Gründe nicht mehr recht, sie lassen sich nicht mehr recht vertreten. Daher haben okkulte Orden seit jener Zeit auch lange nicht mehr die Bedeutung, die sie früher gehabt haben. Sie sind sogar in vieler Beziehung zu Gesellschaften geworden, die alle möglichen Endzwecke, alle möglichen Sonderzwecke betreiben. Sie sind mehr Gesellschaften zur Pflege besonderer Eitelkeiten und dergleichen mehr; sie sind oftmals durchaus nicht so, daß sie noch ein besonderes Wissen bergen, sondern höchstens noch ein leeres Formelwesen besitzen.

Daß dieses so ist, daran hat eigentlich die naturwissenschaftliche Entwickelung seit den Zeiten Galileis, Kopernikus' und so weiter einen wesentlichen Anteil. Denn dadurch, daß diese naturwissenschaftlichen Methoden heraufgekommen sind und gepflegt werden, verliert die Menschenseele nach und nach die Möglichkeit, sich mit der alten Hingebung an die Symbolik zu halten. Die Symbole sind eigentlich alle geeignet, das Geistige hinter der Natur an den Tag zu bringen. Die Naturwissenschaft aber mit ihren materialistischen Methoden, wie sie ihren Höhepunkt im 19. Jahrhundert erreicht hat, präpariert die Menschenseele so, daß sie das Interesse verliert für das, worauf die Symbolik geht. Das zeigt sich praktisch darin, daß derjenige, der da glaubt, sich aus der Naturwissenschaft heraus eine Weltanschauung aufbauen zu können, keine richtige Neigung mehr hat, sich mit Ernst und voller Würde auf die Symbolik einzulassen. Und so ist eine Erscheinung gekommen, die, ich möchte sagen, heute sich in ihrer vollen Bedeutung zeigt.

Wenn man die Symbole der geheimen Gesellschaften ins Auge faßt, die bis ins 14., 15., 16. Jahrhundert den niederen Graden überliefert wurden, so sind es lauter Ausdrücke für tiefe, tiefe Wahrheiten. Aber sie drücken diese Wahrheiten auf eine solche Art aus, wie man eben dazumal diese Wahrheiten ausdrückte. Unter dem Einflusse der naturwissenschaftlichen Denkungsweise, namentlich der Neigungen, die durch die naturwissenschaftliche Denkungsweise gekommen sind, hat man nicht daran gearbeitet, diese Symbole fortschrittlich zu gestalten. Man hätte seit dem 14., 15., 16. Jahrhundert eine etwas freiere Arbeit in der Symbolik entfalten müssen; die Gestaltung der Symbole hätte müssen fortschreiten. So aber rechneten sie nicht mit dem, was die Menschheit einfach äußerlich in der Welt erlebt hatte. Daher erscheinen sie einem Menschen, der den Horizont unserer Zeitbildung beherrscht, als antiquiert. Sie sind auch zum weitaus größten Teil antiquiert. Es hat sich aber, gerade bei denen, die von einem gewissen Gesichtspunkte aus an das Okkulte herangehen wollen, eine Neigung herausgebildet, die ich oftmals getadelt habe: die Neigung, ja recht viele solcher Symbole, die recht alt sind, auszugraben. Und wenn man dann von einem Symbol sagen kann, das kann man abstempeln mit dieser oder jener alten Vignette, so ist man ungeheuer froh. Man geht nicht auf die Symbolik als solche los, sondern darauf, daß sie irgendwo einmal in alter Zeit aus etwas entsprungen ist. Man verzichtet sogar oft auf das Verständnis. Man begnügt sich damit, daß man eine sehr alte Symbolik aufgegabelt hat. Also an der Fortbildung der Symbolik war seit den gekennzeichneten Jahrhunderten recht wenig gearbeitet worden, so daß in der Tat, wenn heute in den Nachzüglern der alten okkulten Orden – man kann sie eigentlich nur Nachzügler nennen – Symbolik überliefert wird, diese meist antiquiert ist, und keine Bemühungen obwalten, diese Symbolik weiterzuführen gemäß dem Fortschritt der Menschheit in den letzten Jahrhunderten.

Nun sind eben die Anschauungen der Menschen andere geworden. In derselben Weise, wie man früher etwas hat geheimhalten können, läßt sich heute nach unserer Anschauung gar nichts mehr geheimhalten. Man versuche nur einmal wirklich, ganz echte ältere Symbolik zu erhaschen. Man wird schon sehen, wie wenig schwierig das ist. Unsere Zeit ist die Zeit der Veröffentlichung, unsere Zeit duldet nicht recht Geheimnisvolles in dieser Art, ich meine künstlich Geheimnisvolles, also zum Geheimnis Gemachtes. Das duldet unsere Zeit nicht recht, unsere Zeit will alles gleich veröffentlichen. Daher kann man auf der anderen Seite auch sagen, daß für jemanden, der die Literatur kennt, die man da veröffentlicht hat über allerlei Symbolik, kaum noch etwas Unveröffentlichtes mehr existiert. Es ist im Grunde genommen alles schon in die Bücher übergegangen, und manche Orden machen es heute so, daß sie einfach ihre Mitglieder nicht darauf aufmerksam machen, wo dies oder jenes zu lesen ist; so daß dasjenige, was längst in Büchern zu lesen ist, von den Mitgliedern so hingenommen wird, als ob es nur ihre Oberen als Geheimnis wissen dürften. Denn auf keinem Gebiete wird so viel Schwindelwesen getrieben als gerade auf dem Gebiete der okkultistischen Orden!

Ich sage, es geht nicht mehr recht, dieses Prinzip des Geheimhaltens und der Verbarrikadierung durch die Symbolik weiter aufrechtzuerhalten. Man versteht diese Dinge aber nur dann ganz richtig, wenn man versucht, in die Gründe einzudringen, warum in früheren Zeiten gewisse Dinge geheimgehalten worden sind. Nun, aus den angedeuteten Ursachen heraus ist es schwierig, über diese Dinge zu sprechen, wie ich schon sagte, weil, wenn man darüber spricht, man manche Dinge sagen müßte, die nicht so ohne weiteres gesagt werden können. Daher werde ich versuchen, heute und morgen einen anderen Weg zu wählen. Ich werde Ihnen gewisse Dinge sagen, durch deren konsequente Verfolgung Sie dahin kommen können, manches über die Geheimnisse der Welt zu ahnen, was doch nicht rätlich ist, in der Gegenwart unmittelbar auszusprechen. Ich werde heute und morgen auf die Dinge weiter eingehen. Ich werde heute zunächst gewisse Dinge sagen, welche konsequent weiterverfolgt werden können in Ihrem eigenen Denken und Empfinden, und die auch in Ihrem inneren Leben weiterverfolgt werden können. Und wenn Sie sie weiterverfolgen, so werden diese Dinge Sie gewissermaßen weit bringen. Weil es an der Zeit ist, die Dinge zu sagen, will ich versuchen, sie so zu sagen, wie es eben möglich ist.

Ich will ein Beispiel nehmen. *Carlyle,* der große englische Schriftsteller, sagte in einer seiner Reden in einer, man könnte sagen nicht gerade sehr bedeutungsvollen Aussage, etwas über *Dante,* den Verfasser der «Göttlichen Komödie». Ich sagte also: nicht so Bedeutungsvolles sagte Carlyle an dieser Stelle über Dante. Die Rede handelte über Dante und Shakespeare. Er sagte aber doch etwas, was merkwürdig ist. Wer diese Rede wie ein gewöhnlicher Leser liest – und die meisten Leute unterscheiden heute kaum zwischen dem Lesen einer Rede von Carlyle und dem Lesen eines Zeitungsartikels –, dem wird nichts besonders auffallend sein. Derjenige aber, der etwas von der Geisteswissenschaft nicht bloß in seine Theorie, sondern in sein Gemüt aufgenommen hat, der wird gerade bei dieser Stelle auf etwas aufmerksam werden können. Carlyle weist nämlich darauf hin, wie merkwürdig es doch sei, daß aus Dingen heraus, die äußerlich wie ein Zufall oder gar als noch etwas anderes erscheinen, wie etwas, das nicht nach Wunsch der Menschen gegangen ist, doch etwas ungeheuer Großes entstanden ist. Carlyle zeigt das an dem Schicksal Dantes. Dante war wegen seiner politischen Richtung aus seiner Vaterstadt verbannt worden. Er mußte den Wanderstab ergreifen. Dadurch, daß er verbannt worden ist, daß er den Wanderstab ergreifen mußte, ist er zu dem geworden, was er heute ist. Dadurch, also als ein Verbannter, ist er dazu gedrängt worden, die «Göttliche Komödie» zu schreiben. Nun sagt Carlyle: Das hat doch Dante nicht gewünscht, aus seiner Vaterstadt verbannt zu werden! Aber wenn er dageblieben wäre, so würde er in Florenz so etwas wie ein Lord Mayor geworden sein, er würde sehr viel zu tun gehabt haben als eines der Häupter von Florenz, und die «Göttliche Komödie» würde nicht geschrieben worden sein. So mußte Dante leiden, Dante mußte etwas ganz Unerwünschtes passieren, damit die Menschheit die «Göttliche Komödie» bekam. Also die

Menschheit verdankt die «Göttliche Komödie» einem Geschicke von Dante, das sich Dante sicher nicht herbeigewünscht haben würde. – Und damit hat Carlyle sicher recht. Diese Bemerkung ist geistreich. Für einen, der die Rede im gewöhnlichen Sinne liest, ist sie nicht so sehr bedeutend; aber dem, welcher die Rede aufmerksam liest, könnte dabei doch etwas auffallen. Er wird sich vielleicht nicht klarmachen, warum sein Gefühl da haltmacht, warum sein Gefühl da etwas Besonderes empfindet an dieser Stelle. Carlyle selbst hat das auch nicht gefühlt, er hat diese Bemerkung gemacht, weil er ein sehr geistreicher Mann war. Aber er hat nichts gefühlt von dem, was ich jetzt meine. Was ich meine, muß ich auf einem Umwege klarmachen.

Nehmen wir an, Dante wäre nicht vertrieben worden, sondern er wäre so etwas wie ein Rat oder wie ein Haupt von Florenz geworden; er hätte alles erreicht, wozu er nach seinen Anlagen hätte kommen können. Er hätte Prior werden können. Wäre er es geworden, so wäre er ein bedeutender Prior geworden und so weiter. Kurz, es wäre sehr viel durch Dante geschehen, aber, es gäbe keine «Göttliche Komödie».

So einfach liegt aber die Sache nicht. Nehmen wir wirklich an, Dante hätte sein Ziel erreicht, wäre nicht entwurzelt worden in Florenz, wäre eines der Stadt- oder Kirchenhäupter geworden, was ziemlich verwandt ist in der öffentlichen Wirksamkeit. Da Dante – das werden Sie nach dem, was in der «Göttlichen Komödie» vorliegt, zugeben – bedeutende Fähigkeiten hatte, wäre er ein bedeutender Lord Mayor geworden, er hätte etwas ungeheuer Bedeutendes dargestellt. Also die Geschichte würde ganz anders aussehen. Florenz hätte ein sehr bedeutendes Stadt- und Staatsoberhaupt gehabt. Ja, nicht nur das! Sondern denken Sie sich hinein in dieses Florenz, das von all den Räten nun verwaltet worden wäre mit den Fähigkeiten, die dann in die «Göttliche Komödie» geflossen sind. Diese Verwaltung in einer so genialen Weise, sie würde bedeuten, daß viele, viele Kräfte, die da waren, unterbunden worden wären in ihrem geheimnisvollen Wirken. Es ist das allerdümmste, wenn behauptet wird, daß es nicht geniale Menschen in der Welt gäbe. Davon gibt es sehr viele. Sie gehen nur zugrunde, weil sie nicht erweckt werden. Wenn Dante Stadtoberhaupt geworden wäre, so hätte er auch einen Nachfolger gehabt, der sehr bedeutungsvoll gewesen wäre, und solche Nachfolger hätte er sieben gehabt. Just sieben Leute wären hintereinander gekommen – diese Dinge werden wir schon einmal begründen –, sieben bedeutende Leute hätten hintereinander als Oberhäupter von Florenz regiert. Etwas ganz Grandioses wäre entstanden, aber eine «Göttliche Komödie» würde es nicht geben. Im Jahre 1265 ist Dante geboren. Wir leben jetzt in einer Zeit, wo wir, wenn alle diese sieben Leute dazumal in Florenz gewirkt hätten, in Florenz die Nachwirkungen noch immer spüren würden, denn sieben Jahrhunderte hätten sie gedauert! Sieben Jahrhunderte würden ganz anders verflossen sein, als sie verflossen sind. Das alles ist nicht geschehen. Die katholische Kirche ist noch da, aber die «Göttliche Komödie» ist auch da.

Ich habe Ihnen ein Beispiel gegeben, wie Kräfte umgewandelt werden draußen in der großen Ordnung der Weltgeschichte. Ich habe ein Beispiel von dem gegeben, womit man es eigentlich zu tun hat draußen in der großen Umwandlung der Weltgeschichte. Ungeheuer bedeutungsvolle Sachen, wenn wir sie so betrachten, liegen vor uns, ungeheuer bedeutungsvolle Dinge stehen vor uns!

Ich gebrauchte dieses Beispiel, weil ich Sie aufmerksam machen will darauf, daß es zuweilen in der Entwickelungsgeschichte der Menschheit notwendig ist, daß Kräfte umgewandelt werden, daß Kräfte sich in einen ganz anderen Strom hineinergießen als in den Strom, in den sie sich so nach dem nächsten äußeren Anschein ergießen wollen. Dieses Beispiel hat scheinbar gar nichts zu tun mit dem, was ich eigentlich sagen will, und doch hat es alles damit zu tun. Denn wenn Sie das, was in diesem Beispiele ist, konsequent verfolgen, so werden Sie darauf kommen, warum es schwierig ist, gewisse Wahrheiten, die sich auf das, was hinter der äußeren Natur steht, beziehen, ohne weiteres der Öffentlichkeit preiszugeben. Es ist schon notwendig, eben manches so an die Menschen heranzubringen, daß es Kräfte bindet, so daß gewisse Kräfte nicht gefährlich werden können.

Mit diesem Beispiel habe ich hingedeutet auf diejenigen Kräfte, welche sich in der Menschennatur entwickeln werden, wenn der Mensch den Schleier der Naturerscheinungen durchdringt. Aber auch dann, wenn die Menschen nicht diesen Schleier der Naturerscheinungen durchdringen, sondern darauf ausgehen, den Schleier der Seelenerlebnisse zu durchdringen, wenn sie in die Tiefen der Seele hinein wollen, auch dann liegen gewisse Gefahren vor. Und auch da will ich durch eine Erzählung Ihnen die Möglichkeit bieten, auf gewisse Dinge zu kommen, die man eben sonst nicht auseinandersetzen könnte. Ich will an eine Erzählung anknüpfen, die ja bekannt ist, von der aber gewöhnlich nicht gewußt wird, daß sie noch etwas so Tiefes zum Ausdrucke bringt.

Zu dem Pater Antonius kam einmal ein Mann, Paulus mit Namen. Dieser Mann wollte sein Schüler werden. So wie er sich darstellte, war dieser Mann ein recht einfältiger Mensch. Aber Antonius nahm doch den einfältigen Menschen, nennen wir ihn Paulus den Einfältigen, als Schüler an und ließ ihn gewisse Arbeiten Jahre um Jahre verrichten. Ich glaube nicht, daß sehr viele von Ihnen Freude daran hätten, diese Arbeiten zu verrichten, die Antonius dem Schüler aufgetragen hat. Es mußte nämlich der Schüler Wasser tragen, aber in durchlöcherten Gefäßen, so daß, wenn er am Ziele ankam, nichts mehr darinnen war. Und das mußte der Mann Jahre um Jahre tun. Er mußte Kleider nähen, und wenn er sie genäht hatte, mußte er sie wieder aufschneiden. Er mußte Steine auf Berge hinauftragen, und wenn er sie oben hatte, mußte er sie wieder hinunterrollen lassen, damit sie wieder an ihrem ursprünglichen Orte waren. Das mußte er Jahre um Jahre tun. Die Folge davon war, daß Paulus der Einfältige eine ungeheure Vertiefung seines Gemütes durchmachte und er bemerkte, wie aus seinem Unterbewußten herauf bedeutende Seelenkräfte kamen, und wie diese Seelenkräfte nach und nach ihn zu einem weisen Menschen machten. Aus Paulus dem Einfältigen wurde Paulus der Weise.

Ich möchte das Beispiel des Antonius, das dieser mit Paulus dem Einfältigen gemacht hat, nicht zur Nachahmung empfehlen. Aber als eine Tatsache mußte ich es erzählen. Nehmen Sie einmal an, Antonius hätte nicht diese Methode gewählt, Steine auf Berge hinauftragen und sie wieder herunterrollen zu lassen, Wasser in Gefäßen tragen zu lassen, durch welche das Wasser wieder heraussickerte, sondern er hätte es Paulus dem Einfältigen leichter gemacht. Was würde geschehen sein? Paulus der Einfältige würde eines Tages gesagt haben: Ja, Antonius, deine Lehre ist ganz gut, aber du bist eigentlich ein ganz böser Mensch. Deine Lehre muß ich jetzt nehmen und muß in die Welt mit ihr hinausgehen. Ich muß dich mit deiner eigenen Lehre bekämpfen, denn ich habe erkannt, daß du ein ganz böser Mensch bist. Und außerdem tust du mir ja gar nicht, was ich berechtigt bin zu wollen. Du hast mir versprochen, daß von einem gewissen Zeitpunkte an du erklären wirst, daß von Anfang an, als ich zu dir gekommen bin, ich nur dem Scheine nach der Einfältige war, und daß ich dazumal schon viel höher stand. Dann hast du mir versprochen zu erklären, daß deine ganze Lehre von mir inspiriert ist. – Zu solchen Dingen hätte der Schüler kommen können. Aber er ist bewahrt geblieben davor durch die Methode, die Antonius angewendet hat, die aber, wie gesagt, jetzt nicht mehr so anwendbar ist, obgleich nicht etwa behauptet werden soll, daß diese Methode bei gewissen Naturen, wenn sie angewendet würde, nicht ganz gute Früchte tragen würde.

Aus diesen zwei Beispielen, die ich angeführt habe, können Sie, wenn Sie sie konsequent verfolgen, auf gewisse Gefahren kommen, die dem Menschen drohen, wenn er sich einläßt mit den Kräften, die hinter der äußeren Natur als geistige Kräfte der Natur stehen. Sie können aus dem Beispiel, das ich Ihnen in bezug auf Dante gegeben habe, ersehen, welchen grandiosen, welch ungeheuer bedeutungsvollen Dingen man eigentlich gegenübersteht.

Nun, warum kommt denn die Naturwissenschaft, so können wir jetzt die Frage aufwerfen, die doch eine wirklich gute Methode hat, eine ausgezeichnete, eine glänzende Methode, warum kommt sie nicht auf gewisse Dinge, die hinter der Natur stehen? Die Frage kann sehr einfach beantwortet werden. Es fehlen der Naturwissenschaft die Kräfte dazu, die Erkenntniskräfte. Sie arbeitet nicht daran, die Erkenntniskräfte auszubilden. Nicht wahr, so wie die Dinge bei der äußeren Naturwissenschaft sind, wird einfach nicht daran gearbeitet, weil, was ich öfter erwähnt habe, man eine gewisse Furcht hat vor dem, was hinter den Naturerscheinungen steckt.

Aber – so könnte man auf der anderen Seite fragen –, warum finden sich nicht diejenigen, welche etwas wissen über das Geistige in der Natur, dennoch bereit, in einem ausreichenderen Maße als es in der Gegenwart geschieht, die Methoden und Wege zu eröffnen, damit der Mensch die Erkenntniskräfte ausbilden kann, die ihn hinter die Natur führen, die ihn gleichsam die Schwelle überschreiten lassen, die ihn drängen zu dem, was hinter der Natur ist?

Sehen Sie, sobald man die Schwelle überschreitet, die zu den geistigen Wesenheiten hinter der Natur führt, kommt man in Zusammenhang mit geistigen Wesen. Das sehen Sie aus all den Darstellungen, die ich in den letzten Wochen gegeben habe. Solche passive Naturerscheinungen, wie sie heute die Naturwissenschaft studiert, hat man nur in dieser physischen Welt. Sobald man die Schwelle überschreitet, kommt man in eine Welt geistiger, lebender Wesen hinein. Das Eigentümliche ist dabei, daß die Wesen, die man zuerst trifft, lauter Wesen sind, die eigentlich einen viel befähigter machen in bezug auf klares Denken und so weiter, als man vorher es war. Es ist wirklich so: Wenn ich die Summe der Naturerscheinungen, wie sie heute von der materialistischen Naturwissenschaft gebraucht werden, als einen Vorhang betrachte, auf den die Naturgesetze geschrieben sind, so liegt hinter ihm ein Quirlen von geistigen Wesenheiten. Da muß man durch als Mensch. Aber mit jenen Fähigkeiten, die man hat, um Naturwissenschaft zu studieren, kann man nicht durchstoßen durch den Vorhang. Könnte man es, so täte man es schon nach den heutigen Neigungen. Früher war das anders. Aber man kann nicht durchstoßen.

Es gibt allerdings Menschen, welche durch eine wirkliche Interpretation von Symbolen die Leute dahin bringen könnten, durchzustoßen. Dann würden die Leute natürlich mit geistigen Wesen in Zusammenhang kommen, und zwar mit Wesen, die im eminentesten Sinne ein Interesse daran haben, den Menschen sehr scharfsinnig, sehr spitzfindig, raffiniert scharfsinnig zu machen: das sind gewisse elementarische Wesenheiten, die ihr ganzes Bestreben darein setzen, dem Menschen gewisse Erkenntnisfähigkeiten beizubringen, die ihn wirklich anders machen, als er ist, bevor er da durchstößt. Und außerdem ist der Mensch dadurch mit diesen Wesen in Zusammenhang. Nun haben aber diese Wesen noch eine ganz besondere Eigenschaft: sie machen den Menschen scharfsinnig, bringen ihm gewisse Erkenntnisfähigkeiten bei, sie sind aber keine menschenfreundlichen Wesen. Sie sind menschen- und tierfeindliche Wesen im eminentesten Sinne, so daß man, indem man da durchstößt, einbüßt an der gewöhnlichen, allgemeinen Menschen- und Tierfreundlichkeit. Ohne Einbuße an Menschen- und Tierfreundlichkeit kommt man nicht leicht durch, wenn man unvorbereitet da durchgeht. Man bekommt geradezu die Neigung, alles mögliche zu tun, was nicht menschenfreundlich ist, und man bekommt sogar eine gewisse Fertigkeit im Tun von nichtmenschenfreundlichen Dingen.

Kurz, Sie werden daraus ersehen, daß es nicht gerade ratsam ist, so ohne weiteres die Menschen da durchstoßen zu lassen; daß es schon seine Gefahr hat, weil eben die Wesen, auf die man zunächst auftrifft, durchaus nicht menschenfreundlich sind. Nun würde aber derjenige, der auf jenem Wege durchstoßen würde, auf dem man eben durchstoßen könnte, wenn man die heutige Methode der Naturwissenschaft fortsetzte, im eminentesten Sinne mit diesen menschenfeindlichen Wesen zusammentreffen, und er würde diese, übrigens nicht nur menschenfeindlichen, sondern geradezu naturfeindlichen Wesen kennenlernen und eine ganz große Summe von Kräften, durch die man wirklich vieles zerstören kann.

Es ist also nicht wünschenswert, diejenigen Menschen durchzulassen, welche noch die Neigung haben, diese zerstörenden Kräfte wirklich anzuwenden, denn vieles an zerstörenden Kräften würde sozusagen in die Hände geliefert werden. Sondern man muß trachten, nur solche Menschen durchzulassen, die durch ihre Zucht so weit gekommen sind, daß sie, wenn sich ihnen diese Zerstörungswesenheiten anbieten, keinen Gebrauch machen von solchen Zerstörungshilfen. Gerade in dieser Richtung wirkte die Entzifferung der Symbole außerordentlich bedeutsam. Diese Kräfte braucht man dann nämlich auf, man verbraucht die Kräfte, die jene Wesen hätten verwenden können, um die Menschen zu Zerstörern zu machen. Es war also eine Neigung, die Menschen nicht dazu gelangen zu lassen, sich den Wesen der Zerstörung zu überliefern, und diejenigen, die für das Geheimhalten eines gewissen hohen Teiles des esoterischen Wissens waren, hatten nun folgenden Gedankengang. Sie sagten: Wenn wir unser Wissen und die Art des Wissens, wie es in geheimen Orden und dergleichen da war, den Leuten so ohne weiteres zugänglich machen, so daß ihnen die

Arbeit des Selbstdurchdringens der Symbole erspart bleibt, dann machen wir diese Menschen zu Empörern gegenüber der Natur, dann machen wir sie zu Trägern von zerstörenden Kräften. Das war die Tendenz. Sie sagten: Wir haben ein Wissen, das unweigerlich das bewirken würde, also können wir dieses Wissen nicht exoterisch machen. Wir müssen streng auf dem Boden stehen, daß wir die Menschen, die man heranbringt, zuerst zur absolutesten Menschenliebe erziehen, zur absolutesten Pflanzen-, Tier- und Menschenliebe; daß wir sie also zuerst einer sorgfältigen Zucht unterwerfen.

Nun aber, diese Zucht lassen sich die Menschen von heute nicht gefallen. Sie lassen sie sich einfach nicht gefallen, sie wehren sich dagegen. Die Menschheit ist vorwärtsgeschritten. Was tut sie dann? Nehmen wir einmal an, diese Zucht sollte ausgeübt werden, man würde die Menschen in die betreffenden Orden tun und würde schon dasjenige, was den meisten geradezu vorgeschrieben werden muß, ganz ernst nehmen! Was wäre die Folge? Nun, insbesondere die Frauen würden in drei Monaten vollständig davongelaufen sein. Sie würden es sich ganz und gar nicht gefallen lassen. Gewisse Orden haben daher, um bestehen zu können, darauf verzichtet, diese Zucht auszuüben. Daher ist dasjenige, was einmal tiefes Wissen war, ausgeartet in bloßes Stroh, was gar nichts enthält. Auf der anderen Seite aber bestand die Neigung fort bei jenen, die wirklich etwas wußten, die Sache geheimzuhalten.

Sie sehen, die Sache ergänzt sich mit dem, was ich gesagt habe: daß, als die Hochflut des Materialismus kam, man die Methode des Mediumismus wählte. Man dachte, das, was der Mensch sonst gehabt hätte von der theoretischen Erklärung der Symbole, das würde man ja *sehen* bei der Methode des Mediumismus.

Aus alledem werden Sie begreifen, daß es für diejenigen, die auf diesem Gebiete etwas wissen, schon gewisse Gründe gibt, nicht so einfach den Schleier der Naturgeheimnisse durchdringen zu lassen. Daraus wird sich Ihnen aber etwas ganz Bestimmtes ergeben. Daraus wird sich Ihnen ergeben, daß unsere geistige Bewegung nicht darin bestehen kann, etwa irgendwelche Ordensgeheimnisse zu nehmen, so wie sie aufbewahrt waren, und sie exoterisch zu machen. Würde man einfach das tun, was ja darin bestehen würde, daß ich irgendwelche alten Ordensgeheimnisse nehmen würde und sie vor der Öffentlichkeit – so wie wir lehren müssen – lehrte, dann würden wir mit diesen Ordensgeheimnissen allerlei kuriose Dinge von Magie und so weiter aufnehmen, die nichts Gutes stiften würden. Das bedeutet also nichts anderes, als daß ausgeschlossen ist in unserer Bewegung ein Heraustragen von irgendwelchen alten Ordensgeheimnissen. Wir können nicht alte Ordensgeheimnisse zur Enträtselung der Geheimnisse der Natur verwenden. Morgen werde ich Ihnen zeigen, daß wir auch nicht so einfach religiöse Wahrheiten nehmen können, weil dadurch wieder eine andere Gefahr heraufbeschworen würde. So daß sich uns ergeben wird, warum wir weder das eine noch das andere konnten, warum wir einen besonderen Weg einschlagen mußten. Und gerade dieser besondere Weg bringt uns nun auch die Gegnerschaft von beiden Seiten her, von der Naturwissenschaft und der Religion. Das werde ich morgen ausführen.

NEUNTER VORTRAG

Dornach, 24. Oktober 1915

Wenn Sie sich erinnern an das, was ich gestern versuchte auszuführen, dann werden Sie sich sagen können, im Grunde genommen hat das Heraufkommen des Materialismus – ich sage nicht der materialistischen Weltanschauung, sondern des Materialismus – seine recht guten Seiten. Das Schlimme besteht ja darin, daß der Materialismus zur Grundlage einer Weltanschauung gemacht wird. Das Gute des Materialismus besteht darin, daß er als Methode gebraucht wird, um die äußeren Erscheinungen der physisch-sinnlichen Welt zu untersuchen, die uns, wie Sie gesehen haben, während der Erdenzeit als mineralische Welt gegeben ist. Dazu ist der Materialismus ein vorzügliches Instrument, die mineralische Welt zu untersuchen. Diese mineralische Welt ist eben für die irdische Entwickelung ein besonders Wichtiges. Und wiederum ein Wichtiges für die Erdenentwickelung ist, daß der Mensch dieses Verkörpertsein in der materiell-mineralischen Welt durchmacht, daß er damit zugleich die Entwickelung derjenigen Fähigkeiten durchmacht, die wir nur erlangen können, wenn wir einen mineralisch-physischen Leib haben. Intelligenz und freier Wille müssen bis zu einem gewissen Grade angeeignet werden während der Erdenzeit. In der Jupiter-, Venus- und Vulkanzeit wird der Mensch diese Fähigkeiten handhaben können, aber es ist unmöglich für irgendein Wesen in der Welt, sie sich auf andere Weise zu erwerben als dadurch, daß ein solches Seelenwesen, wie der Mensch es ist, diese Erdenzeit so durchmacht, daß es in einem mineralisierten Leibe verkörpert ist.

Ein Gegengewicht zu unserer Entwickelung im mineralisierten Erdenleibe wird im Menschen dadurch geschaffen, daß er immer wieder das Leben zwischen dem Tode und einer neuen Geburt durchmacht, das Leben der Seele ohne einen solchen mineralisierten Leib. Man kann sagen, daß der Mensch vieles nur dadurch mitmachen muß auf der Erde zwischen der Geburt und dem Tode, weil er einen mineralisierten Leib hat. Aber was er gewissermaßen zu seinem kosmischen Nachteile durch das Verkörpertsein in einem mineralisierten Leibe durchmacht, das wird alles aufgehoben durch das, was er zwischen dem Tode und einer neuen Geburt durchmacht, wenn er nicht verleiblicht, sondern verseeligt ist, das Wort im richtigen Sinne gebraucht.

Dasjenige zu untersuchen, was die Mineralien, Pflanzen, Tiere und Menschen an Mineralischem aufgenommen haben, das obliegt der materialistischen Methode; und indem der Mensch im Laufe von Jahrhunderten diese materialistische Methode ausübt, eignet er sich im Grunde genommen dasjenige an, was er sich während der Erdenzeit aneignen muß. Die Forschungsweisen, welche der materialistischen Methode vorangegangen sind, waren noch alle beeinflußt von dem hellseherischen Erbgut, das der Mensch aus seinen früheren Entwickelungszuständen mitbekommen hat. Und wenn der Mensch nach unserer fünften nachatlantischen Zeit und im Gange unserer gesamten nachatlantischen Epoche seine mineralische Entwickelung im wesentlichen wird durchgemacht haben, wenn er wieder eintreten wird in eine andere Entwickelung, dann wird er wieder der geistigen Welt so nahestehen müssen, daß er sich die Intelligenz, die ihm zugedacht ist, schon während der Erdenzeit wird angeeignet haben müssen. Und ebenso wird er sich das Maß von freiem Willen, das ihm zugedacht ist, schon angeeignet haben müssen, sonst würde er mit seiner Entwickelung nicht zurechtkommen können.

So betrachtet, bedeutet die materialistische Methode etwas sehr Bedeutsames; aber sie muß Methode bleiben, Methode zur Erforschung der äußeren physischen, materiellen Welt. Und sie hat da auch im höheren Sinne ihr Bedeutsames, ihr sehr Bedeutsames. Sie hat das Gute, daß der Mensch, indem er rein in der mineralischen Welt wahrnimmt und auch forscht und sich in der mineralischen Welt betätigt, seinen freien Willen nach und nach entwickelt. Denn indem der Mensch in der mineralischen Welt so darinnensteht, verdeckt sich für ihn, was der mineralisch-physischen Welt eigentlich zugrunde liegt, was sie eigentlich ist.

Wir haben in diesen Wochen gesehen, worauf man kommt, wenn man theoretisch-spintisierend bleibt innerhalb der physisch-sinnlichen Wahrnehmungen. Man kommt zur Atomistik. Wir haben auch gesehen, daß die Atomistik nichts anderes ist als eine subjektive Täuschung der

Menschen. Würde man aber hinausgehen in die wirkliche Welt, dahin, wo der Mensch, der sich täuschen läßt, die Atome sucht, so würde man Ahriman mit seinen Wesenheiten finden. Denn durch diejenigen geistigen Wesen, von denen ich gestern gesprochen habe und zu denen der Mensch gelangt, wenn er den Schleier der Natur durchstößt, wird der Mensch dazu kommen, zerstörende Kräfte zu entwickeln; das sind auch kosmische Wesen.

So können wir sehen, wie es sich mit dieser materialistischen Methode verhält. Sie liefert dem Menschen eine Täuschung, eine Maja. Aber diese Täuschung ist für den Menschen sogar günstig, denn in jedem Augenblicke, wo er diese Täuschung durchschaut, dringt er zunächst ein in das Reich Ahrimans und seiner geistigen Wesenheiten, die auf Zerstörung, auf Töten ausgehen, die bewirken, daß sich in seiner eigenen menschlichen Natur bis zu einem gewissen Raffinement zerstörende Kräfte entwickeln. Namentlich der Verstand, die rein äußerliche Klugheit werden so ausgebildet durch die Mächte, in deren Bereich man da kommt, daß man raffiniert klug wird. Wenn man seine Erdenklugheit noch nicht so weit gebracht hat, diese Dinge zu durchschauen, so wird man eben unbewußt, aber raffiniert klug. Die materialistische Naturphilosophie stellt also gewissermaßen eine Schonzeit dar, während der der Mensch heranreifen kann, um später einmal ungefährdet in dieses Reich des Ahriman hineinzukommen.

So kann man sagen, die materialistischen Naturgelehrten oder Naturphilosophen folgen einem gewiß sehr berechtigten Instinkte. Die Bewahrer der alten Symbole haben es aus dem Grunde nicht gewagt, das Esoterische zum Exoterischen zu machen und den Menschen die Geheimnisse auszuliefern. Die Naturgelehrten sagen sich, selbstverständlich nicht wirklich, aber man kann es symbolisch so ausdrücken: Wir tun etwas sehr Gutes, wenn wir den Menschen nur bis an den Vorhang führen und nicht dahinter. – Sie tun es natürlich nur instinktiv, aber sie tun es eben. Im Grunde leisten sie der Menschheit einen guten Dienst, denn würden die Naturgelehrten dahin kommen, den Schleier, den Vorhang zu durchstoßen, so würden sie die Menschen bekanntmachen mit den Kräften von jenen zerstörenden Wesen, von denen ich gestern gesprochen habe: Wesen im Dienste des Ahriman. Und die

Folge davon würde sein, daß die noch unvorbereiteten Menschen sozusagen mit Kußhand die Kräfte übernehmen würden, die von dieser Seite herkommen. Und mit diesen Kräften würden die Menschen viel vermögen, aber alles im Dienste der Zerstörung, im Dienste der Ertötung des Guten. Also selbst die Unwissenheit, in welcher der Mensch durch die naturwissenschaftliche Weltanschauung gelassen werden soll, hat in gewisser Beziehung ein Gutes. Das ist die eine Seite der Sache. Die andere Seite der Sache ist aber diese.

Damit der Mensch in dieser Welt der Täuschung leben kann, in die er instinktiv durch die Naturgelehrten versetzt wird, muß er eine Zeitlang, Jahrhunderte hindurch, darinnen leben. Wir haben schon eine Anzahl von Jahrhunderten, in denen der Mensch in dieser Täuschung, in dieser Maja lebt. Aber das geht an der menschlichen Natur nicht ohne weiteres vorüber! Der Mensch lebt da doch, wenn er in der Täuschung in bezug auf eine Sache lebt, nicht in der Wirklichkeit, und so lebt sich der Mensch wirklich seit Jahrhunderten in eine Täuschung hinein. Diese Täuschung ergreift seine Seelenkraft nicht so stark, wie sie von der Wirklichkeit ergriffen würde; und die Folge davon ist, daß in der Menschenseele nach und nach Zweifel über Zweifel auftauchen, die, wie ich schon angedeutet habe, auch in diesem Zusammenhange sich geltend gemacht haben. Bedeutende Naturforscher haben das «Ignorabimus» aufgerichtet. Das 19. Jahrhundert hat in seiner zweiten Hälfte schon alles zutage gefördert, was man nennen kann: das Hineinleben in Zweifel über Zweifel. Aber die Wahrheit ist, daß eine Zeit bevorsteht, die dadurch herbeigeführt wird, daß der Mensch immer mehr und mehr in der Täuschung lebt und glaubt, daß er eine Realität in dem Vorhandenen hat. Immer mehr lebt er sich hinein in das Materialistische als Weltanschauung, immer mehr werden aber Zweifel dadurch herauskommen, und es würde nicht lange dauern, so würden überall in jeder Menschenseele durch die naturwissenschaftliche Philosophie lauter Zweifel leben. Die Menschen würden dann gar nichts mehr festhalten können, sie würden über jedes Problem, über jede Aufgabe Zweifel über Zweifel haben müssen. Der Skeptizismus würde ein ungeheures Meer werden, in dem die Menschenseele ertrinken müßte.

Das ist die Aufgabe der Geistesforschung, daß so etwas erkannt werde; daß erkannt werde, wie ein ungeheures Meer hereinbrechen will von Skeptizismus, von Zweifelsucht, in dem die Menschenseele ertrinken würde. Und ihre weitere Aufgabe ist, Dämme aufzurichten, daß diese Zweifel, dieses Meer der Zweifelsucht, dieses Meer des Skeptizismus nicht hereinbrechen kann. Wir stehen da vor einer Perspektive von etwas, das ganz gewiß über die Menschen kommen wird, wenn die naturforscherische Lehre als Weltanschauung fortbesteht. Das ist die andere Seite.

Das, was ich jetzt sage, hängt mit einem tiefen Geheimnis zusammen, mit dem Geheimnis, daß in der äußeren sinnlichen Welt alles, was sich in ihr auslebt, in der Zweiheit sich ausleben muß. Die Zweizahl ist die Zahl der Offenbarung, habe ich einmal gesagt; die Zweizahl ist die Zahl, welche die ganze sinnliche Offenbarung beherrscht. Aber auch nur für die sinnliche Offenbarung hat die Zweizahl ihre Bedeutung. Es ist immer so in der Welt der Offenbarung, daß wir sagen müssen: es wird eine gewisse Evolution durchgemacht. Nehmen wir die Evolution der Naturmaja. Ich will das, was ich hier zeichne, die Naturmaja nennen, die sich allmählich heraufbewegte seit dem Heraufkommen der naturwissenschaftlichen Weltanschauung und im 19. Jahrhundert einen Höhepunkt erlangt hat. Aber daß man in dieser Maja lebt, hat zur Folge, daß in gewisser Beziehung unter dieser Anschauung, die in der Naturmaja lebt, sich etwas anderes vollzieht: die Vorbereitung für eine andere Anschauung, für ein Eindringen in die Wirklichkeit.

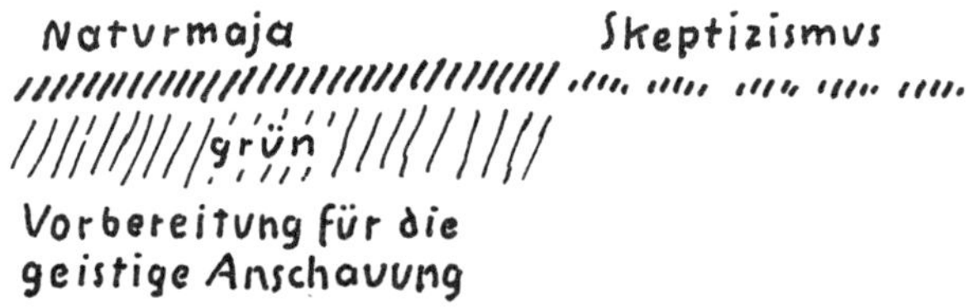

Im Unterbewußten bereitet sich das vor. Und es muß Vorsorge getroffen werden, daß nun die nächste Entwickelung in die Wirklichkeit einläuft, sonst geht die Naturmaja weiter als Skeptizismus, als die furchtbarste Zweifelsucht, welche die Menschenseele ertrinken macht. So daß wir einer Zeit entgegengehen, von der wir sagen können: Würde die Geisteswissenschaft nicht kommen, dann würde der Mensch immer mehr in die Zweifelsucht hineinkommen; kommt die Geisteswissenschaft, dann wird an die Stelle dessen, was in der Menschenseele die Zweifelsucht einnehmen würde, was die Menschenseele ertrinken machen würde, dasjenige treten, was die Menschen brauchen.

Sie sehen, es ist eine Zweiheit. Die Naturmaja geht weiter. Aber darunter ist das grüne Leben, die Vorbereitung für die Geisteswissenschaft. Alles in der sinnlichen Welt geht in der Zweiheit weiter. Daher sagt der Okkultist: die Zweizahl ist die Zahl der sinnlichen Offenbarung. In dem Augenblick, wo man von der sinnlichen Welt in eine andere Welt eintritt, hat die Zweizahl diese Bedeutung nicht, und man geht ganz falsch, wenn man höhere Welten unmittelbar mit der Zweiheit charakterisieren will. Nur das Grundgesetz der physisch-sinnlichen Welt kann man mit der Zweiheit charakterisieren. In der höheren Welt muß man, wenn man von der Zahl ausgehen will, sich klar sein darüber, daß man zum Beispiel von der Dreiheit auszugehen hat, und daß diese zunächst alles geradeso beherrscht, wie die sinnliche Welt von der Zweiheit beherrscht wird. Geradeso wie die sinnliche Welt von der Zweiheit beherrscht wird, so hat man es in den geistigen Welten gleich mit einer Dreiheit zu tun. Das ist zuweilen nicht unwichtig zu wissen. So zum Beispiel ist es gut zu wissen, daß alles, was im Sinne einer Zweiheit charakterisiert werden kann, überhaupt nur eine Bedeutung für die sinnliche Welt hat. Wenn einer sagt, die Magie zerfalle in eine weiße und schwarze Magie, so hat er eine Zweiheit aufgestellt. Eine solche Zweiheit kann aber nur für die sinnliche Welt Bedeutung haben. Er zeigt also sogleich, daß er keinen Begriff hat von den Grundgesetzen der geistigen Welt, denn in der geistigen Welt würde man niemals eine Zweizahl zugrundelegen können. So wahr es ist, daß man in der physisch-sinnlichen Welt die Zweizahl zugrunde legen muß, so wahr ist es, daß man es in der übersinnlichen Welt niemals mit der Zweizahl zu tun hat.

Nun besteht ja eine Verwandtschaft des Menschen mit dem ganzen Kosmos. Der Mensch, so wie er einmal lebt als Erdenmensch, ist – wie wir oft betont haben – doch ein Mikrokosmos. Eine Verwandtschaft besteht mit dem ganzen Kosmos, und für gewisse Dinge, um sie zu erkennen, ist es notwendig, die Beziehung des Menschen zum Kosmos zu enthüllen. Wir haben auf ein Faktum, auf eine Tatsache hingewiesen, auf die Tatsache, daß der Mensch, wenn er den Vorhang der Natur durchstößt und in die Welt, die hinter ihr vorhanden ist, eintritt, auf ahrimanische Wesen trifft, auf Wesen, die einen zerstörerischen Charakter haben. Diese Wesen sind eigentlich zunächst in der Weltenordnung scharfe Feinde der menschlichen Erdennatur; so daß, wenn man sich mit ihnen durch Schwäche verbindet, was so geschehen kann, wie ich es angedeutet habe, man sich mit Feinden des Erdenmenschen verbindet. Man kommt wirklich in ein Bündnis hinein mit Feinden des Erdenmenschen, und dieses Bündnis wird durch ein gewisses Verhältnis des Menschen zum Kosmos ganz besonders begünstigt.

Diese Wesenheiten, die hinter dem Vorhang der Natur sind, sind intelligent, sie haben ihre Intelligenz. Ich habe vorhin von des Menschen Intelligenz gesprochen, aber diese Wesen haben ihr Denken, ihre Intelligenz, sie haben ein Fühlen, wenn es auch anders ist als das menschliche Fühlen, ein Wollen, wenn es auch anders ist als das menschliche Wollen. Sie verrichten gewisse Taten, die sich äußerlich in Naturerscheinungen ausdrücken, deren ganz wesentliche Substantialität aber hinter dem Vorhang ist. Nun besteht aber eine merkwürdige Verwandtschaft zwischen etwas im Menschen und den höchsten Fähigkeiten dieser Wesen. Ich will das in folgender Weise klarmachen. Wenn derjenige, der die Schwelle der geistigen Welt überschreitet, herantritt an diese Wesen – mag es ihm vorkommen, wie wenn er in die Hölle käme oder wie immer er es sich vorstellen will, darauf kommt es aber nicht an; es handelt sich darum, daß man dieses Erlebnis in der richtigen Weise beurteilt –, da muß einem solchen Menschen vor allem auffallen die hohe, die außerordentliche Intelligenz solcher Wesen. Sie sind außerordentlich gescheit, weise. Darin äußert sich ihre Seelenkraft. Aber diese Seelenkräfte, diese höheren Kräfte dieser Wesen sind alle verwandt mit den Kräften der niederen Natur des Menschen. Was die sinnlichen Triebe des Menschen sind, das sind bei diesen Wesen diejenigen Kräfte, welche einem besonders imponieren. Es besteht also eine Verwandtschaft zwischen den niedersten Kräften des Menschen und den höchsten dieser geistigen Wesen. Daher suchen sie sich zu identifizieren mit den niederen Kräften des Menschen. Wenn man in diese Welt eintritt, so stacheln sie Zerstörungs- und Haßinstinkte oder sonstige Instinkte auf, deshalb, weil solche Geister dasjenige, was das Niedere im Menschen ist, zu ihrem Höheren hinaufziehen, und mit ihrem Höheren durch das menschliche Niedere wirken. Man kann nicht gut einen Bund mit diesen Wesen schließen, ohne seine Natur zu erniedrigen, ohne gewisse sinnliche Triebe besonders stark auszubilden.

Das ist eine Tatsache, die ganz besonders in Betracht gezogen werden muß, denn sie zeigt uns so recht, wie wir uns unser Verhältnis zum Kosmos vorstellen müssen. Da sind in unserer eigenen Menschennatur niedere Triebe. Aber diese niederen Triebe sind Kräfte, die nur in uns Menschen niedere Triebe darstellen. Sobald jene geistigen Wesen diese Kräfte haben, so sind dieselben Triebe bei ihnen höhere Kräfte. Aber diese geistigen Wesen wirken immer in unserer Natur. Sie sind immer darinnen. Das Wesentliche des geisteswissenschaftlichen Fortschrittes besteht nur darin, daß wir sie erkennen, daß wir wissen, daß sie da sind, so daß wir sagen können, wir haben unsere höheren Kräfte und wir haben unsere niederen Kräfte, und wir erkennen als ein Drittes dazu: die Kräfte, die bei uns niedere Kräfte sind, sind bei den charakterisierten Wesen höhere Kräfte. Das ergänzt die Zweiheit unserer Welt, unserer höheren und niederen Kräfte, zu einer Dreiheit. Damit berühren wir schon die Schwelle der geistigen Welt, wenn wir, statt der Zweiheit unserer niederen und höheren Kräfte, diese Dreiheit berühren.

Nun habe ich Ihnen gesagt, daß es unmöglich ist in unserer Gegenwart, etwas ähnliches zu tun, wie es etwa Pater Antonius getan hat mit Paulus dem Einfältigen. Unmöglich ist es auch, manches zu tun, wie es manche Orden getan haben. Es ist eben einfach das alte Wissen nicht zu gebrauchen. Denn würde man es an die Menschen heranbringen, so würde man gerade das zustande bringen, was ich jetzt auseinandergesetzt habe: man würde im Menschen niedere Instinkte wachrufen. Es ist ganz ohne Zweifel, daß man das täte.

Es gibt zum Beispiel in der Welt sogar einen Orden, der die Menschen ohne weiteres zur Erkenntnis von jenen geheimnisvollen Wesen führt, von denen ich eben gesprochen habe. Solche Menschen bekommen aber alle zerstörerische Instinkte, so daß dieser Orden einfach in Wirklichkeit bedingt, daß Menschen mit zerstörerischen Instinkten von ihm ausgehen. *Nietzsche* weist einmal in seinen Schriften auf diesen Orden hin, ohne daß er den eigentlichen Tatbestand wirklich kennt und ihn bei seinem Vorgehen in Rechnung zieht.

Also das ist das eine, worauf ich aufmerksam machen muß, daß wir hier einen Vorhang haben gegenüber den Naturgeheimnissen. Der Vorhang stellt alles, was durch die materialistischen Methoden gewonnen werden kann, dar. Dahinter liegt die wahre Welt. Diese zu betreten, ist zunächst keine so einfache Sache. Halten wir das auf der einen Seite fest. Auf der anderen Seite liegt unser menschliches Seelenleben mit dem Denken, Fühlen und Wollen. Aber so, wie es da vor das innere Auge tritt, so wie wir es da erleben, ist es ebenso eine Maja, wie die äußere Natur nur eine Maja ist. Das ist nicht die richtige Gestalt unseres inneren Lebens, das uns vor der Seele selber als Denken, Fühlen und Wollen erscheint; sondern hinter dem Denken, Fühlen und Wollen liegt erst wieder die wahre Wirklichkeit.

So wie nun die Naturgelehrten instinktiv heute die Anschauung entwickeln, daß die Natur schon selber die Wirklichkeit darbietet, aber höchstens zum Atomismus kommen, so sind die Vertreter gewisser Religionsgemeinschaften heute bemüht, die Sache gegenüber der Seele so darzustellen, als ob die Seele mit ihrem Denken, Fühlen und Wollen schon das Wirkliche wäre, und sie dann nach dem Tode mit diesem Denken, Fühlen und Wollen weiterleben würde. So wie die Naturgelehrten die Naturmaja beschreiben, so beschreiben die Vertreter gewisser Religionsgemeinschaften die Seelenmaja, und sie dienen mit diesen Anschauungen wiederum instinktiv in gewissem Sinne der Evolution der Menschheit.

Sie wissen vielleicht, ich habe es öfter angedeutet, daß schon vom Mittelalter an in der historischen Form des Christentums die sogenannte Trichotomie, die Dreiteilung des Menschen in Leib, Seele und Geist, eine Ketzerei zu sein begann. Vom frühen Mittelalter ab begann sie eine Ketzerei zu sein. Ein verhältnismäßig frühes Konzil hat, wie Sie wissen, den Geist abgeschafft, und man teilt den Menschen nun ein in Leib und Seele. Man hat sich im Abendlande seit jener Zeit daran gewöhnt, den Menschen einzuteilen in Leib und Seele. Es war im Mittelalter etwas ganz Furchtbares, wenn einer von Geist, Seele und Leib, von einer Dreiheit sprach. Es war die ärgste Ketzerei, weil ja der Geist abgeschafft war, und weil Leib und Seele als eine Zweiheit aufgestellt waren. Das entspricht dem Instinkt, schon in der Zahl nur bei demjenigen zu bleiben, was nur für diese Welt hier eine Bedeutung hat. So daß wirklich diese Tendenz vorhanden ist, von der ich gesprochen habe: den Menschen darinnen zu halten in der Welt, die eigentlich doch nur eine Maja ist, weil man bei dem majahaften Denken, Fühlen und Wollen stehenbleibt. Dann faßt man eigentlich nur dasjenige ins Auge, was von der gegenwärtigen Inkarnation verbraucht wird in der nächsten Zeit zwischen dem Tode und einer neuen Geburt. Das, was im Menschen ausgebildet wird, um in der nächsten Inkarnation zu erscheinen, läßt man ganz aus dem Spiele.

Vielleicht zeichne ich das schematisch in der folgenden Weise. Nehmen Sie an, ich zeichne hier des Menschen Leib (rot). Wollte ich nun das, was hinter des Menschen Leib liegt, zeichnen, so müßte ich es so

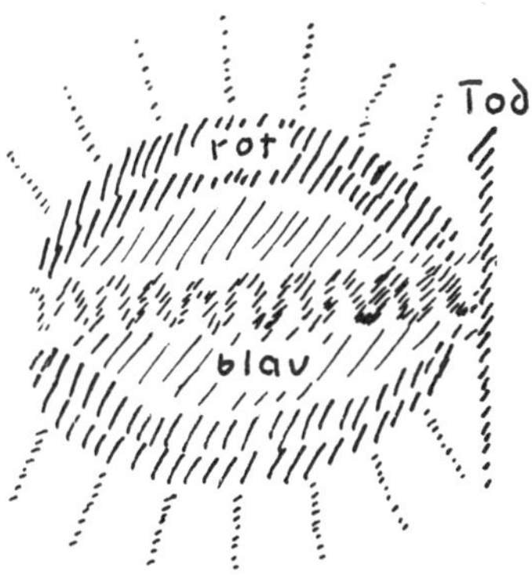

zeichnen. Das ist natürlich schematisch; es liegt gewissermaßen außerhalb des menschlichen Leibes. Ich müßte in Wahrheit hier zeichnen; das wäre nicht sichtbar. Das würde man sehen, wenn man durch die Nervenendigungen durchdringen würde. Wenn man nicht Atome der Welt zugrunde legen würde, sondern da hinausginge aus dem Leibe mit dem Schauen, so würde man dahin gelangen, wo die zerstörenden

Wesen den ganzen Menschen besetzt halten. Und nun will ich darinnen zeichnen das Seelische, das der Mensch zunächst in der physischen Welt entwickelt (blau). Das Rote und das Blaue sind also dasjenige, was der Mensch hier wahrnimmt: seine Leiblichkeit und sein Seelisches. Aber während wir hier zwischen der Geburt und dem Tode leben, entwickelt sich das Unwahrnehmbare (gelb). Das bleibt uns ganz unwahrnehmbar. Nun sterben wir. Wenn wir sterben, entwickelt sich unser Denken, Fühlen und Wollen nicht weiter. Es wird verbraucht, und während das verbraucht wird, entwickelt sich das hier Gelbe, das Unwahrnehmbare. Dieses Unwahrnehmbare wird immer mächtiger und mächtiger zwischen dem Tode und einer neuen Geburt und wird, indem es sich immer mächtiger entwickelt, zur Grundlage der neuen Verkörperung. Mit neuem Denken, Fühlen und Wollen, mit neuer Leiblichkeit werden wir wiederverkörpert.

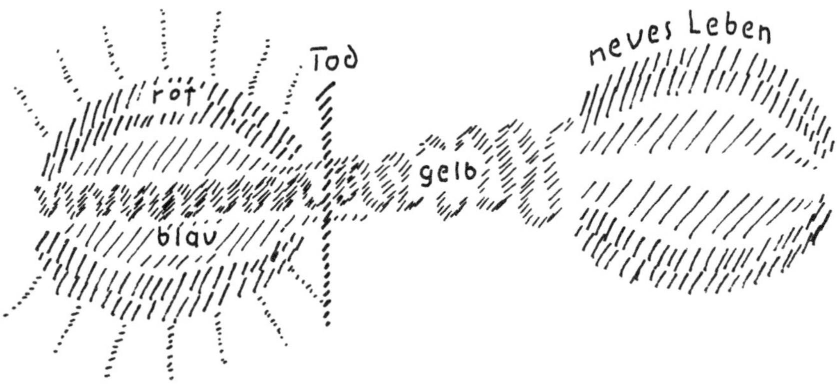

Wenn wir also von dem sprechen, was sich jetzt hier auf Erden unserer Seele offenbart, dann sprechen wir von etwas, was da aufhört, was gar nicht mitgeht in die nächste Inkarnation. Sprechen wir vom vollständigen Seelischen, dann müssen wir es lassen, so zu sprechen wie die Religionsvertreter: Der Mensch stirbt, geht in den Himmel ein oder in die Hölle, und weiter kümmern wir uns nicht mehr um ihn. – Das genügt nach der Ansicht gewisser Religionsvertreter, das ist schon unsterblich genug, das andere, das weitergeht zur nächsten Inkarnation, ist nicht so wichtig. Die Tatsache soll verhüllt werden, daß das Geistige in die geistigen Welten hineingeht und weiterlebt bis zur nächsten Inkarnation.

Nun können wir sagen: Es sind die Vertreter der verschiedenen Religionsgemeinschaften stark darauf bedacht, den Menschen ja nicht auf das Gelbe seines Wesens kommen zu lassen, ihn ja nichts davon wissen zu lassen. Und sie dienen damit – so kann man auch wiederum sagen – einem gewissen richtigen Instinkte, der aber eigentlich noch deutlicher zeigt, daß er in unserer Zeit schon seinen Wert verloren hat, als es der andere Instinkt uns zeigt, dem die Naturgelehrten folgen.

Alles Bestreben der Vertreter der verschiedenen Religionsgemeinschaften geht vorzugsweise ganz entschieden darauf hinaus, die Tatsache zu verhüllen, daß es eine geistige Welt gibt, der unser innerster Wesenskern angehört, welcher bestimmt ist, in wiederholten Erdenleben zu erscheinen und dazwischen ein wirklich geistiges Leben durchzumachen; sie dadurch zu verhüllen, indem man die Menschen damit tröstet, daß dasjenige der Seelenhaftigkeit, das sich im Denken, Fühlen und Wollen auslebt, schon genügend unsterblich sei.

Was da die Seelenpfleger instinktiv tun und denken, ist, daß sie die Menschen davon abhalten, wiederum mit gewissen Wesen in Berührung zu kommen. Man kann nie in die Welt, die unser wahres Inneres ist, eindringen, ohne in ähnlicher Art mit gewissen Wesen in Berührung zu kommen, wie man in der geschilderten Art mit gewissen Wesen in Berührung kommt, wenn man den Schleier der Natur durchstoßen will und kann; nur sind diejenigen Wesen, mit denen man jetzt in Beziehung kommt, luziferischer Art.

Sehen Sie, wenn der Mensch dadurch, daß man ihm ohne die nötige Vorsicht gewisse Lehren ausliefert, wirklich in Beziehung kommt mit gewissen zerstörenden Wesen hinter dem Schleier der Natur, dann wird er von solcher Art, daß er nichts schätzt in der Welt, und er wird bald zeigen, daß er Freude am Zerstören, am Vernichten hat. Es muß nicht immer Äußeres sein, was er vernichtet. Manche, bei denen das der Fall war, haben Freude gezeigt, andere Seelen zu quälen, zu schinden. Diese Eigenschaften treten da auf. Aber man kann nicht sagen, daß Menschen mit solchen Eigenschaften wegen des Bündnisses mit ahrimanischen Elementarmächten immer egoistisch sind. Sie brauchen gar keine Egoisten zu sein, sie sind es auch gewöhnlich nicht. Sie tun das aus einem ganz anderen Triebe, als aus einem egoistischen Triebe heraus. Sie tun es aus der Lust am Zerstören, und sie zerstören, auch wenn sie nicht das geringste davon haben. Die Wesen, in deren Sphäre man da kommt, sind wirklich zerstörende Wesen, und sie versuchen und verleiten einen zum Zerstören.

Die anderen Wesen, in deren Sphäre man kommt, wenn man hinter den Schleier des Seelenlebens geht, sind ganz anderer Natur. Die haben gar keine besondere Lust am Zerstören. Eigentlich kennen sie das, was man Zerstören nennt, gar nicht. Sie haben eine wahre Wut, zu schaffen, etwas entstehen zu lassen; sie haben einen ungeheuren Tätigkeits- und Produktionstrieb. Und auch sie haben gewisse höhere Fähigkeiten, die jetzt weniger mit unserem Denken verwandt sind, dagegen aber mehr verwandt sind mit unserem Fühlen und namentlich mit unserem Wollen. Da kommen wir in eine Sphäre hinein, wo Wesen sind, die eminent verwandt sind mit unserem Wollen, aber mit den edelsten Seiten unseres Wollens, kurioserweise.

Also wenn wir in der Welt zunächst, ohne daß wir etwas von dem wissen, was der Eingeweihte weiß – daß sowohl hinter der Naturwelt wie auch hinter der Seelenwelt eine geistige Welt ist –, wenn wir unser Wollen durchdringen, imprägnieren mit Idealen, wenn wir edles, vergeistigtes Wollen entwickeln und wir treten ein in diese Welt, dann wird dieses edle Wollen verbündet gerade mit den niederen Eigenschaften dieser Wesen, in deren Sphäre wir hineinkommen. Es ist ein geheimnisvolles Anziehungsband zwischen unserer edlen Willensseite und den niederen Trieben und Bedürfnissen dieser Wesenheiten.

Denken Sie nun, wenn ein Mensch einem Seelenpfleger gegenübersteht, der ihm zur Pflege seiner Seele den Trost der Unsterblichkeit gibt, den Wert der Menschenseele, den Wert des Göttlichen und so weiter, da kann es dazu kommen, daß durch einen geringfügigen Anstoß der Mensch, gerade wenn er ein edler Mensch war, das Seelenhäutchen an irgendeiner Stelle durchstößt und hinter die Geheimnisse des Denkens, Fühlens und Wollens kommt. Aber er kommt in die Region dieser Willenswesen hinein, und die Folge davon ist, daß wirklich nun gerade die ideale Seite des Wollens anfängt, einen sinnlichen Charakter anzunehmen. Und nun, bitte, lesen Sie mit diesen Geleitworten viele Beschreibungen von Mystikern und Mystikerinnen. Beachten Sie, wenn Sie Biographien von Mystikern und Mystikerinnen lesen, in welche schwüle Atmosphäre Sie da hineinkommen. Denken Sie nur, wie da die höchsten Ideale einen sinnlichen Charakter annehmen. Ich erinnere Sie nur an das starke Erleben von Mystikern und Mystikerinnen mit ihrer Seelenbraut und ihrem Seelenbräutigam, wo die mystische Vereinigung bei der Mystikerin wie eine sinnliche Vereinigung mit dem Heiland ist, oder bei dem Mystiker wie eine reale Verbindung mit der Seelenbraut, mit der Jungfrau Maria.

Es ist das Bestreben dieser Willenswesen, in unser Denken, in unsere Ideale hineinzugießen, was wir sonst nur als Sinnlichkeit kennen. Es ist ein schweres Wort, das man damit ausspricht. Diese Wesen, in deren Regionen man da hineinkommt, haben das Bestreben – und das ist von ihrem Standpunkte auch ganz gut –, ihre sinnlichen Instinkte in unser idealisiertes Wollen hineinzugießen. Und es ist dann so, als wenn in dem Wollen unseres Kopfes, das sonst eine gewisse Kühle hatte, nun ein schwüles Empfinden der geistigen Welt leben würde, was oft als Charakter heißer, schwüler Mystik auftritt. Davon haben die Vertreter verschiedener Religionsgemeinschaften eine heillose Angst, und vor nichts fürchten sich die Vertreter gewisser Religionsgemeinschaften mehr als vor denen, die in ihrer gläubigen Gemeinde sich als Mystiker auftun.

Es ist wirklich ein Skylla und Charybdis. Wollen wir durch den Vorhang der Natur durch, wir kommen an die Skylla, an die ahrimanischen Intelligenzwesen, die uns reichlich ausstatten wollen mit zerstörenden Intelligenzkräften. Wollen wir durch den Schleier der Seelenwesen hindurch, wir kommen an die Charybdis der Willenswesen luziferischer Art, die uns reichlich ausstatten wollen mit spirituellem Dunst, spiritueller Schwüle und spirituellen Instinkten.

Die geistlichen Orden, die das religiöse Leben besonders pflegen wollten, mußten daher mit einem gewissen Rechte darauf sehen, daß, wenn schon Mystiker in ihrer Mitte auftraten, diese Mystik wenigstens nicht mit ihren Schattenseiten auftrat. Daher richteten sie gewissermaßen auch Barrieren auf vor dem Eintreten in die geistigen Welten. Denken Sie nur einmal, wie gewisse religiöse Orden – ich meine nicht geheime Orden, sondern religiöse Orden – in Verbindung gebracht wurden mit äußerer Arbeit, mit solcher Arbeit, die in die Menschenseelen einziehen läßt die Freude an der Natur, die Freude an allem, was draußen in der Welt lebt, daß solche Orden, wenn sie das richtige Prinzip verstanden, äußere Handarbeit tun ließen. Denn diejenigen, die solche Orden gegründet haben, haben sich gesagt: Das Schlimmste, was wir tun können, ist, wenn wir die Menschen vereinsamen und in ihnen das mystische Leben sich entwickeln lassen, und dieses mystische Leben aus der Trägheit sich entwickelt, aus dem äußeren Nichtstun. – Lesen Sie die verschiedenen, aus den besseren Zeiten und aus den besseren Orden herrührenden Klosterregeln, so werden Sie überall sehen, wie auf das, was ich gesagt habe, voll Rücksicht genommen worden ist, wie da entgegengewirkt worden ist gegen die mystischen Dünste und gegen die mystische Schwüle durch äußere Arbeit. Jetzt werden Sie es auch begreifen, warum der Antonius den Paulus die Arbeit an sich schaffen ließ, selbst wenn sie auch keinen äußeren Zweck hatte. Denn hätte er den sich hinlegen und der Faulheit pflegen lassen durch Jahre hindurch, so wäre dieser Paulus der Einfältige ein ganz sinnlicher Mystiker geworden.

Sie sehen, mit einer Zweiheit haben wir es zu tun: mit dem objektiven Okkultismus, der, wenn er einfach den Menschen ausgeliefert wird, die nicht dazu vorbereitet sind, die Menschen zu zerstörerischen Wesen macht; und mit der subjektiven Mystik, die, wenn sie von den Menschen gepflegt wird, oder aufkommt, diese Menschen aus Idealisten zu Egoisten macht, zu Egoisten, wie sie uns entgegentreten in zahlreichen Mystikern, die nur einen raffinierteren Egoismus, eine raffiniertere Sucht, ihre Seele zu pflegen, entwickelten. Lesen Sie die Biographien der Mystiker, und Sie werden oftmals in der furchtbarsten Weise berührt sein von jenem seelischen Egoismus, der in solchen Mystikern lebt. Die Geister, die dem Ahriman dienen und in deren Sphäre wir hineingeraten, wenn wir nicht den Egoismus, sondern den Zerstörungssinn pflegen, sind die Skylla, in deren Bereich wir kommen. Pflegen wir die subjektive Mystik der luziferischen Willensgeister, in deren

Bereich wir kommen, dann wird von der anderen Seite die Charybdis an uns herantreten; denn diese pflegen ganz besonders den inneren Egoismus, so daß unser eigenes Innere uns die Welt bildet. Das ist die Zweiheit in der sinnlichen Welt: objektiver Okkultismus – subjektive Mystik. Beide können ihre Abwege haben.

Aber im Grunde genommen lebt in dem, was sich so durch Jahrhunderte hindurch entwickelt hat seit der neueren Zeit auf der einen Seite der objektive Okkultismus, in den geheimen Orden bewacht, aber nicht mehr richtig bewacht, weil die Leute nicht mehr richtig bewachen können, weil alles in die Öffentlichkeit dringt. Aber wir haben gesehen, welche Mühe die Leute gehabt haben, um irgendeinen Ausweg zu finden. Das habe ich in diesen Wochen gezeigt. Und auf der anderen Seite lebt die subjektive Mystik.

Was folgt daraus? Daraus erfolgt, daß, wenn wir eine Geisteswissenschaft begründen wollten, wir uns weder anziehen lassen durften von der Skylla noch von der Charybdis, sondern mitten durch mußten; daß wir weder pflegen konnten den alten, hergebrachten Okkultismus, noch pflegen durften die alten, hergebrachten Formen der Mystik. Und hier haben Sie noch tiefer erfaßt, was unserer geisteswissenschaftlichen Strömung die Richtung gibt. Beides, der objektive Okkultismus im alten Sinne wie die subjektive Mystik im alten Sinne, mußten vermieden werden, und unsere Geisteswissenschaft mußte einen Charakter haben, durch welchen sowohl die Skylla wie die Charybdis vermieden wird.

Ich werde Ihnen nun auseinanderzusetzen haben den Grundcharakter unserer Geisteswissenschaft, den sie haben muß, weil sie beide Klippen vermeiden muß. Aber es kann selbstverständlich nicht vermieden werden in der Gegenwart, daß auf mißverständliche Weise einerseits Menschen in unsere Richtung hereinkommen, die eigentlich einen alten objektiven Okkultismus suchen, und auf der anderen Seite Menschen hereinkommen, welche die alte subjektive Mystik suchen. Beide finden bei uns kaum, was sie suchen. Aber sie glauben zu finden, was sie suchen, indem sie unsere Lehre einfach umdeuten. Wie unsere Lehre sein muß, und wie wir sie auffassen müssen, damit wir zurechtkommen auf unserem geistigen Lebensschiffe, damit wir durchkommen zwischen der Skylla und Charybdis, davon muß ich doch noch morgen sprechen.

ZEHNTER VORTRAG

Dornach, 25. Oktober 1915

Wollen wir auf diejenigen Dinge eingehen, die uns jetzt interessieren müssen, so ist es notwendig, daß wir einmal von einer gewissen Seite her den Begriff des menschlichen Bewußtseins, so wie es heute einmal ist, klar ins Auge fassen. Bringen wir uns einige Eigentümlichkeiten dieses Bewußtseins, von denen wir in den letzten Tagen und Wochen gesprochen haben, vor die Seele. Wir wissen, daß dieses menschliche Bewußtsein zunächst so eingerichtet ist, daß es den Menschen, so wie er gegenwärtig ist, auf dem Gebiete hält, das wir in diesen Tagen in einer gewissen Weise umgrenzt haben. Dieses Bewußtsein hält den Menschen innerhalb eines Gebietes, das auf der einen Seite abgeschlossen ist durch den Schleier, den die Naturerscheinungen vor uns hinstellen – hinter diesen Schleier kann zunächst das menschliche Bewußtsein nicht dringen –, auf der anderen Seite ist der Schleier unserer eigenen Seelenerlebnisse: unseres Denkens, Fühlens und Wollens. Unser Bewußtsein ist nun so eingerichtet, daß wir in der Lage sind, wenn wir uns innerlich anblicken, unser Denken, Fühlen und Wollen bis zu einem gewissen Grade menschlich zu erleben, bewußt zu erleben. Aber hinter den Schleier können wir wiederum nicht dringen. Dahinter liegt dann eine wirkliche Welt. So daß wir sagen können: Wenn wir den Schleier der Naturerscheinungen auf die eine Seite stellen und uns dahinter die objektive Wirklichkeit gesetzt denken, so ist unser Bewußtsein nach dem Schleier hin gerichtet, der zunächst nicht durchstoßen werden soll. Auf der anderen Seite sind die Seelenerscheinungen (siehe Zeichnung Seite 173); dahinter liegt die subjektive Wirklichkeit. Da blicken wir hinein, aber wir können den Schleier nicht ohne weiteres durchstoßen. – Innerhalb dieser Grenzen, innerhalb dieser zwei parallelen Linien liegt also unser gegenwärtiges Bewußtsein, dem auf der einen Seite, indem es hinausblickt durch die Sinnesorgane, die Naturwelt, auf der anderen Seite, indem es in sich hineinblickt, die Seelenwelt gegeben ist; von der Naturwelt also das, was sich als Vorhang zeigt; von der Seelenwelt das, was sich dem unmittelbaren inneren Anblick darbietet. So ist unser Bewußtsein, welches wir als Menschen gegenwärtig haben, eben eingerichtet.

Wir wissen ja, daß sich dieses Bewußtsein unterscheidet von dem früheren Bewußtsein, das noch als altes hellseherisches Erbstück hereinragt; aber wir wissen auch, daß diese alten hellseherischen Erbstücke dem Menschen immer mehr abhanden gekommen sind, daß jetzt unser Bewußtsein, wenn es normal funktioniert auf dem physischen Plane, so beschaffen ist, wie wir es charakterisieren konnten.

Nun kann die Frage aufgeworfen werden: Warum haben wir als Menschen denn gegenwärtig gerade dieses so besonders geartete Bewußtsein? Aus dem Grunde, weil wir während unseres gegenwärtigen Entwickelungszyklus neben alledem, was schon charakterisiert worden ist, uns das richtige Verhältnis anzueignen haben, in dem eine Menschenseele zu der anderen Menschenseele im Weltall stehen soll. Also diese Bewußtseinsform hat eine ganz bestimmte Aufgabe.

Sie wissen, wir sind früher in der Sonnen- und Mondenzeit und so weiter durch andere Bewußtseine durchgegangen und wir werden später, in der Jupiter-, in der Venuszeit durch andere Bewußtseine durchgehen. Wir bereiten uns nach und nach zu den verschiedenen Bewußtseinen vor. Jetzt, im gegenwärtigen Entwickelungszyklus, sollen wir durch die Art, wie wir mit der Welt leben, diese Bewußtseinsform in uns entwickeln; und neben alledem, wozu diese Bewußtseinsform in bezug auf das Moralische herangebildet werden soll, ist auch das, daß wir durch diese Bewußtseinsform in das richtige Verhältnis von Menschenseele zu Menschenseele kommen können, in dem wir vor dem Beginn der Erdenzeit noch nicht waren, und ohne das wir, wenn wir es uns während der Erdenzeit nicht angeeignet haben, während der Jupiter-, Venus-, Vulkanzeit nicht bestehen können. Also wir müssen uns durch diese Bewußtseinsform noch aneignen das richtige Verhältnis von Mensch zu Mensch.

Nehmen wir die Entwickelung, wie sie unserer Erdenzeit voranging in der Saturn-, Sonnen- und Mondenzeit. Da war der Mensch noch nicht in diesem Sinne im richtigen Verhältnisse zu den anderen Menschen. Er stand in gewissem Sinne den anderen Menschen zu nahe. Noch während der Mondenzeit war es so – Sie können das aus verschiedenen Schilderungen, die ich gegeben habe, entnehmen –, daß, wenn einer etwas wollte, das auf den anderen Menschen weiterwirkte. Der andere Mensch verspürte gewissermaßen den Willen seines Nebenmenschen. Und daß es in der richtigen Weise geschah, das regelten die Geister der höheren Hierarchien.

Diese Regelung durch die Geister der höheren Hierarchien würde, wenn sie fortdauerte, den Menschen niemals im Kosmischen ganz zur Freiheit kommen lassen. Es mußte einmal diese Regelung aufhören. Daher mußte eine solche Bewußtseinsform eintreten, die möglich machte, daß zwischen Mensch und Mensch gewissermaßen eine Grenze da war. Dadurch, daß wir auf der einen Seite nicht durch die Natur, auf der anderen Seite nicht durch die Seelenwelt durchschauen, dadurch ist das Verhältnis von einer Seele zur anderen Seele wirklich so, daß auch zwischen zwei Seelen eine gewisse Grenze geschaffen wird. Diese Grenze ist gerade durch unsere gegenwärtige Bewußtseinsform vorhanden. Es ist ja eine besondere, charakteristische Eigenschaft unserer gegenwärtigen Bewußtseinsform, daß wir eigentlich Spiegelungen empfinden. Das gilt natürlich auch für unseren Verkehr zwischen Mensch und Mensch. Dadurch, daß wir, wenn wir dem Menschen gegenübertreten, für unsere gegenwärtige Bewußtseinsform namentlich eine Spiegelung des Bewußtseins in sich selbst haben, können wir nicht so brutal an den Menschen herantreten, daß wir den Inhalt unseres Bewußtseins in seine Seele hineinergießen. Ist also unser Bewußtsein normal gut entwickelt, so verhindert es uns daran, daß wir dem Bewußtsein der anderen zu nahe treten. Ich könnte auch sagen: unsere Bewußtseins- und Intelligenzkräfte sind so angeordnet, daß wir weder einen zu großen Einfluß auf den anderen Menschen nehmen können, noch daß der andere Mensch einen zu großen Einfluß auf uns nehmen kann, weil wir durch die Spiegelung unseres Bewußtseins von dem anderen Menschen getrennt sind.

Das ist eine sehr bedeutsame Sache, die man recht sehr ins Auge fassen sollte zum Verständnis der menschlichen Entwickelung. Wenn irgendwo ein Defekt im normalen Bewußtsein auftritt, so sehen Sie gleich, wie die Dinge eigentlich stehen. Denken Sie sich einmal nur einen Menschen, dessen Bewußtsein nicht ganz normal entwickelt ist, der, sagen wir, ein bißchen von dem hat, was man vielleicht mit einem ärgerlichen, aber manchmal recht zutreffenden Worte in den letzten Wochen «mystische» oder sonstige «Verschrobenheit» genannt hat. Nehmen wir an, das Bewußtsein wäre nicht ganz normal, sondern neigte zu allerlei Phantasien, die gestützt wären durch gewisse abnorme Bewußtseinserlebnisse, abnorm für unsere Zeit: Sie werden immer wieder erleben, daß solche abnorme Bewußtseine auf andere Seelen einen viel größeren Einfluß haben als das normale Bewußtsein. Ein Mensch, der, wenn ich es etwas grob ausdrücken soll, ein wenig verrückt ist nach irgendeiner Richtung hin, hat auf seine Mitmenschen einen viel größeren Einfluß als ein normaler Mensch; und der Normale muß sich schützen durch Verstärkung seines Bewußtseins, um nicht einen Einfluß von dem Abnormen zu erfahren. Der Abnorme bedeutet immer, solange er nicht erkannt ist, eine gewisse Gefahr für seine Mitmenschen, weil sie sich zu stark von ihm beeinflussen lassen, weil sie ihn zu leicht für etwas Besonderes halten. Gerade da, wo der Spiegel des Bewußtseins etwas durchlöchert ist, wo das Bewußtsein nicht klar sieht, da geht durch das Loch des Bewußtseins ein zu starker Einfluß hinüber auf den anderen Menschen.

Also unser Bewußtsein erwerben wir uns in der gegenwärtigen Entwickelungszeit, um in das richtige Verhältnis von Menschenseele zu Menschenseele im Weltall gesetzt zu werden.

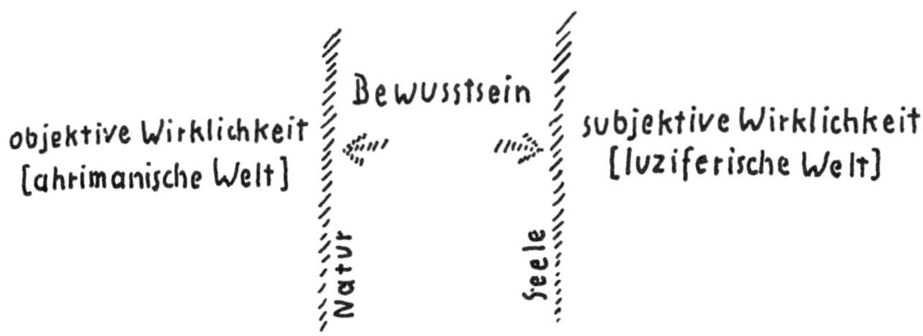

Nun können wir sagen – aus dem, was ich Ihnen in den letzten Tagen erläutert habe, geht das klärlich hervor: Da, jenseits des Schleiers der Natur, liegt die ahrimanische Welt mit all den Wesenheiten, die ich Ihnen geschildert habe. Da, jenseits des Schleiers des Seelenlebens, liegt die luziferische Welt mit all den Eigentümlichkeiten, die ich Ihnen geschildert habe. Der Mensch ist also gewissermaßen eingeschlossen zwischen der ahrimanischen und luziferischen Welt. Geht er nur ein wenig über sein Bewußtsein hinaus gegen die Natur zu, dann kann er gar nicht anders, als mit der ahrimanischen Welt Bekanntschaft zu machen. Geht er mit seinem Bewußtsein heraus gegen die Seelenwelt hin, so kann er nicht anders, als mit der luziferischen Welt Bekanntschaft zu machen.

Nun haben wir eine gewisse Zeit hinter uns, in der die Menschen davor geschützt waren, nach der einen oder anderen Seite zu stark vorzustoßen. Aber wir leben jetzt wieder in einer Übergangszeit, wo es gar nicht anders sein kann, als daß die Menschenseelen nach der einen oder anderen Seite vorstoßen. Es geht gar nicht anders, als daß solch ein Vorstoß nach der einen oder anderen Seite geschieht. Das läßt sich nicht anders machen; das muß geschehen. Das fordert wieder die Zeitenentwickelung von den Menschen, denn die Sache ist die folgende.

Wir leben jetzt in der Entwickelung der Bewußtseinsseele, wie Sie wissen, und gehen entgegen der Entwickelung des Geistselbst. Solch eine Entwickelung bereitet sich lange vor. Wenn sich dieses Geistselbst einmal vollständig entwickelt haben wird in der sechsten nachatlantischen Kulturperiode, dann wird das menschliche Seelenleben in vieler Beziehung ein anderes sein als jetzt. Es wird der menschliche Intellekt eine viel objektivere Macht haben, als er sie jetzt hat. Er wird viel objektiver leben. Die Menschen gehen schon diesem viel objektiveren Leben des Intellekts entgegen. Man kann das überall sehen. Ich habe das an verschiedenen Stellen meiner Vorträge immer wieder und wieder charakterisiert. Die Menschen gehen einem Seelenleben entgegen, von dem man sagen kann, daß der Intellekt sich wie eine Art öffentlicher Macht unter den Menschen ausbreitet; wirklich wie eine Art öffentlicher Macht, der sich die Menschen fügen sollen, wie eine Art objektiver, außer den Menschenseelen wirkender Macht.

Wir leben jetzt noch in einer Zeit, in der eine ganze Anzahl von Menschen sich durch eine gewisse starke Ausprägung ihrer Individualität vor dieser objektiven Macht schützen. Aber das wird immer weniger und weniger möglich sein, je mehr wir dem sechsten nachatlantischen

Zeitraume entgegengehen. Es wird wirklich eine Zeit kommen, in der Erscheinungen, die jetzt erst im Anfange sind, viel, viel stärker auftreten werden. Jetzt schon kann man, wenn man in der Lage ist, die Welterlebnisse in der richtigen Weise zu taxieren in bezug auf diesen Punkt, sich einige richtige Urteile bilden. Man kann zum Beispiel jetzt schon beobachten, wie da oder dort dieses oder jenes geschrieben wird. Man weiß ganz genau, daß die Schreiber gewisser Journale eigentlich weit entfernt davon sind, nur das zu sagen, was aus ihrer Seele entspringt. Sie vertreten die Intelligenz gewisser Kreise, die Intelligenz, die so objektiv wuchert und deren Sprachrohr sie nur sind. Es ist außerordentlich bedeutsam, daß man das ins Auge faßt, denn das ist eine Erscheinung, die immer mehr überhandnehmen wird.

Nun aber besteht eine ganz bestimmte Perspektive. Wenn sich die Intelligenz einiger Menschen objektiviert – und sie objektiviert sich schon, seitdem es eine öffentliche Literatur gibt –, dann bekommt Ahriman immer mehr und mehr die Möglichkeit, sich der Intelligenz der Menschen zu bemächtigen. Das ist eine Perspektive, die uns die Geisteswissenschaft vor die Seele stellen muß, denn Ahriman hat immer das intensivste Bestreben, die Menschen um ihren individuellen Verstand zu bringen und ihn sich selbst anzueignen, so daß der menschliche Verstand nach der Meinung Ahrimans in ahrimanische Gewalt übergehen sollte. Ahriman hat eigentlich – wie ich Ihnen das gesagt habe bei seinen Dienern, deren höhere Intelligenzkräfte mit den niederen Menschenkräften eine geheimnisvolle Verbindung haben – immer das Bestreben, den Menschenverstand sich anzueignen und den Menschen nicht darauf kommen zu lassen, was alles sein Verstand kann. Nehmen Sie die letzte Szene zwischen Benedictus und Ahriman, in dem Mysteriendrama «Der Seelen Erwachen». Bevor Ahriman verschwindet, sagt er die Worte:

Es ist jetzt Zeit, daß ich aus seinem Kreise
Mich schnellstens wende; denn sobald sein Schauen
Mich auch in meiner Wahrheit *denken* kann,
Erschafft sich mir in seinem Denken bald
Ein Teil der Kraft, die langsam mich vernichtet.

Darin liegt ein tiefes Geheimnis, das derjenige, der sich für die Geisteswissenschaft interessiert, erkennen soll. Die Menschen müssen sich bestreben, gegen die Zukunft hin ihren Verstand individuell, richtig individuell handhaben zu lernen, ihren Verstand nicht unbewacht zu lassen; ja, ja niemals ihren Verstand unbewacht zu lassen. Das ist sehr notwendig, und es ist gut, wenn man weiß, in wie schönen, starken, vollen Worten Ahriman an die Menschen herantritt und versucht, wenn es auch der Mensch sich nicht gefallen lassen will, aber wie doch Ahriman versucht, den Menschen den Verstand – verzeihen Sie den Ausdruck – wie die Würmer aus der Nase herauszuziehen.

Immer mehr werden die Menschen es nötig haben, auf solche Momente zu achten. Denn gerade solche Momente benutzt Ahriman zu seinem Handwerk, wo der Mensch bei vollem Tagwachen in eine Art von Schwindelzustand kommt, in eine Art von bewußtem Dämmerungszustand, wo er sich nicht recht heimisch fühlt in der physischen Welt, wo er beginnt, sich dem Zirkeltanz des Universums zu überlassen, wo er nicht mehr gehörig als Individualität auf seinen Beinen und Füßen stehen will. Das sind die Momente, wo man sich hüten muß, denn da bekommt Ahriman leicht Oberwasser in unserer Umgebung.

Wir schützen uns am besten dadurch, wenn wir uns immer mehr und mehr bestreben, ein klares und genaues Denken zu entfalten, so genau wie möglich zu denken, nicht einfach so hinzuhuschen im Denken über die Dinge, wie das heute gerade gesellschaftlicher Usus ist. Nicht hinwegspringen über die Dinge, sondern klar denken. Man sollte sogar noch weiter gehen: Man sollte versuchen, sich immer mehr und mehr zu hüten, gangbare Redensarten und Worte zu gebrauchen. Denn in dem Augenblick, wo man gangbare Worte gebraucht, die man nicht aus dem Gedanken, sondern aus der Sprachgewohnheit heraus hat, wird man, wenn auch nur für einen kurzen Moment, gedankenlos. Und das sind ganz besonders gefährliche Momente, weil man nicht darauf achtet. Man sollte darauf achten, daß man es vermeidet, solche Worte, bei denen man nicht genügend nachdenkt, zu gebrauchen. Eine solche Selbsterziehung sollte derjenige, der es mit den Aufgaben der Zeit ernst nimmt, gerade in solchen Intimitäten in ganz hervorragendem Maße in Angriff nehmen, und Sie werden das dazu Nötige leicht zusammendenken können nach dem, was ich in diesen Tagen zum Ausdruck gebracht habe.

Aber auch Luzifer hat das Bestreben, den Menschen durch seinen Willen dahin zu bringen, daß er nicht aus durchdachten, durchgeistigten Impulsen heraus handelt, sondern aus Impulsen, die dem bloßen Temperament, den bloßen Neigungen entspringen. Da wieder greift Luzifer ein und macht uns zu seiner Beute. Und er wird seine Beute am besten finden, wenn möglichst viele Menschen Neigungs-, Temperamentsimpulse entwickeln, die in den dunklen Untergründen des Seelenlebens wirbeln und wurzeln, die nicht in der individuellen Sphäre sind. Wenn wir Temperamentsimpulse und andere dunkle Neigungen in uns gegenwärtig sein lassen, die uns in Zusammenhang bringen mit Menschengruppen, die also sich dadurch charakterisieren, daß man sich als Angehöriger einer Menschengruppe fühlt, dann kommt man gleich in einen Wirbel hinein, in dem einem das individuelle Willensurteil entrissen wird. Und das darf einem nicht entrissen werden, sonst bekommt Luzifer eine zu große Macht über uns. Wir müssen versuchen, uns objektiv zu machen in dieser Beziehung.

Auch das kann für Luzifer günstige Momente entwickeln, wo das Gemüt gewissermaßen aus der Sphäre des normalen Bewußtseins etwas abirrt. Das sind dann radikale Erscheinungen. Aber die intimeren Erscheinungen sind schon diejenigen, wenn wir uns aus dunklen Zusammengehörigkeitsgefühlen und dergleichen bestimmen lassen. Die auffälligeren, radikaleren Abirrungen des Bewußtseins sind diejenigen, wenn der Wille defekt wird, irgendwie schwach wird, wo der Mensch nicht mehr anders kann, als sich seinem Seelenleben hinzugeben, ich möchte sagen, mit partiellem Ausschluß seines Willens.

Diese besonders radikalen Erscheinungen haben die neueren Ärzte sogar schon auf gewisse Termini gebracht. So sprechen die neueren Ärzte schon von Zwangsvorstellungen. Solche Zwangsvorstellungen treten bei den Menschen auf, die ihr Bewußtsein nicht in einer geregelten Form eingerichtet haben, wie es für den physischen Plan sein soll. Wenn nicht das genügende Quantum Wille im Bewußtsein ist, dann treten Vorstellungen auf, die der Mensch nicht aus dem Bewußtsein fortschaffen kann. Zwangsvorstellungen, wie man sie nennt, treten auf. Sagen wir zum Beispiel – ich will ein Beispiel anführen, das in Kliniken beobachtet worden ist –, ein Mensch hat einmal gesehen, wie ein mit Gesichtskarzinom behafteter Mensch in ein Haus gegangen ist. Er hat die Geschwulst im Gesicht gesehen und ist ein schwacher Mensch in bezug auf den Willen; seine Willensimpulse sind nicht stark genug. Seitdem er nun diesen Menschen mit dem Gesichtskrebs gesehen hat, glaubt er, daß überall Krebskeime vorhanden sind, und er kann nicht anders, als überall, wo er hinkommt, Krebskeime zu vermuten, das heißt, er hat nicht genug starken Willen, um diese Vorstellung, die dazumal erregt worden ist, ins Unterbewußtsein hinunterzudrücken. Das ist ein besonderer Fall von Zwangsvorstellung. Aber so etwas tritt in großer Mannigfaltigkeit bei Menschen auf, die in der Willenssphäre nicht genügend entwickelt sind. Da bekommt Luzifer dann leicht über sie Gewalt. Eine andere Abirrung des Bewußtseins haben die neueren Ärzte die Berührungsfurcht genannt, die sich dadurch ausdrückt, daß Menschen, deren Willenssphäre zu wenig stark entwickelt ist, vor jeder Berührung mit anderen Menschen oder Gegenständen zurückschrecken, also nicht berührt sein wollen von anderen Menschen oder Gegenständen. Die Berührungsfurcht ist ein ganz bestimmter Terminus der neueren Psychiatrie.

So könnten wir noch viele solcher Abirrungen des Bewußtseins anführen. In diesen Abirrungen zeigt sich gerade, wie unser Bewußtsein normalerweise beschaffen sein muß für den physischen Plan. Nun sind wir aber einmal in einer Zeit, in der es nicht anders möglich ist, als daß sich uns gewisse Wesen enthüllen, sowohl von der Seite hinter dem Schleier der Natur als auch von der Seite hinter dem Schleier der Seelenwelt. Es müssen sich uns die Dinge enthüllen, denn gerade wenn sich uns die Dinge nicht enthüllen, so wird das für die weitere Entwickelung der Menschen gefährlich. Gerade wenn Ahriman und Luzifer nicht in ihrem Zusammenhange mit der menschlichen Entwickelung bemerkt werden, so wird das eine gefährliche Sache für die Menschen werden. Dann nämlich, wenn sie nicht bemerkt werden, können sie am besten wirtschaften. Ich will Ihnen das in bezug auf das ahrimanische Wirtschaften durch eine kleine Anekdote klarmachen, die wahrer ist als wahr, da sie wahrhaft ist.

In einem Dorfe kam einmal ein Fremder an, der ein Bekannter des Bürgermeisters war. Er kam zu Pferde an und ritt in das Dorf hinein. Dem Dorfe war das eine interessante Erscheinung. Die Leute liefen auf die Straße und sahen dem Fremden nach. Der stellte sein Pferd in dem Stalle des Bürgermeisters ein und verweilte vom Sonnabend über den Sonntag im Hause des Bürgermeisters. Am Montag wollte er abreisen und verlangte sein Pferd. Da sagte der Bürgermeister: Du bist doch zu Fuß gekommen, du hast doch kein Pferd gehabt. – Alle Einwände dagegen wurden von dem Bürgermeister mit den Worten beantwortet: Du hast doch kein Pferd gehabt. – Endlich sagte er: Dann fragen wir doch einmal die Leute im Dorfe, die müssen dich doch gesehen haben, als du ins Dorf hineinrittest. – Er ließ also alle Leute im Dorfe kommen und fragte sie, ob sie den Mann nicht zu Fuß haben kommen sehen, und alle sagten: Ja. – Nachdem alle dieses Zugeständnis gemacht hatten, sagte er: Nun schwört mir alle, daß der Mann zu Fuß gekommen ist. – Und alle schworen, daß dieser Mann zu Fuß gekommen sei. Er mußte also zu Fuß und ohne Pferd das Dorf wieder verlassen. Nach einiger Zeit ritt der Bürgermeister ihm nach und brachte ihm sein Pferd. Darauf sagte der Mann: Wozu war denn nun diese ganze Komödie? Darauf erwiderte der Bürgermeister: Ich wollte dir nur meine Gemeinde vorstellen!

Selbstverständlich war da Ahriman im Spiele, und er hat als objektive Macht gewirkt; ganz gut hat er gewirtschaftet. Die Anekdote ist wahrer als wahr, denn sie vollzieht sich fortwährend unter uns. Das ganze menschliche Leben tendiert dahin, die Leute, die auf das Nichtvorhandensein des Pferdes schwören, immer zahlreicher zu machen.

Wir müssen also streng darauf achten, daß wir das konkreteste Bewußtsein haben, weil nur das ein gutes, richtiges Bewußtsein für unser Erdenleben jetzt ist. Wenn Sie alles das zusammennehmen, was Sie verfolgen können aus meiner «Geheimwissenschaft im Umriß», aus den acht Meditationen «Ein Weg zur Selbsterkenntnis des Menschen», aus dem Buche «Die Schwelle der geistigen Welt», aus dem Buche «Wie erlangt man Erkenntnisse der höheren Welten?» und aus manchen Vortragszyklen, dann werden Sie sehen, daß da Wege angegeben werden, um in die entsprechenden Gebiete schon hineinzukommen. Die Wege werden so angegeben, damit die Menschen in der richtigen Weise, gut vorbereitet, hinter die Natur und hinter die Seele kommen. Da werden die Wege beschrieben, durch die man in der richtigen Weise hinter die Kulissen des Daseins kommen kann. Aber die Tendenz, das subjektive Streben sehr vieler Leute geht eigentlich nicht darauf aus, dahin zu gelangen, wohin man gelangen wollen sollte, wenn ich so sagen darf, wenn man das in diesen Schriften Angedeutete treulich befolgt. Denn in diesen Schriften wird klärlich angedeutet, daß man eigentlich aus der normalen Bewußtseinsform herausgehen soll, wenn man in die andere Welt hineingehen will, daß man aus diesen normalen Bewußtseinsformen heraus und zu einer anderen Bewußtseinsform kommen muß.

Das ist wichtig zu wissen. Denn es besteht eine Tendenz bei den meisten Menschen, auch bei sehr vielen unserer Freunde, nur nicht aus dieser Bewußtseinsform hinauszugehen, sondern darinnen zu bleiben und dennoch die geistige Welt in das gewöhnliche Bewußtsein hereinzubringen: also nicht das Ich hinauszutragen, sondern in das Ich hineinzutragen die geistige Welt. In das gewöhnliche Bewußtsein soll man das Wissen von der geistigen Welt, nicht diese selbst hereintragen wollen. Wenn Sie nun treulich befolgen, was in den angedeuteten Schriften enthalten ist, so geht das so vor sich, daß Sie in Zustände versetzt werden, durch die Sie die geistige Welt erleben, und durch die Sie Erlebnisse aus dieser geistigen Welt in das Normalbewußtsein hereinnehmen können. Und dann erleben Sie nicht, während Sie in einem

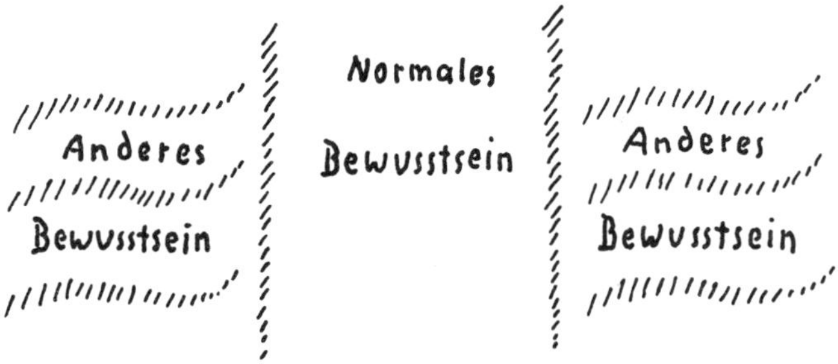

anderen Bewußtsein sind, dasjenige, worum es sich handelt, in Ihrem Normalbewußtsein, sondern sie erleben es da vielleicht zu einer ganz anderen Zeit. Aber viele wollen das nicht; sie wollen das, um was es sich handelt, einfach im normalen Bewußtsein erleben. Es soll aber aus einem anderen Bewußtsein in das normale treten. Bei vielen unserer Freunde ist aber das Bestreben vorhanden, Visionen im normalen Bewußtsein zu haben und nicht etwas wie eine Art Rückerinnerung an ein anderes Bewußtsein. Haben Sie aber im normalen Bewußtsein Visionen, das heißt, wollen Sie im Grunde genommen nicht ein anderes Bewußtsein entwickeln, sondern das gewöhnliche Bewußtsein beibehalten, aber trotzdem in die geistigen Welten hineinschauen, so bedeutet das: man will eigentlich nicht ernsthaft aus seinem Bewußtsein heraus, sondern man will darinnen bleiben, und da sollen sich einem Gestalten darstellen, die eigentlich so ausschauen wie Gestalten der sinnlichen Welt. Das heißt, es streben viele danach, Geister oder Geistertaten zu sehen, aber diese gar nicht anders zu sehen, als wie sie die sinnlichen Dinge auch sehen. Sie möchten einen Geist sehen, aber dieser Geist soll ein Mann, eine Frau oder ein Tier, zum Beispiel ein Pudel sein. Ein Pudel, ein Mann oder eine Frau, die sind hier in der physischen Welt für das physische Bewußtsein. Aber in der anderen Welt ist es nicht so, daß man eine Frau, einen Mann oder einen Pudel sieht. Da muß man sich klar sein: der eigentliche Vorgang liegt außerhalb des gewöhnlichen Bewußtseins. Das, was ins Bewußtsein eintritt, ist höchstens ein Bildliches, ein Nachbild, das hinterher erscheint. Kurz, man darf nicht das Bestreben haben, in der geistigen Welt gleichsam nur eine Art feinerer Sinnenwelt haben zu wollen. Auf der anderen Seite darf man nicht das Bestreben haben, in der geistigen Welt etwas zu haben, was so spricht, wie Menschenworte auch sprechen, nur daß sie aus der geistigen Welt herauskommen. Die Freunde möchten oftmals nur so zuhören den Stimmen, die zu ihnen sprechen; aber diese Stimmen sollen ähnlich sein denen der physischen Welt, es sollen auch diese nur eine andere Ausgabe, eine feinere Ausgabe der physischen Welt sein. Also es möchten die Freunde hineinkommen in diesem gewöhnlichen Bewußtsein, das nur für die physische Welt ist, in die geistige Welt.

Es sind wirklich die meisten Visionen oder Stimmen, von denen einem erzählt wird, von dieser Art, die ich eben charakterisiert habe. Da liegt aber eine bestimmte Tatsache vor: Wenn wir solche Visionen haben oder solche Stimmen hören, dann haben immer Luzifer und Ahriman ein leichtes Spiel mit uns, dann bemächtigen sie sich dieser Dinge und nehmen sie für sich in Anspruch, denn die Menschen haben das Bestreben, alles das eigentlich ins Unrichtige hinein zu interpretieren. Werden diese Dinge in der richtigen Weise interpretiert, dann haben Luzifer und Ahriman nichts davon.

Sie sehen, da liegen Unterscheidungen vor, die wirklich richtig beachtet werden müssen. Wir müssen also uns ganz bewußt bleiben der Möglichkeit: sobald wir ins gewöhnliche Bewußtsein, das eigentlich nur für die physische Welt geartet ist, irgend etwas anderes hereinbringen, kommen wir zu der Skylla und Charybdis von Ahriman und Luzifer. Ahriman und Luzifer in dieser Beziehung als reale Mächte anzuerkennen, dazu müssen wir uns schon durchringen. Daher wurde ein so großes Gewicht gelegt auf die Beziehung zwischen Ahriman und Luzifer, und deshalb wurde auch unsere Statue so aufgebaut, damit das auch bildlich richtig vorgeführt werde.

Nun könnten Sie sagen: Wenn die Dinge so stehen, wäre es denn wirklich nicht gescheiter, daß man es machen würde wie die Naturforscher, welche die Dinge so darstellen, daß Ahriman zwar in dem darinnen ist, was sie sagen, aber trotzdem Ahriman nicht gelten lassen wollen? Oder es machen wie die gewöhnlichen Seelenpfleger der einzelnen Religionsgemeinschaften, die die Sache so darstellen, daß Luzifer überall darinnen ist, aber es auch nicht sagen? Sie betrachten es als etwas Schlimmes, wenn man erfährt, daß da das Tor ist für Luzifer. – Aber wer so sagt in unserer Zeit, der spricht nicht sehr klug. Denn zu sagen: Dann ist es gescheiter, man macht es so, wie die Naturphilosophen und die Seelsorger der einzelnen Religionsgemeinschaften –, das käme in bezug auf das Seelische dem Verlangen gleich, jemandem, der einen Abgrund überqueren soll auf einem Brett, das nicht sehr breit ist und der eine ziemliche Strecke über dieses Brett gehen soll, nicht zu sagen, daß er sich in Gefahr begibt. Das zu sagen, stellt sich aber als Notwendigkeit heraus. Sonst ist es so, wie wenn man sagen würde: Es ist richtig, daß der Mann in Gefahr kommen kann, es ist aber gescheiter, ihm davon nichts zu sagen. – Dadurch, daß man von den Dingen weiß – und man wird davon wissen müssen –, wird die Gefahr nicht größer und nicht kleiner.

Es wird eine Zeit kommen, wo sich Ahriman des Verstandes und Luzifer des Willens der Menschen wird bemächtigen wollen, und dem kann nur dadurch entgegengearbeitet werden, daß diese Dinge erkannt werden; und erkannt werden können sie nur durch eine entsprechende geisteswissenschaftliche Bewegung. Es ist sehr merkwürdig zu sehen, wie Ahriman und Luzifer am Werke sind, wie sie Dinge vollführen, durch die sie nicht bemerkt werden. Interessant ist es, wenn man die neuere Psychiatrie von diesem Gesichtspunkte aus studiert. Diese moderne Psychiatrie hat wirklich viele Dinge erkannt, die als Tatsachen vorliegen, die aber nicht in der richtigen Weise charakterisiert werden können, weil man nicht in Betracht zieht, daß diese geistigen Gewalten, die hinter der Schwelle liegen, an den Menschen herankommen. Sehen Sie, da will ich Ihnen eine Stelle, die sehr interessant ist, vorlesen aus einem Buche von *Cullerre*. Der sagt, mit Bezug auf eine gewisse Tendenz der modernen Psychiatrie, eine sehr merkwürdige Sache. Nicht wahr, die moderne Psychiatrie geht darauf aus, alles, was im Menschen nicht ganz durchschnittlich normal ist, was ein gewisses Niveau nach der einen oder anderen Seite verläßt, in die Nähe des Irrsinns zu bringen. So gibt es zahlreiche Abhandlungen, welche in der Jungfrau von Orleans nur eine hysterische Persönlichkeit sehen. Jetzt häufen sich nach und nach auch solche Abhandlungen, welche in dem Christus Jesus einen nicht ganz normalen Menschen sehen. Cullerre sagt also: Es gibt noch Menschen, «die außer sich sind vor Entrüstung bei dem Gedanken, daß die Wissenschaft, welche doch nichts, was sie berührt, entweihen kann, sich imstande glaubt, den Teil Narrheit abzuwägen, welcher sich der Weisheit eines Sokrates oder dem Genie eines Pascal beigemischt finden kann.» Es gibt auch Abhandlungen, die Goethes Narrheit nachweisen und dergleichen.

Da haben wir direkt ahrimanische Wissenschaft, aber falsche ahrimanische Wissenschaft, eine Wissenschaft, die sich bemüht zu zeigen, wie *Goethe* in gewisser Beziehung zwar ein moralisches Genie ist, aber wie er dazu nur dadurch kommen konnte, daß seinem Wesen ein gewisses Quantum Narrheit beigemischt war. *Sokrates* hat das besser gewußt: er hat von seinem Dämon gesprochen, er wußte, daß seine Seele angrenzt an objektive geistige Mächte. Für ihn war das klar. Aber der moderne Gelehrte, der moderne Psychiater möchte das so charakterisieren, daß Narrheit beigemischt ist dem Sokrates oder irgendeinem anderen. Ahriman soll verborgen werden, und er will verborgen sein! Und in ähnlicher Weise ist es auch bei Luzifer.

Nun ist es so: Würde man ohne weiteres heute pflegen, was in gewissen okkulten Orden als Geheimwissen figuriert mit all der Symbolik, so würde man sehr leicht, wie ich das schon gestern ausgeführt habe, in die Hände Ahrimans überliefern, was bisher als Okkultismus getrieben worden ist. Würde man das, was bisher als Mystik getrieben worden ist, heute für den Menschen verwenden, so würde man leicht die Mystik den Händen Luzifers überliefern. Zwischen beiden Klippen muß das Schiff der Geisteswissenschaft hindurchgesteuert werden. Das ist außerordentlich wichtig. Es muß also die Geisteswissenschaft so geformt werden, daß weder die mystischen noch die okkulten Abirrungen wirklich Platz greifen können.

Nun habe ich Ihnen gestern gesagt, daß, wenn man den Schleier der Natur durchstößt, man hineinkommt in eine Region, wo Wesen auftreten, die Zerstörungssinn haben. Aber dieser Zerstörungssinn ist gerade verwandt mit dem menschlichen Intellekte. Ich habe geschildert, wie der Mensch werden kann, wenn er diesen Wesen verfällt. Das darf nicht sein. Ich habe Ihnen auch geschildert, wie der Mensch brünstig werden kann in bezug auf seine geistigen Angelegenheiten, wenn er einer falschen Mystik verfällt, also gewissen religiösen Übeln verfallen würde. Beides darf nicht sein. Ich sagte, daß die Esoteriker unter den Okkultisten sich besonders angestrengt haben, die Menschen dazu zu zwingen, ihren Verstand auf die Entzifferung von Symbolen zu verwenden, so daß sie nicht in einer unberechtigten Weise da durchkommen und mißbraucht werden von den Mächten, die einem in diesen Grenzregionen so furchtbar entgegentreten. Man kann diese Wesen dadurch abhalten, daß man in einer solchen Weise den Verstand anwendet, wie es etwa bei der Entzifferung der Symbole geschieht. Das hat man früher getan. Aber es reicht eben für die gegenwärtige Zeit nicht aus. Es ist eigentlich nicht recht anwendbar für die gegenwärtige Zeit.

Und nun werden Sie finden, daß bei der Art und Weise, wie unsere Geisteswissenschaft vor die Menschheit hintritt, in einer anderen Weise die Abirrung in die Region des Ahriman vermieden wird. Da müssen Sie auf eine Eigentümlichkeit in dem Leben unserer Gesellschaft eingehen, insofern unsere Gesellschaft Geisteswissenschaft betreiben will. Es ist ein sehr, sehr häufiges Wort, das einem begegnet, wenn die Geisteswissenschaft an den oder jenen herankommt, das Wort: Begreifen kann ich diese Dinge nicht, bevor ich sie selber hellseherisch sehe. Ich nehme sie auf Treu und Glauben hin. – Ich habe oft betont: Vom richtigen Gesichtspunkte aus gesehen, ist die Sache doch nicht so. Die Menschen haben gegenwärtig dasjenige Maß von Intellekt, durch das alles, was gegeben wird, wirklich erkannt werden kann. Die ganze Geisteswissenschaft, wie sie gegeben ist, kann verstanden werden mit dem Maße von Intellekt, der gegenwärtig unter den Menschen ist. Gefunden kann sie damit nicht werden, aber verstanden werden kann sie. Und wie oft wird an diesen Intellekt appelliert, meine lieben Freunde. Er ist da, dieser Intellekt, er kann aufgebracht werden; und wer das nicht zugeben will, der irrt. Wenn dasjenige, was in der Geisteswissenschaft gegeben ist, so verarbeitet wird, daß der Intellekt auch angewendet wird, dann wird er in der richtigen Weise angewendet. Dann ist es ganz unmöglich, in einer unrechtmäßigen Weise in das ahrimanische Gebiet hineinzukommen. Man kann durch die Geisteswissenschaft, wie sie gegeben wird, nicht auf eine unrechtmäßige Weise in das ahrimanische Gebiet hineinkommen. Denn, es sind nur zwei Fälle möglich. Entweder die Menschen strengen sich an, sie zu verstehen, dann verwenden sie den Intellekt, der mißbraucht werden kann von den ahrimanischen Geistern, auf das Verständnis der Geisteswissenschaft, und dann kann er ihnen nicht entrissen werden. Ahriman kann machen, was er will: den Verstand, den die Menschen in der Gegenwart oder Zukunft anwenden auf das Studium der Geisteswissenschaft, den kriegt er nicht. Dessen können Sie sicher sein. Oder wenn die Menschen nicht darauf ausgehen, die Geisteswissenschaft zu verstehen, dann verwenden sie keinen Intellekt darauf, dann ist aber die Geisteswissenschaft nicht schuld an irgend etwas. Dann kann nur die Trägheit gegenüber der Geisteswissenschaft schuld sein.

Sie sehen, in welche Region von zerstörerischen Geistern man da hineinkommen kann. Das zeigt sich am besten, wenn man eine Seele beobachtet unmittelbar in dem Moment, wo sie durch die Pforte des Todes gegangen ist. In diesem Moment schwirren sie ganz besonders heran, diese geistigen Wesenheiten. Da sind sie in Fülle da, und es ist nicht zu verwundern, daß sie da sind, denn sie sind ja die Geister der Zerstörung. Ihre regelmäßige Tätigkeit ist es, daß sie an der Zerstörung der physischen Organisation arbeiten. Das gehört zu ihrem Handwerk. Sie dürfen nur nicht zu lange dableiben.

Die Menschen nun, welche geistiges Verständnis in sich aufgenommen haben, halten sich diese Wesenheiten vom Leibe. Aber viel Macht haben diese Geister über die materialistisch denkenden Seelen, über die Seelen, die sich kein Verständnis aneignen für die geistige Welt. Und viel leiden von Ahriman diejenigen Seelen, welche es im Leben verschmäht haben, sich geistiges Verständnis anzueignen. Die griechische Mythe hat dieses Verschmähen des Verständnisses der geistigen Welt sehr schön dargestellt in der Gestalt des Tantalus. Das ist derjenige, dem die Götter Speisen vorgesetzt haben, aber so, daß er sie nicht erreichen konnte, und dann zusahen, wie er dadurch Qualen auszustehen hatte.

Solche Tantalusse kann man heute viele sehen. Es sind dies alles materialistische Seelen, die sich kein Verständnis aneignen wollen für die geistige Welt. Das sind alles Tantalusse. Sie sind es in dem Sinne, als ihnen nach dem Tode während der Kamalokazeit, wenn sie ihre Lebenszeit durchgehen – rückwärts in einem Drittel, wie Sie wissen –, alles weggeschnappt wird. Dann haben sie überall, indem sie sehen, in was sie gelebt haben, das Gefühl: Wozu habe ich dies oder das getan? Sie sehen, da kommt gleich einer der zerstörenden Geister und schnappt es ihnen weg, so daß sie finden: Ich habe es eigentlich für nichts getan! – Es ist das natürlich eine Täuschung, aber sie leiden die Tantalusqualen, weil die Geister der Zerstörung in ihrer Nähe sind. Weil sie sich kein Verständnis erworben haben, können sie nicht sehen, daß allerdings unser ganzes Erdenleben von der Geburt bis zum Tode sinnlos wäre, wenn es nicht durchdrungen wäre von den Geistern der höheren Hierarchien. Aber diese Geister der höheren Hierarchien können sie nicht sehen beim Zurückleben, und so muß ihnen alles sinnlos erscheinen.

Den falschen Okkultismus vermeidet unsere Geisteswissenschaft dadurch, daß sie wirklich das immer stärker und stärker werdende Quantum von Intellekt, das unter die Menschen kommt, dazu verwendet, eine Wissenschaft zu begründen, zu der eben ein größeres Quantum von Intellekt notwendig ist, als es bisher nötig war. Es muß unsere Wissenschaft so sein, daß sie mehr Verstand notwendig macht, als man bisher anzuwenden gewohnt ist. Wenn man sagt, die Geisteswissenschaft kann man nicht verstehen, so liegt es aber nicht daran, daß man nicht genug Verstand hat, sondern daß man nicht genügend Verstand anwenden will. Darüber möchte man sich gerne täuschen. Würde man so viel Verstand anwenden, wie der Mensch heute schon aufbringen kann, so würde man die Geisteswissenschaft schon verstehen. Und es muß so sein, daß die Geisteswissenschaft mit diesem Verstande rechnet: Dadurch vermeidet man mit unserer Geisteswissenschaft auf der einen Seite die Skylla; dadurch, daß soviel Verstand aufgebracht wird, überwinden wir die Skylla. Der Geisteswissenschafter weiß, warum die Menschen nicht geneigt sind, sich auf die Geisteswissenschaft einzulassen. Es ist deshalb so, weil sie nicht genügend Verstand anwenden wollen, weil sie träge sind. Deshalb habe ich vorhin von der Trägheit gesprochen.

Auf der anderen Seite muß auch die Klippe der falschen Mystik vermieden werden. Das kann dadurch geschehen, daß vermieden wird dieses, ich möchte sagen Zusammenkauern in das bloße menschliche Innere. Dieses fortwährende nur in seiner eigenen Seele leben und spinnen, dieses fortwährende in der eigenen Seele spintisieren, muß überwunden werden. Die eigene Seele muß aus sich herausgehen und auf die tieferen Zusammenhänge im äußeren Leben liebevoll hinschauen.

Daher wurde versucht, die Möglichkeit zu bieten, auf solche Zusammenhänge, die auch äußerlich gesehen werden können, hinschauen zu können; dazu wurden die Mysteriendramen gegeben. Darin zeigen sich Ihnen immer innere Seelenvorgänge. Indem Sie das, was zum Beispiel bei Capesius vorgeht, verstehen lernen und sehen, wie Capesius von Ereignis zu Ereignis geht, dadurch spannen Sie das Innenleben vermöge der gestaltend schaffenden und plastischen Tätigkeit an. Und das ist auch das Wesen unserer Kunst. Das liegt unserem ganzen Bau zugrunde, daß die Seelen von sich loskommen, daß sie nicht in eine falsche Mystik hineinkommen. Es ist nötig, daß dieses ins Auge gefaßt wird, und so werden wir dann auch die Charybdis der falschen Mystik vermeiden.

Alles das, was wir tun, um die geheimen Zusammenhänge des Menschenlebens außer uns zu deuten, das bewahrt uns vor falscher Mystik. Wenn wir so Capesius verfolgen, dann leben wir im seelischen Leben und Weben, aber wir spinnen nicht an unserem eigenen seelischen Leben und Weben, wir gehen aus uns heraus. Zu dem, wozu der Mystiker sonst kommt, kommen wir schon auch. Also es muß wirklich in einer zielbewußten Weise zwischen den beiden Klippen das Schiffchen der Geisteswissenschaft hindurchgeführt werden. Es muß gerade das gegeben werden, was falschen Okkultismus und falsche Mystik vermeidet.

So lebt unsere Geisteswissenschaft wirklich im Einklange mit den Bedürfnissen, mit den Anforderungen unserer Zeit. Es ist wirklich sehr wichtig, daß wir das ins Auge fassen, und deshalb mußte ich mich oftmals wenden gegen eine falsche Popularisierung der Geisteswissenschaft, gegen eine solche Popularisierung, die nicht ein genügend anstrengendes Denken erfordern würde. Und ebenso mußte ich mich wenden gegen alles, was auf eine brünstige, egoistische Mystik hinarbeitet, was immer nur schwimmt in dem, das bezeichnet werden kann mit dem Ausdrucke: In deinem Inneren findest du das Wirkliche, das Göttliche und so weiter –, das nicht das Göttliche suchen will im äußeren Verlaufe des Lebens, indem man liebevoll den Erscheinungen folgt.

Ich habe neulich zu jemandem gesagt, daß die Geisteswissenschaft als etwas sehr Nützliches betrachtet werden könne. Ich sagte es nicht, um in irgendeiner unbescheidenen Weise die Verdienste der geisteswissenschaftlichen Bewegung hervorzuheben, sondern lediglich um zu zeigen, daß in dieser Bewegung wirklich das Positive genommen werden könnte. Ich sagte: Selbst wenn man nur jenes Positive nimmt, das man zugeben kann, und alles andere links liegen läßt, was einen nicht interessiert, könnte unsere Geisteswissenschaft doch als etwas außerordentlich Nützliches angesehen werden. Verfolgen Sie die Art und Weise, wie wir unsere Geisteswissenschaft während eineinhalb Jahrzehnt betrieben haben, dann werden Sie sehen, daß wir neben alledem, was wir geisteswissenschaftlich gegeben haben, mitten darinnen in dem Geisteswissenschaftlichen, eine große Summe von naturwissenschaftlichen Wahrheiten, von kunstgeschichtlichen Wahrheiten gegeben haben, eine ganze Menge solcher Dinge. Man nehme nur einmal hypothetisch an, wir würden gar nichts Geisteswissenschaftliches geben, sondern nur das, was wir an naturwissenschaftlichen und kunstwissenschaftlichen Wahrheiten bringen, so würde man das allein schon als etwas Positives nehmen können. Daß aber Positives geboten wird, das geschieht auch wiederum absichtlich und wohl erwogen, denn dadurch bekommt man eben das menschliche Gemüt von dieser Spintisiererei frei. – Und so wurde in jeder Art gesucht, unsere geisteswissenschaftliche Bewegung so zu gestalten, daß sie in der richtigen Weise vorwärtsrückt. So wurde diese geisteswissenschaftliche Bewegung wirklich als eine Art Organismus aufgefaßt. Und wenn wir sie als einen Organismus auffassen, dann können wir vielleicht auch so denken: dann muß sie auch so heranwachsen wie ein Organismus, wie ein menschlicher Organismus, der gegen das siebente Jahr die zweiten Zähne bekommt. Er muß sich der zweiten Zähne bedienen, seiner individuellen Zähne, die er da bekommt.

Ich habe in früheren Vorträgen auseinandergesetzt, daß wir anknüpfen mußten an die theosophische Bewegung. Im Jahre 1902 begründeten wir die Deutsche Sektion und knüpften damit an die theosophische Bewegung an. Wir konnten anfangs weiterschreiten, indem wir uns durchaus selbständig entwickelten, wie ich es Ihnen gezeigt habe, doch so, daß wir in der theosophischen Bewegung darinnen lebten. Aber dann mußten wir eigene Zähne bekommen. Wir hatten sie sehr notwendig. Im Jahre 1909, 1902 + 7 = 1909, da war es notwendig, auch eigene Zähne zu bekommen. Erinnern Sie sich, daß damals gerade die Jahre waren, in denen die *Leadbeater*-Affäre alles unsicher machte. Sie sehen, da war es schon notwendig, die eigenen Zähne nach und nach zu entwickeln. Das Jahr 1916 ist nicht mehr weit. Da werden wir dann die zweiten sieben Jahre hinter uns haben. Wenn wir diese zweiten sieben Jahre hinter uns haben und ernstlich an einen Organismus denken, dann muß dieser Organismus reif werden. Nun soll die geisteswissenschaftliche Bewegung, wenn sie ein richtiger Organismus ist, zeigen, daß sie reif geworden ist. Wirklich reif soll sie sein, soll aus sich selbst heraus etwas leisten können. Nach allem, was gegeben worden ist, sollte man nun so weit sein, daß man auch ohne den Lehrer weiter etwas sein könnte, bestehen und wirken könnte. So etwas wollte vorbereitet sein. Ich habe oftmals darauf aufmerksam gemacht, daß so etwas notwendig ist. Und in der Tat, wir müssen ins Auge fassen, daß so etwas notwendig ist. Ich habe es auch früher schon in Berlin gesagt: Die Gesellschaft für theosophische Art und Kunst sollte etwas sein, was sich von mir ablöst und ein eigenes Leben führt. – Das aber wird immer mehr und mehr notwendig sein: das Ablösen von mir und das Ein-eigenes-Leben-Führen, wenigstens der Möglichkeit nach. Wir müssen die Gefahr überwinden, die darin liegt, daß die Dinge eigentlich nur gut gehen, insofern dasjenige, was von mir begründet ist, von Woche zu Woche einfließt. Wir sind jetzt in den Jahren, wo die Gesellschaft für sich zeigen müßte, daß sie ebenso friedlich untereinander alles das pflegen könnte, was einmal da ist, es wirklich pflegen könnte so, als ob ich nicht mehr da wäre.

Das ist ein durchaus notwendiger Gedanke. Die Dinge liegen schon so, daß, wenn sie jetzt in den Seelen wirken, doch schon so mancherlei abgelöst werden könnte, wozu man mich nicht mehr braucht. Ich will damit nicht sagen, daß ich nicht dabeibleiben werde. Aber die Probe des Bestehens liegt darin, daß gewissermaßen ich immer mehr überflüssig werde. Wir müssen absolut die Möglichkeit überwinden, die vorhanden ist: daß unsere Mitglieder als solche sich selber untereinander, gewissermaßen einer dem anderen gegenüber, nicht anerkennen! Denn Sie brauchen nur die Hypothese zu setzen und sich klarzumachen, welchen schlimmen Dienst man leisten würde, wenn immer alle so lebten, daß man sagte: Der ist Vorstand, dem muß man folgen –, oder: Der ist Vorstand, der wird die Dinge schon machen. – Das geht nicht. Wohin würde man kommen, wenn ich eines Tages nicht mehr dabei wäre? Da würde ja die Gesellschaft gleich zersplittern. Aber dann nur erreichen wir, was wir erreichen sollen, wenn wir nach vierzehn Jahren wirklich so weit sind, daß wir ein eigenes Leben in uns haben, das wieder ein weiteres hervorbringen kann. Und das ist kein Unmögliches, wenn wir nur auf unser Wollen uns besinnen. Gewiß, es sind jetzt einzelne Jahre schwierig; aber wir müssen auch solche Schwierigkeiten überwinden. Und wir werden manches, was ich Ihnen selber zu bringen habe, in anderer Weise verwerten können, wenn das verwirklicht ist, was ich Ihnen jetzt angedeutet habe. Manches ist jetzt schwierig. Ich will es durch ein Paradoxon sagen, was schwierig ist, worauf aber hingewiesen werden muß: Es gibt gewisse Dinge – das ist schon so –, die man nicht so ohne weiteres sagen kann, so daß ich in den letzten vier Tagen gerne einen kleinen, engeren Kreis zusammengerufen hätte, um gewisse Dinge zu sagen, die ich nicht vor dem ganzen Auditorium sagen kann. Aber ich mußte es wiederum unterlassen, weil wir in einer Zeit leben, wo es eben nicht geht, so etwas zu arrangieren. Es läßt sich nicht machen.

Um klar zu sehen, müssen wir gerade diese Dinge, die ich in diesen Tagen auseinanderzusetzen versuchte, recht gut ins Auge fassen. Wir müssen versuchen, auch den inneren Charakter der Geisteswissenschaft uns recht gut vor Augen zu stellen, dann werden wir schon einsehen, warum wir auf der einen Seite in den Naturgelehrten, die aus der Naturgelehrsamkeit eine Weltanschauung machen möchten, Gegner haben müssen, und auf der anderen Seite in denjenigen Seelenpflegern Gegner haben müssen, die durchaus verhüllt lassen wollen, was hinter dem gewöhnlichen Seelenleben liegt.

Treu festhalten müssen wir an unserer Lehre, wir müssen sie tief in ihrer Eigenart auch durchdringen wollen. Fassen wir zum Beispiel einmal ins Auge, wie wir das Mysterium von Golgatha in die Mitte unserer Bestrebungen gerückt haben und wie wir betonen mußten, daß der Christus in den Jesus von Nazareth auf die oft geschilderte Weise eingegangen ist, also aus anderen Bewußtseinssphären gerade in die Bewußtseinssphäre, die für das physische Erdenleben des Menschen die richtige Bewußtseinssphäre ist. Damit aber ist schon gegeben, daß der Christus zwar eine kosmische Macht ist, daß aber der Christus Jesus eine irdische Macht ist, die fortlebt in dem irdischen Bewußtsein der Menschen, überhaupt in den irdischen Geschehnissen. Daher kann das Neue Testament keine Naturwissenschaft sein, denn dasjenige, was hinter der Natur liegt, muß, wenn es auf die Wirklichkeit geht, außerhalb unseres Bewußtseins sein; es kann aber auch keine Geisteswissenschaft sein, denn da muß auch hinübergegangen werden nach der anderen Seite. Das ist gerade das wunderbar Große, das Bedeutsame des

Neuen Testaments, daß es weder eine Naturwissenschaft noch eine Geisteswissenschaft sein will, daher darf es aber auch nicht gebraucht werden zur Polemik gegen die Geisteswissenschaft.

Darin sehen wir aber auch die Gründe angedeutet, warum immer wieder und wieder gerade die Vertreter dieser oder jener Religionsgemeinschaften sich gegenüber der Geisteswissenschaft auflehnen werden, ganz begreiflicherweise auflehnen werden, weil sie eben den Menschen eigentlich niemals hineinlassen wollen in die Welt, vor der sie sich ungeheuer fürchten. Sie fürchten sich davor, daß der Mensch da hineinkommt und entdecken könnte, was wirklich in ihm als ewige Seelensubstanz liegt. Sie wollen dem Menschen nur klarmachen, daß das, was der Mensch von sich schon weiß, in ihm ewig lebt. Sehen Sie, gestern habe ich schon gesagt: Wenn wirklich eine materialistische Weltanschauung begründet würde, wenn diese allein bestehen würde und keine Geisteswissenschaft unter die Menschen träte, so würde es dahin kommen, daß die Menschen in Skeptizismus und Zweifelsucht ertrinken müßten, denn diese würde etwas wie ein geistiges Meer erzeugen, in dem die Seelen ertrinken müßten. Das aber, was erzeugt werden muß, wenn die Menschen abgehalten werden sollen, den Schleier der Seelenwelten zu durchdringen, das ist die Unwissenheit. Unwissenheit in der der Mensch zuletzt ersticken würde, müßte sich ausbreiten, wenn diejenigen, die heute vielfach die Vertreter der einzelnen Religionsgemeinschaften sind, siegen würden. Würden die Naturgelehrten siegen, so würde sich ein Meer des Zweifels ausbreiten, in dem die Menschen ertrinken würden. Würden diejenigen siegen, die in der angedeuteten Weise denken, Seelenpfleger der einzelnen Religionsgemeinschaften zu sein, so würde sich eine Atmosphäre von Unwissenheit ausbreiten, in der die Menschenseelen ersticken würden. So ernst ist nun einmal die Aufgabe, die der Geisteswissenschaft gestellt ist. Und diesen Ernst der Aufgabe müssen wir ins Auge fassen. Wir müssen uns gewissermaßen als Menschen ansehen, die durch ihr Karma an die Geisteswissenschaft herangeführt werden können, um das, was sie an Intellekt haben, und auch das, was sie an Gemütsinnigkeit haben, zur Verfügung zu stellen, nicht der Geisteswissenschaft, sondern dem allgemeinen Menschenfortschritt. Und die Welt braucht das, braucht das gar sehr.

Sehen Sie doch, wie auf der einen Seite wirklich eine materialistische Weltanschauung Boden fassen will, und wie alles nichts hilft, was sich dagegen auflehnt! Und sehen Sie, wie auf der anderen Seite an der Verbreitung der Unwissenheit gearbeitet wird, wie immer mehr und mehr verwischt wird, was Tatsachen der geistigen Welt sind! Sehen Sie doch, wie von seiten gewisser Pfleger der oder jener Religionsgemeinschaft jede positive Mitteilung aus der geistigen Welt sogar mit einem gewissen Haß verfolgt wird!

Ich habe diese Vorträge gehalten, um auf die Richtung hinzuweisen, welche die Geisteswissenschaft zu nehmen hat; um Ihr Bewußtsein darauf hinzuweisen, daß wir einsehen lernen: jene Naturgelehrten, wir müssen sie bekämpfen; aber sie können nicht anders, denn Ahriman hat sie, und der möchte ihnen verbergen, was die Triebfeder ihres Wirkens ist. Und die anderen, ja, wir müssen sie bekämpfen, aber sie können auch nicht anders, denn Luzifer hat sie. Wir erreichen wirklich das Richtige, wenn wir in positiver Weise auf das eingehen, was die Geisteswissenschaft uns geben kann. Wenn es doch nur einmal eine Anzahl von Menschen gäbe, die dieses Einzigartige der Geisteswissenschaft einsehen würden, die einsehen würden, daß die Geisteswissenschaft nicht verwechselt werden darf mit dem oder jenem; dann genügt das schon wirklich, meine lieben Freunde.

Man kann auch von Irrtümern viel lernen und sich von diesem Gesichtspunkte aus auch mit Irrtümern befassen. Das ist noch wichtiger, als sich zu diesen Irrtümern kritisch zu stellen, was ja zuweilen auch notwendig ist. Ich sagte: Ahriman hat eigentlich, trocken ausgedrückt, das Bestreben, den Menschen in der Zukunft um seinen Verstand zu bringen. – Aber damit verknüpft er – weil seine Geister mit ihren höheren Kräften zu den niederen Kräften des Menschen in Beziehung stehen – noch etwas anderes, indem er einen Bund stiften will zwischen den höheren und niederen Kräften. Ahriman hat normalerweise diejenigen Dinge in der Welt zu leiten, welche Krankheiten hervorbringen. Wir wissen, daß sie auch da sein müssen, da sie den Tod in der physischen Welt hervorbringen. Alles Zerstören in der physischen Welt ist ihm übertragen. Man muß aber nun den Zusammenhang erkennen. Wenn man das, was in der niederen Sphärenwelt ist, heraufhebt in das

Höhere, so verbindet man es mit den Wesen, die dahinter sind, mit diesen zerstörenden Wesen. Dann liefert man von sich aus an Ahriman und seine Geister allerlei aus. Und wenn man so an Ahriman und seine Geister mancherlei ausliefert, merkt man schon, daß gewisse niedrigere Partien des Organismus so zu wirken anfangen, wie sonst höhere Partien des Organismus wirken.

Wenn man eine Scheu davor hat, ordentlich exakt zu denken, und trotzdem in die geistige Welt hineingehen will, so ist es so: Man geht hinein in die geistige Welt. Gewiß, man kann objektiv da erleben, man lebt wirklich in diesem Geistgebiete, wo die zerstörerischen Mächte sind, man überschreitet die Schwelle. Man kommt dann wieder zurück in seinen Leib hinein; man hat ein Bündnis geschlossen mit diesen zerstörenden Mächten und weiß nichts davon. Man kennt sich nicht darin aus, wenn man den eigenen Intellekt nicht richtig entfaltet hat. Dann kommt es, daß man diese zerstörerischen Gewalten in sich darinnen fühlt. Und statt daß man denkt, statt daß man mit den Ohren hört und mit den Augen sieht, fangen da allerlei geheime Mächte in unserem untergeordneten Organismus an zu sehen und zu hören. Unser Leib ist uns nicht mehr so gegeben, wie er uns sonst gegeben ist. Wir finden, wenn wir zurückkehren in den Leib, ihn ausgefüllt mit allerlei Ingredienzien. Er ist uns ein neues Wesen.

Diese Unbekanntschaft mit dem eigenen Leibe, dieses Hineinkommen in den Leib wie in ein besonderes Wesen, in dem etwas Unbekanntes sitzt, das ist etwas, das dem passieren kann, der nicht treulich an dem Wege festhält. Denn Ahriman hat das Bestreben, sich festzusetzen in dem menschlichen Leibe und gewisse Organe zu Erkenntnisorganen umzugestalten. Aber Luzifer hat wiederum das Bestreben, daß seine Geister, die so brünstige Geister des Willens sind, gewisse Dinge aus uns herausnehmen, um sie selbständig zu machen; so daß, wenn man nach der luziferischen Seite hin die Schwelle überschreitet und wieder zurückkommt, man sich für gewisse Partien hohl fühlt, wie wenn einem etwas weggenommen wäre. Ahriman gibt einem etwas dazu, weil er hineingeht in einen; er stopft einen voll. Luzifer nimmt die Organe weg und macht selbständig, was sonst zu einem gehört.

Das ist wirklich ein luziferisches Bestreben: selbständig zu machen, was zu uns gehört. Daher ist es auch bei dem, was ich ungerechtfertigte Mystik genannt habe, so leicht, daß solche Mystiker, indem sie ihren freien Willen umwandeln in visionäres Hellsehen, ihr Wissen für Luzifer zubereiten, der es dann herausnehmen kann. Es ist wirklich so: Da ist der Mensch und da kommt Luzifer an, und aus dem Gehirn wird etwas herausgenommen: der Verstand. Der Verstand wird wie ein Stück Äthergehirn herausgenommen, oder aus dem Herzen wird ein Stück ätherisch herausgenommen und verselbständigt, und dann wird man sich da hohl fühlen. Es hat die Tendenz, sich selbständig zu machen, sich von ihm abzusondern. Es ist das wirklich eine Erscheinung bei recht egoistischen Geistern, die eine gewisse Höhe der Entwickelung erlangt haben. Da kann man sehen, wie gewisse Teile ihrer Kräfte losgelöst werden, die dann wie in der Welt draußen sind. Luzifer raubt dem Menschen gewisse Kräfte, durch die er dann wirkt. Das ist seine Neigung. Das muß selbstverständlich verhindert werden, und es wird verhindert durch ein treuliches Befolgen des richtigen Weges. Aber luziferisch bleibt die Anschauung, daß man dem Menschen etwas wegnehmen und es dann wie etwas außer ihm Vorhandenes verwerten kann, zum Beispiel, daß man einem Lehrer seine Lehre wegnimmt und sie objektiv in der Welt verwerten würde. Da haben Sie aber die Region, in der diese Dinge zu suchen sind. Man kann von einem Irrtum sehr viel lernen, von dem Irrtum nämlich, daß losgelöst werden könne die Lehre vom Lehrer. Es kann durch die Beobachtung dieser Tatsachen noch etwas ganz anderes gelernt werden, als was man durch eine gewiß sehr berechtigte Kritik lernen kann. Man kann lernen, welche Gefahr darin liegt, wenn so etwas in der Zukunft der Menschheitsentwickelung mehr usuell würde. Und diese Gefahr besteht!

Auf der anderen Seite geht die Menschheit der Gefahr entgegen, daß bei der selbständigen Entwickelung des Geistselbst Ahriman sich dieses Geistselbstes bemächtigt. Man kann jetzt schon, wenn man eine Empfindung dafür hat, sehen, wie die Menschen unselbständig werden, und wie eigentlich Ahriman ihre Hand führt, wenn sie dies oder jenes schreiben. Das ist die eine Seite und die andere ist diese, daß wiederum die Dinge genommen und verwertet werden und der Glaube besteht, daß man sie abtrennen könnte von ihrem Urheber. Diese beiden Gefahren bestehen.

Das aber wird der rechte und einzig richtige Weg sein, daß die Leitlinien der Geisteswissenschaft von den Menschen angenommen werden: Daß auf der einen Seite die Natur so wird beleuchtet werden, daß man mit den Leitlinien der Geisteswissenschaft die Natur, den Naturvorhang durchstößt. Aufblühen wird müssen eine Zoologie, eine Botanik, eine Landwirtschaft nach den Leitlinien der Geisteswissenschaft. Alles, auch die Medizin, wird von den Leitlinien der Geisteswissenschaft befruchtet werden müssen. Aber nur diejenigen werden die Medizin in richtiger Weise von den Leitlinien der Geisteswissenschaft befruchten können, welche es nicht scheuen, den Schleier der Natur zu durchdringen, so daß man in die ahrimanische Welt hineinkommt und kämpfen muß gegen die Geister der Zerstörung. Um das zu finden, was den Menschen heilsam ist, muß man in die Region derjenigen Geister gehen, die alles Menschenleben auflösen, die Krankheit und Tod bewirken, denn nur da, wo die tieferen Ursachen von Tod und Krankheit sind, können die Heilmittel gesucht werden.

Ebenso darf derjenige, welcher kennenlernen will, was in den menschlichen Seelen fruchtet, sich nicht davor scheuen, den Kampf mit den luziferischen Wesenheiten einzugehen. Er muß moralischen Mut bewahren, wenn er die Schwelle überschreiten will, muß wissen, daß er in eine Region von geistigen Wesen hineinkommt, wo ihn jeder Gedanke fortwährend wie zu einer leisen Ohnmacht geneigt machen will, weil er ihm entrissen werden soll, weil der Gedanke nur so hinhuscht, daß man ihn rasch fassen muß, damit er nicht entschlüpft. Man wird nicht in diese Region eindringen, ohne wirklich in aller Gelassenheit den Kampf aufzunehmen mit alledem, was, wenn es einseitig herauskommt, den Menschen eben zu der einseitig subjektiven Mystik verführt.

Aber die Geisteswissenschaft steuert uns so, daß, wenn wir sie verstehen, wir wirklich die Kraft finden, in jeder Lage die ahrimanischen zerstörenden Mächte zu bekämpfen. Und wenn wir die Geisteswissenschaft anwenden auf das sich entfaltende Menschenleben, wie wir es in den Mysteriendramen tun, und auf das sich entfaltende Naturleben, wie wir es tun, indem wir in unseren Säulen- und Architravformen den Kräften der Natur nachgehen, oder den Geheimnissen der Weltentwickelung nachgehen, indem wir Christus dem Luzifer und Ahriman gegenüberstellen in unserer plastischen Gruppe, wenn wir so an die Dinge herangehen, daß die geistigen Mächte uns gegenständlich werden, so daß sie in der Realität leben, dann finden wir die Kraft, die der einseitige Mystiker zumeist nicht hat: gegen die luziferischen Geister zu kämpfen.

Daraus sehen Sie, daß die Geisteswissenschaft schon gerade so sein mußte, wie sie unter Sie gebracht worden ist, und daß auch dasjenige, was die Geisteswissenschaft noch neben ihrer theoretischen Formierung schafft nach der einen oder anderen Seite, notwendigerweise zu ihr dazu gehört. Versuchen wir immer mehr und mehr unser Denken so zu lenken, wie das geisteswissenschaftliche Denken gelenkt werden muß. Denn nur, wenn wir uns freihalten von den Vorurteilen, die in der äußeren Welt herrschen, können wir richtig in der Geisteswissenschaft stehen.

ELFTER VORTRAG

Dornach, 31. Oktober 1915

Es war bei den letzten Vorträgen, die ich hier gehalten habe, mein Bestreben, Ihnen noch von einer gewissen Seite her zu zeigen, wie in der Mitte des 19. Jahrhunderts eine Art materialistischer Hochflut sich innerhalb der Evolution der Menschheit geltend machte, und wie von verschiedenen Seiten her gewissermaßen gefühlt worden ist, daß eine solche materialistische Hochflut in der Entwickelungsgeschichte der Menschheit in dieser Art noch nicht da war, und daß es von einer gewissen Bedeutung sei – die wir ja charakterisiert haben –, wie sie heraufkam. Auf der anderen Seite versuchte ich, das Gefühl begreiflich zu machen, daß sich die Menschen wappnen müssen, um in der entsprechenden Weise dennoch den der Menschheit einmal vorgezeichneten Entwickelungsgang zu gehen.

Nun habe ich Ihnen insbesondere in den letzten Vorträgen gezeigt, wie man sich von verschiedenen Seiten her bemüht hat, die gewissermaßen beteiligt sind an der Fortentwickelung jener Ziele der Menschheitskultur, die mit dem Geisteswissenschaftlichen zusammenhängen, etwas dem Gange der Menschheitsentwickelung einzuverleiben, was ihnen notwendig dünkte, um der Menschheit zu zeigen, daß zum Alten etwas Neues durchaus hinzukommen müsse. Gewiß könnte darüber noch sehr viel gesagt werden, und es wird auch im Laufe der Zeit Gelegenheit sein, nach dieser Richtung hin noch manches zu besprechen, denn wir werden mancherlei Belege anzugeben haben für dasjenige, was wir zunächst mehr erzählend angeführt haben. Heute möchte ich darauf hinweisen, daß sich aber auch in dem äußeren Geistesleben um die herankommende Mitte des 19. Jahrhunderts in vieler Beziehung zeigte, wie man fühlte, daß man an einem recht wichtigen Punkte steht. Im äußeren Geistesleben, also in dem, was sich auslebt in den verschiedenen philosophischen Bewegungen, in der literarischen Bewegung und dergleichen, könnte vieles angeführt werden von einem, ich möchte sagen, konvulsivischen Elemente, das sich hineingemischt hat in den Gang der Menschheitsentwickelung. Man kann, da vieles angeführt werden könnte, selbstverständlich nur einzelnes herausgreifen.

Ich will, um in den Gang der Menschheitsentwickelung so hereinzuleuchten, heute zum Beispiel als Ausgangspunkt einmal wählen zwei Beispiele aus dem literarischen Leben Europas. Zeigen sollen uns diese Beispiele, wie in den Herzen, in den Gemütern, eine Empfindung davon vorhanden war, daß gewissermaßen in den unsichtbaren Welten Bedeutungsvolles vor sich geht. Als ein solches Beispiel sei angeführt der Roman von *Gutzkow* «Maha Guru», der große Guru, und als ein zweites Beispiel sei angeführt – merkwürdigerweise ist dieses zweite Beispiel in derselben Zeit wie der «Maha Guru» entstanden – das außerordentlich bedeutsame Drama, das da schließt mit dem Rufe: «Du hast gesiegt, Galiläer!», und das, wie es mir scheint nach dem, was ich davon wissen kann, einen besonderen Höhepunkt in der polnischen Literatur des 19. Jahrhunderts bezeichnet.

Es ist merkwürdig, daß der junge, dazumal, in den dreißiger Jahren des 19. Jahrhunderts, in seinen Zwanzigerjahren stehende Freigeist Gutzkow, sich diesen Stoff wählt, um gewissermaßen auf manches hinzudeuten, was in der Zeit lebt und webt, und sich dazu einen Menschen wählt, der dann in Tibet zum Dalai-Lama geworden ist: den «Maha Guru», den Großen Guru, wie er ihn nannte. Wollen wir uns mit ein paar Worten dieses scheinbar den europäischen Verhältnissen so fernliegende und in Wirklichkeit diesen europäischen Verhältnissen doch so unendlich naheliegende Zeitgemälde vor Augen rücken: den «Maha Guru», der in den dreißiger Jahren des 19. Jahrhunderts, also da, wo die Morgenröte des materialistischen Zeitalters heraufkam, erschienen ist.

Wir haben es bei einer der Hauptpersonen, die in dem Roman «Maha Guru» vorkommen, zu tun mit einem Göttermacher. Was ist nun ein Göttermacher in Tibet? Das ist einer, der Götter fabriziert, herstellt; das heißt, er bildet aus allerlei Stoffen – wie wir heute mit unserem Plastilin arbeiten – Götter; Götter nach den Traditionen, die in dem tibetanischen Kanon streng vorgeschrieben sind. Diese Dinge müssen genau stimmen: die Verhältnisse, die vorgeschrieben sind in bezug auf Gesichtsbildung, die Händemaße, die Art der Pose, die sie machen. Das muß alles ganz genau stimmen. Unser Held, einer der

Helden des Romans, ist aus einem alten Geschlecht entstammend, das immer die Götterfabrikation zu seinem besonderen Beruf gehabt hat, und er versteht sein Geschäft außerordentlich gut. Er ist weit und breit berühmt als Götterfabrikant; im ganzen tibetanischen Reich werden seine Götter gekauft. Nun passiert ihm bei der Fabrikation gerade eines der Hauptgötter etwas ganz Furchtbares. Man muß sich selbstverständlich in das Herz, in das Gemüt eines Tibetaners hineindenken, wenn man die ganze Gewalt des Wortes «furchtbar» in diesem Zusammenhange verstehen will. Und wenn man sich so in das Herz eines gottesfürchtigen Tibetaners versetzt, so ist es etwas Furchtbares, was diesem Götterfabrikanten passiert ist. Es ist ihm passiert, daß ihm der Abstand zwischen den Nasenflügeln und der Oberlippe bei einem der Hauptgötter etwas anders geworden ist, als es sein sollte, daß er ihn etwas anders geformt hat, als es im Kanon vorgeschrieben war. Das war also etwas ganz Schreckliches und sehr Wichtiges. Er wich also ab von dem alten, ehrwürdigen Kanon und machte den Abstand zwischen den Nasenflügeln und der Oberlippe etwas größer, als vorgeschrieben war. Das ist in Tibet eine furchtbare Sünde, etwas ganz Schreckliches, fast oder gerade so schrecklich, als wenn jemand im Abendlande heute vor irgendeiner rechtgläubigen Gesellschaft dasteht und behauptet, zwei Jesusknaben wären notwendig gewesen, um den Christus im Jesus aufzunehmen, oder wenn er von einem Erkenntnisvermögen spricht, das über das gewöhnliche Erkenntnisvermögen hinausgeht, so sagt man von ihm, er verführe seine Anhänger zu allerlei hellseherischen Experimenten und dergleichen und sagt, solche Lehren seien phantastisch. So macht man es heute. Aber in der Zeit, in der unser Roman handelt, da war es ein ähnliches, gewaltiges Vergehen, daß bei dem Hauptgotte die Nasenflügel von der Oberlippe beim Fabrizieren zu weit entfernt gemacht waren. Nur die Strafen waren noch anders. Heute hält man höchstens von unrichtigen Angaben strotzende Vorträge und trifft andere Maßregeln glimpflicherer Art. Dazumal aber, in jener Gegend, da mußte der Götterfabrikant vor das hohe tibetanische Inquisitionstribunal gestellt werden, vor den furchtbaren Rat der schwarzen Inquisitoren. So könnte man das mit den in Europa gebräuchlichen Ausdrücken wiedergeben.

Nun mußte – in Tibet ist eine Polizei nicht notwendig, die Leute gehorchen von selber, wenn ihnen bedeutet wird, daß der Fremde ohne Pferd hereingeritten sei, beziehungsweise daß sie sich vor dem schwarzen Inquisitionstribunal zu stellen haben, braucht man sie nicht erst zu holen – nun mußte sich unser Götterfabrikant aufmachen und sich stellen. Er machte sich auf mit seinen Brüdern und auch mit seiner reizenden Tochter, die eine ganz besondere tibetanische Schönheit war. Diese Tochter hatte ihm schon viele Jahre hindurch in einer hingebungsvollen und verständnisvollen Weise mit ihrer Beherrschung des tibetanischen Kanons geholfen und hat sich überhaupt als ein überaus reizendes Wesen erwiesen. Die Brüder mußten mit, weil sie mitverantwortlich waren für seine Tat.

Die Karawane hat sich nun nach Lhasa begeben, damit der Sünder vor das schwarze Tribunal gestellt werden kann. Als sie sich eine Strecke Wegs, Lhasa zu, von ihrer Heimat entfernt hatten, trafen sie auf einen merkwürdigen, lärmenden, tanzenden, pfeifenden, alle möglichen Instrumente schlagenden Zug von Menschen, der geführt wurde von einem Schamanen, und der ebenfalls auf dem Wege nach Lhasa war. Nun war der ein Bekannter, ein Jugendgespiele der Tochter des Göttermachers; er kannte diesen ganzen Karawanenzug, dessen Haupt eigentlich unser Götterfabrikant war, der im tiefsten Sündengefühle seines falsch fabrizierten Gottes auf dem Wege nach Lhasa war, um sich dem Gerichte zu stellen. Der Schamane machte ihn insbesonders auf die Gefährlichkeit seiner Lage aufmerksam, indem er sagte: Gut wäre es, wenn noch der Vize-Dalai-Lama da wäre, doch könnte es auch sein, daß schon der wirkliche Dalai-Lama gefunden sei und Tibet von Lhasa aus bereits beherrsche. Dann würde es ihm unter Umständen noch schlechter gehen. Denn der Vizeherrscher konnte unter Umständen noch Gnade für Recht ergehen lassen, aber wenn schon der neue Dalai-Lama da wäre, dann könnte man gar nicht wissen, ob nicht die volle Gerechtigkeit walten müsse. Und wenn man so gegen den Kanon verstoßen hat, wie es bei dem Götterfabrikanten der Fall war: daß die Nase von der Oberlippe in einer unrichtigen Entfernung steht, so ist es selbstverständlich, daß darauf der Tod steht.

So erfährt also der Sünder, daß man dem Auffinden des Dalai-Lama, des Maha Guru, vielleicht nahe steht. Was heißt denn das in Tibet? Sehen Sie, in Tibet ist man sich klar darüber, daß die Seele des großen Bodhisattva, der über Tibet herrscht, von Körper zu Körper geht. Wenn nun ein Dalai-Lama stirbt, muß ein neuer Dalai-Lama gesucht werden, und das muß im höchsten Grade demokratisch zugehen, denn die tibetanische Verfassung ist im höchsten Grade demokratisch. Da gibt es nichts von Vererbung von Würden, nichts von dem, was etwa auf dem leiblichen Wege vom Vater auf den Sohn übergehen würde. Das widerspricht ganz der Würde des Dalai-Lama, nach tibetanischen Anschauungen. Wenn also ein Dalai-Lama gestorben ist, muß sich die Priesterschaft daran machen, einen neuen Dalai-Lama zu finden, und dann muß jeder junge Knabe untersucht werden, denn selbst in der ärmsten Familie könnte sich ja die große Seele verkörpert haben. Es muß das ganze Land untersucht werden, und man läßt sich jeden Knaben in jedem Hause und auf der Straße zeigen, und je nachdem man sieht, ob er dieses oder jenes Zeichen hat, dieses oder jenes von sich gibt, was nach der Ansicht der dortigen Priester auf die nötige Gescheitheit deutet, hat er Aussicht, als Dalai-Lama anerkannt zu werden. Von demjenigen, der die meisten Anzeichen gibt, ist man überzeugt, daß es die große Seele des Bodhisattva sei, daß sie sich in diesem Knaben verkörpert habe, und dann ist es der Dalai-Lama. In der Zwischenzeit, in der Zeit, in der man also noch die Verkörperung des Gottes in Menschengestalt sucht, muß ein Vize-Dalai-Lama einstweilen das Land verwalten.

Nun erzählt Gutzkow weiter: Man hörte also schon davon, daß eventuell der neue Maha Guru oder der neue Dalai-Lama in Lhasa gekrönt oder eingeführt werden konnte in seine besondere Würde. Und hier muß ich eine kleine Geschichte einflechten, welche Gutzkow erzählt. Er erzählt sie in etwas anderer Einflechtung, aber wir wollen nur ein Bild seines «Maha Guru» uns vor die Seele rufen.

Das reizende Mädchen reiste mit ihrem Vater, dem Sünder. Nach der tibetanischen Verfassung sind dessen andere Brüder auch Väter, weil dort eine Art Vielmännerei vorhanden ist. Wenn in Tibet ein Mann heiratet, so heiraten auch zugleich seine Brüder dieselbe Frau mit. Die Brüder des Vaters sind also auch Väter, nur ist einer der Hauptvater. – Die Karawane wird sehr schön vorgeführt in dem «Maha Guru»: die Väter sind vorne, wie in einem Kreis, eingereiht, dann der Hauptvater – in diesem Falle unser Sünder – und das reizende Mädchen, die Tochter dieses Sünders. Diese Tochter des Sünders hatte, als sie noch klein war, ein Kind war und erst anfing, ihrem Vater zu helfen, einen Jugendgefährten, mit dem sie nach tibetanischen Verhältnissen gern gespielt, den sie damals sehr lieb gehabt hatte, und an den sie noch sehr gern sich erinnerte. Der Hauptschamane des schreienden, blasenden Zuges war auch unter ihren Jugendgespielen gewesen, und dieser Schamane war wieder ein Bruder des eben erwähnten Jugendgespielen des Mädchens. Das mußte ich einfügen, damit das Spätere leichter verständlich ist.

Nun begibt sich die ganze Karawane gegen Lhasa, und als man in Lhasa einzieht, hört man, daß schon der neue Maha Guru, der neue Dalai-Lama eingeführt sei in seine Würde. Zunächst werden wir aber damit bekanntgemacht, daß unser großer Sünder, der den Abstand zwischen Nase und Oberlippe bei einem der Hauptgötter Tibets zu lang gemacht hat, vor das schwarze Tribunal geführt wird. In der furchtbaren Verhandlung, die da stattfand, stellt sich heraus, daß es eine Sünde ist, die mit nichts anderem als mit dem Tode gebüßt werden kann. Indessen wird der Sünder mit seinem Familienanhang ins Gefängnis geworfen, damit später eine weitere Verhandlung stattfinden könne, in der sich alles enthüllen sollte, was dieser Mann gesündigt hat. Ich muß ausdrücklich bemerken, daß er bis dahin nichts anderes gesündigt hatte, als daß er bei dem Hauptgotte den Abstand zwischen Nasenflügel und Oberlippe kaum um einen Millimeter zu lang gemacht hatte. Aber das ist dort schon eine todeswürdige Sünde.

Nun stellt sich heraus, daß unter großem Gepränge zunächst einmal der neue Dalai-Lama in sein Amt eingeführt wird. Wir werden bekanntgemacht mit allerlei tibetanischen Gebräuchen, auch mit allerlei, was sich um den Hof von Lhasa herum abspielt. Darüber werden genaue Schilderungen gegeben und viele Worte gemacht. In diesem Rahmen darinnen, mit der Würde eines chinesischen Gesandten am Lhasaer Hof, war auch ein Mann, der eine reizende junge Schwester hatte und der unter den Mandarinen einen besonderen Grad hatte. Er stand im sechsten Grad, hoffte aber, bald höher zu steigen; sein besonderes Ideal sogar war es, den Orden mit der Pfauenfeder zu erhalten. Nun aber, während dieser chinesische Gesandte seinen Träumen nachgeht, wovon der kühnste der ist, den hohen Orden der Pfauenfeder zu erwerben, ist der neue Dalai-Lama eingesetzt worden in seine Würde. Der neue Dalai-Lama weiß, daß er die Sonne, den Mond, die Sterne, den Blitz und die Wolken, die Pflanzen und die Steine gemacht hat, und er erklärt denjenigen, die nun ihre entsprechenden Besuche verrichten, wie er das gemacht hat, wie er der Urheber ist von dem, was sichtbar ist im weiten Weltenall, und auch von dem, was unsichtbar ist. Also wie er der Urheber ist von der sichtbaren Welt, und auch von dem, was als unsichtbare Welten zu der sichtbaren Welt hinzugerechnet wird.

In Tibet gibt es nun zwei Parteien. Anderswo gibt es auch Parteien, nur stehen diese zwei Parteien noch in innigerem Zusammenhange mit der ganzen althergebrachten, spirituellen Entwickelung der Menschheit. Diese zwei Parteien, denen Priesterschaften verschiedener Sekten angehören, bezeichnet man gewöhnlich nach den Kopfbedeckungen. Die eine Partei heißt: die Gelbmützen, und die andere: die Rotquasten. Diese stehen in einem fortwährenden Streite miteinander. Wir würden in unserer Sprache sagen – es ist dort wirklich im innigen Zusammenhange mit dem Spirituellen –: die Gelbmützen hängen mit dem luziferischen Elemente des Lebens zusammen, die Rotquasten mehr mit dem ahrimanischen. Das geht durch ihre Lehre, aber auch durch ihre Handlungen hindurch. So daß die Lehren und Handlungen der Gelbmützen so geformt und gemacht sind, daß das luziferische Element in ihnen waltet, und in allem, was die Rotquasten vollbringen, mehr das ahrimanische Element waltet. Es folgt daraus – und Ihnen auseinanderzusetzen, warum das daraus folgen kann, würde zu weit führen –, daß die Rotquasten ihr Hauptgewicht darauf legen, daß der Dalai-Lama von Lhasa angesehen wird als der rechtmäßige Gott, der die Pflanzen, die Tiere und die Menschen hervorgebracht hat. Sie haben ein Interesse daran, daß der neue Dalai-Lama gefunden wird, und daß alles im Lande daran glaubt, daß er der rechtmäßige Gott ist, während die Gelbmützen, wenn der Dalai-Lama gefunden ist und auf dem Throne sitzt, fortwährend darüber empört sind. Denn es gibt in Tibet außer dem Dalai-Lama einen Teschu-Lama, der mehr anerkannt wird von den nördlichen Tibetanern und von den Mongolenstämmen, der also neben dem Dalai-Lama besteht und der sein ganzes Leben lang danach trachtet, den anderen zu stürzen und sich selber auf den Thron zu setzen. Die Gelbmützen sind also diejenigen, die den Teschu-Lama unterstützen und suchen, ihn auf den Thron zu bringen.

Der mit dem Ideal des Ordens der Pfauenfeder sah nun: ein neuer Dalai-Lama ist da. China, sein Land, führte eine Art Aufsicht über Tibet. Aber der Teschu-Lama will dem anderen den Thron streitig machen, und da gibt es etwas zu intrigieren. Und solche Intrigen fädelt er nun ein. Er arrangiert eine Art Karawanenzug, eine Art Kriegszug, um zum Teschu-Lama zu gehen und dessen Macht zu verstärken. Aber in Wirklichkeit ist es ihm nicht darum zu tun, daß der Teschu-Lama auf den Thron kommt, sondern er will, daß das chinesische Regiment die Zügel straffer anziehen kann. Bei der ganzen Verwirrung, die da entsteht, stellt es sich heraus, daß das reizende Mädchen, die Tochter unseres Sünders, aus dem Gefängnisse entspringen konnte. Und was nie sein darf, geschieht da, was ganz ausgeschlossen sein sollte, geschieht: in dem Garten, in dem nur der Gott spazieren gehen darf, der Dalai-Lama, entdeckt sie den Dalai-Lama, und siehe da, der Dalai-Lama war ihr Jugendgespiele, der eines Tages nicht mehr da war, der auf einmal verschwunden war, und der mittlerweile zum Dalai-Lama erzogen worden war. Der war jetzt Dalai-Lama, und er entdeckte dieses Mädchen, die Tochter unseres furchtbaren Sünders. Es entspinnt sich nun ein recht interessanter Dialog. Und Sie können sich denken, was für Verhältnisse entstehen mögen, wenn die Jugendgespielin, die ihren Jugendgespielen innig liebte, diesem Jugendgespielen begegnet, der überzeugt ist, daß er die Sonne, den Mond und die Sterne gemacht hat, und die Jugendgespielin nicht abgeneigt ist, an ihren Gott bis zu einem gewissen Grade zu glauben. Nun geschah es aber, daß die Priester dieses Furchtbare entdeckten und das Mädchen wieder in das Gefängnis zurückwarfen. Der Dalai-Lama aber sitzt auf dem weichen Kissen von Seide und dem anderen Zubehör, das er hat, und meditiert weiter darüber, wie er den Blitz und die Wolken lenke und wie er die anderen

Dinge, die mit der sichtbaren Welt zusammenhängen, hervorgebracht habe und weiter unterhalte.

Wir werden dann im weiteren Verlaufe des Romans noch einmal vor das schwarze Tribunal geführt. Eine furchtbare Szene spielt sich ab, deshalb, weil unser Sünder, der zuerst nichts weiter auf dem Gewissen hatte, als daß er den Abstand zwischen Nase und Oberlippe einen Millimeter zu lang gemacht hat, jetzt als großer Verbrecher erscheint. Er war nämlich inzwischen im Gefängnis wahnsinnig geworden, hatte etwas, wie wir sagen würden, Plastilin genommen und hat die kuriosesten Götter gemacht. Nun denken Sie sich, ein tibetanisches Tribunal muß hereinbringen lassen eine ganze Menge von Göttern, die er im Gefängnis falsch gemacht hat! Das ist eine furchtbare Sache. Ein Geheul der Entrüstung entsteht, wie er sich auch verteidigen will. Denn es sind ringsherum die Richter, auf den weiten Galerien die Leute, und die Richter sind lauter Mönche, die es dem Volke sagen, wie lang die Nasenflügel sein müssen, wie groß jede Linie bei jedem Gott sein darf, wieviel größer der Bauch eines Gottes als der eines gewöhnlichen Menschen sein darf, und was alles der Mann da noch gesündigt hat mit den Göttern, die er im Gefängnis fabriziert hat. Das ist etwas Schreckliches. Zerrissen wird er geradezu von den fanatischen Richtern des Inquisitionstribunals. Der große Sünder und sein Anhang, auch sein reizendes Töchterchen, deren besonderer Reiz darinnen besteht, daß sie nicht allzu kleine Füße hat und dadurch abweicht von der morgenländischen Gewohnheit der allzu kleinen Füße – und auch sonst ist sie ein reizendes Wesen –, werden wieder ins Gefängnis geworfen. Aber der Anhang des Mannes mit dem Streben nach dem Orden der Pfauenfeder stiftet in Lhasa eine Verwirrung, und in dieser Verwirrung entsteht nun ein Brand, und gerade dasjenige Haus brennt, in dem das Mädchen darinnen ist. Sie erscheint auch hoch oben zwischen Rauch und Flammen in demselben Augenblick, als der Dalai-Lama mit seinem Bruder unten vorbeigeht. Im richtigen Momente regt sich das menschliche Herz des Gottes, des Dalai-Lama. Jetzt schickt er nicht den Donner und den Blitz zu Hilfe, sondern er stürzt sich in die Flammen, rettet das Mädchen und bringt es herunter. Der Schamane, sein Bruder, von allem unterrichtet, verhilft ihm zur Flucht.

Der Dalai-Lama flieht mit dem Mädchen in eine einsame Gebirgsgegend, zusammen mit seinem Bruder; der Teschu-Lama der Gelbmützen wird an seine Stelle gesetzt. Das Mädchen geht also mit dem Maha Guru und seinem Bruder, dem Schamanen, zusammen – denn wenn einer heiratet, heiratet nach tibetanischem Gebrauche der andere mit – und nun ist er verheiratet mit dem reizenden Mädchen. Der Schamane stirbt schon nach einem Jahre. Der gute Dalai-Lama, der wird sehr alt. Er wird dadurch zum einzigen Manne seiner Frau, und das ist eine lange Reihe von Jahren gewesen, da der Schamane gleich nachher gestorben ist. Er überlebt sogar noch diese Frau, ist ein ganz einsamer, alter Mann geworden, hat sich längst abgewöhnt, daß er den Blitz und den Donner regiere, daß er Berge, Wälder und Flüsse geschaffen, daß Sonne, Mond und Sterne nach seinem Willen ihre Kreise ziehen. Er wird in seinen alten Tagen ein Jogi. Er sucht die Weisheit aufzunehmen, durch die seine Seele in die geistigen Welten hinaufkommt. Er steht auf einem Bein, das andere in Schlangenform um dasselbe herumgeschlungen, die eine Hand nach hinten, die andere Hand hinaufgerichtet: so steht er nun, nur noch die Lippen bewegend. Arme aus dem Tale bringen ihm Speise; er aber verläßt diese Stellung nicht mehr. Die Gräser, die Schlinggewächse, wachsen um ihn herum, und er erwartet so den Tod. – Diese letzte Szene ist in einer merkwürdigen Weise in dem Romane geschildert. Es ist geschildert, wie der zum Dalai-Lama gemachte Mann im Alter in Wirklichkeit seinen Gott findet, und wie seine Seele sich auflöst in diejenigen Elemente, die er kennenlernen wollte und von denen er eine gewisse Zeit seines Lebens hindurch geglaubt hat, daß er sie gemacht habe.

Es ist ein sehr merkwürdiges literarisches Produkt, ein Produkt der dreißiger Jahre des 19. Jahrhunderts, in dem mit großem Verständnisse von einem verhältnismäßig jungen Manne geschildert wird, was für Gebräuche es in Tibet, in jenem merkwürdigen Lande gibt: es ist dasjenige, was in der fünften nachatlantischen Zeit nur zurückbleiben konnte von mancherlei, was in ganz anderer Weise vorhanden war in der vierten, in der atlantischen Hauptperiode unserer Erdenentwickelung. Das Bedeutsame, das äußerlich Bedeutsame zunächst ist, daß in dieser Zeit solch ein Roman entstehen konnte, daß eine Menschenseele das Bedürfnis hat, etwas hinzustellen, was in der Tat nur begriffen werden kann, wenn man den ganzen Entwickelungsgang der Menschheit auch von seiner geistigen Seite aus wenigstens ahnt. Wenigstens ahnt in Europa einer, daß in diesem merkwürdigen Lande in mancher uns grotesk vorkommenden tibetanischen Einrichtung am treuesten vorhanden ist – selbstverständlich in Karikatur – dasjenige, was ganz anders vorhanden war in der atlantischen Welt. Das ist das äußerlich Bedeutsame zu dem hinzu, daß dieser Roman entstehen konnte in jener Zeit, daß gewissermaßen einmal hingewiesen wurde auf jenes Land, wo man am bedeutsamsten sehen kann, wie sogar noch in den sogenannten Gelbmützen und Rotquasten fortlebt das luziferische und ahrimanische Element, mit denen die Bewohner von Atlantis, namentlich im vierten atlantischen Zeitraume, in hohem Maße bekannt waren, mit denen sie gewirkt und gearbeitet haben. Aber noch etwas anderes ist innerlich bedeutsam in diesem «Maha Guru».

Innerlich bedeutsam ist dasjenige, was wir uns vor die Seele führen können, wenn wir den Augenblick noch einmal vor unsere Seele hinstellen, wo die Verhandlung vor dem angedeuteten schwarzen Inquisitionstribunale stattfindet. Eine merkwürdige Rede hält unser Sünder dort zu seiner Verteidigung. Wir wissen schon, er hat im Gefängnis zahllose Götter fabriziert; aber er hat sie im Wahnsinne fabriziert, wahnsinnig ist er geworden. Es ist das sehr schön geschildert, wie der Wahnsinn sich schon vorbereitet auf der Fahrt nach Lhasa, wie er sich dann immer mehr ausbreitet und schließlich ausbricht so, wie ich es schon geschildert habe. Nun fabriziert er, ganz wahnsinnig geworden, allerlei Götter, die in der furchtbarsten Art gegen den Kanon verstoßen.

Wir erfahren dabei dasjenige von dem tibetanischen Kanon, was Gutzkow in merkwürdig schöner und treffender Weise entwickelt hat; aber wir erfahren noch etwas ganz Merkwürdiges. Dieser große Sünder wird uns etwa in der folgenden Weise charakterisiert. Er hat es als Sohn von seinen Vätern und Großvätern übernommen – so muß man für Tibet immer sagen –, daß er Götter fabrizierte. Immer, immer waren die von ihm fabrizierten Götter so, daß es bis auf die Linie hin klappte; daß richtig war jede Entfernung und Anordnung der Glieder, daß richtig war die Entfernung zwischen der Oberlippe und den Nasenflügeln und so weiter. Nie, nie war es ihm passiert, daß auch nur um ein Winziges der Abstand zwischen dem Nasenflügel und der Oberlippe irgendwie zu groß geworden war. Dann war es ihm aber einmal passiert, und nun hatte er seinen Tod zu erwarten. Aber als wahnsinniger Mensch nun, das heißt in dem Zustande, wo seine Seele schon etwas heraus ist aus seinem Leibe, da bedient er sich seines Leibes so, daß er ganz ketzerische Götter fabriziert. Und jetzt hält er eine lange Rede zu seiner Verteidigung, er, der selbst nichts aufgenommen hat von Kunst als das, was vorgeschrieben ist von dem Kanon – denn die Götter wurden immer nach dem Kanon fabriziert –, eine Rede, worin er künstlerische Prinzipien entwickelt aus seinem Wahnsinne heraus. Es ist eine tief ergreifende Szene für denjenigen, der so etwas versteht. Diesem Manne also, solange er intakt war mit seinen vier Leibern, konnte nur der winzige Fehler passieren mit dem etwas größeren Abstand zwischen der Nase und der Oberlippe. Aber jetzt, nachdem sich der astralische Leib und der Ätherleib gelockert haben vom physischen Leibe, wird er zum Künstler und arbeitet mit grotesk-künstlerischen Prinzipien. Das versteht die Inquisition nicht und glaubt, daß er sich mit dem Bösen verbündet habe, um die Werke der Götter zu zerstören.

Vieles von dem, was ich gesagt habe vom Abirren der Menschenseele nach dem einen oder dem anderen Abgrund, tritt einem da vor die Seele, wenn man die ergreifende Szene vor dem Inquisitionstribunale bei Gutzkow liest. So stand es vor der Seele auch dieses jungen Mannes, wie eine Zeit kommen könnte, in der die Menschen nicht mehr ihr Gleichgewicht zu finden vermögen. Und nun stellt er solche Menschen hinein in eine religiöse tibetanische Gemeinschaft, weil diese Fragen selbstverständlich für den Romanschreiber am intensivsten dadurch entwickelt werden können, daß die Gegensätze schroff aufeinanderplatzen, und weil er dadurch zeigen kann, wie da plötzlich Kunst auftaucht; Kunst auftaucht, aus der in den Abgrund hinabgeirrten Menschenseele, aus der Menschenseele, die nahe an Luzifer herangekommen ist, um sich zu retten aus den ahrimanischen Klauen der Rotquasten, die als Ketzerrichter dastehen. Daraus sehen wir die Kunst heraufschießen. Es ist ein wunderbar tiefes Gesetz, auf das da hingedeutet wird, von dem Zusammenhang der Menschen mit der geistigen Welt und ihren Abgründen: der luziferischen und ahrimanischen Welt.

Bevor ich diesen Gedankengang weiter verfolge, will ich einige Bemerkungen machen über das polnische Drama des *Krasinski,* über jenes Drama, das da schließt mit den Worten: «Du hast gesiegt, Galiläer!» und wovon *Mickiewicz* in seinen Pariser Vorträgen eine teilweise Übersetzung gibt unter dem Titel: «La comédie infernale.» Ich bemerke ausdrücklich, daß ich das Drama künstlerisch zu beurteilen nicht in der Lage bin, weil ich nur Idee und Intention dieses Dramas kenne. Nach dem schönen Ausdruck, den Adam Mickiewicz in seinen Pariser Vorträgen im Jahre 1842 diesem Drama gegeben hat, kann ich nur über die Idee und Intention dieses Dramas sprechen und nichts sagen über das Künstlerische, nur über Idee und Intention. Diese Einschränkung müssen Sie machen. Und man kann wirklich über das Drama so sprechen, denn Mickiewicz hat es gerade nach Idee und Intention analysiert. Das sind so gute Aufsätze im Französischen, daß man von dem Großartigen und Bedeutsamen dieses Dramas sich wohl überzeugen kann, wenn man eindringt in die Mitteilungen des Herrn Mickiewicz. Man sieht es noch mehr, wenn man in der bei Mickiewicz wiedergegebenen schönen Vorrede zu diesem Drama über den Geist der Dichtung liest, und man überzeugt sich, daß man es zu tun hat mit einem Drama, das aus den tiefsten Tiefen der Menschenseele hervorgegangen ist. In wunderbarer Weise werden die Geheimnisse des menschlichen Seelenlebens in diesem Drama berührt. Es steht vor uns ein polnischer Graf als Hauptperson; links und rechts zu ihm sprechend, sich zu ihm wendend, gute Engel, böse Engel, von denen die einen die Menschheit nach der guten Seite der Evolution leiten wollen, die anderen nach der schlimmen Seite der Evolution leiten wollen. Die betreffenden Szenen sind ins Französische übersetzt und zeigen, wie mit wunderbarer Einfachheit der polnische Dichter diese Verhältnisse der Genien aus der Hierarchie der Angeloi zu unserem Helden, dem polnischen Grafen, darzustellen bemüht war.

Dann lernen wir kennen das Familienleben des Grafen. Dieses Familienleben des Grafen hat gelitten unter der ganzen Persönlichkeit des Grafen. Der Graf lebt ganz und gar in der Vergangenheit, die in sein persönliches Leben hineinreicht, in der Vergangenheit der Menschheit, in der Vergangenheit dessen, was in der Evolution der Menschheit bis dahin gewirkt hat; aber auch in der Vergangenheit, die ihm inmitten des alten polnischen Ahnengeschlechtes zukommt, inmitten der Bilder seiner Väter und seiner Ahnen. Um das Gegenwärtige kümmert er sich wenig, und so kann er keinen Zusammenhang finden mit seiner Frau. Aber in dem, was in ihm als Erbgut lebt, das, ich möchte sagen, in ihn verpflanzt ist durch das verfeinerte Blut vieler Geschlechter, in dem lebt zugleich wie verfeinert eine ungemein spirituelle Gesinnung, ein Sinn für die Welten, die ganz über dem Irdischen schweben, ein ganz spiritueller Sinn. Und so kommt es, daß er keinen Zusammenhang finden kann mit seiner Frau. Er lebt nur im Geiste, er lebt so, daß jene, die in seiner Umgebung sind, ihn wie einen gottbegnadeten Propheten empfinden. Seine Frau hat ihm soeben einen Sohn geboren. Wir werden dann geführt zu der Taufe seines Kindes; aber er selbst ist nicht dabei. Er kann keinen Zusammenhang finden mit dem, was irdisch ist. Durch diese Taufe und durch das, was damit zusammenhängt, wird die Frau, die Mutter des Kindes, wahnsinnig. Er, der Graf, hatte sich entfernt, und als er nach der Taufe wieder nach Hause kommt, muß er erfahren, daß seine Frau in einem Irrenhause, also in dem, was man heute ein Sanatorium nennen würde, untergebracht ist.

Merkwürdig, wir werden wiederum geführt vor eine Persönlichkeit, deren Menschheitsglieder gelockert sind. Wir erfahren, welches die Worte vor dem Wahnsinnigwerden der Frau anläßlich der Taufe des Kindes waren. Als es getauft werden sollte, faßte die Frau die Idee von dem Unglück, das das Kind umschwebt dadurch, daß sie nicht gewachsen war mit ihren Talenten und ihrer ganzen Menschlichkeit dem, wie ihr Gatte in der geistigen Welt lebte, und daß sie nicht geboren haben könne ein Kind, das genügend in den geistigen Welten hätte leben können, damit der Vater es hätte lieben können. Und sie will mit der ganzen Kraft ihrer Seele, mit all ihrer Sehnsucht eindringen in die geistigen Welten, um für ihren Sohn das herunterzuholen, was dort zu finden ist. Sie wünschte, daß sie aus der geistigen Welt alles holen könnte, um dem Kinde eine spirituelle Anlage geben zu können. Über diesem gleichsam Herabholen der spirituellen Anlagen für das Kind wird sie wahnsinnig. Sie wird also, wie wir heute sagen würden, in ein Sanatorium gebracht.

Dort sucht sie noch der alte Graf auf; er findet sie, und sie spricht mit ihm. Und nun sagt sie ganz wunderbar ergreifende Worte. Sie kündigt zuerst an, daß sie aus den geistigen Welten für das Kind diejenigen Kräfte holen wolle, die es dem Vater liebensmöglich machen, und dann sagt sie wundervolle Worte, etwa wie folgt: Ich kann alle Welten durchdringen; meine Flügel schwingen sich auf in alle Welten, ich will zusammenfassen alles, was in den geistigen Welten wohnt und strahlt, um es meinem Kinde einzuflößen, und ich will zusammenfassen alles, was da lebt im Geisteslicht und in der Sphärenwelt, um die Seele des Kindes so zu machen, daß das Kind ein Dichter werde. – Ein Wort führt uns ganz besonders tief hinein in das ahnende Vorstellungsleben des Dichters, in die geistigen Welten, da wo der Dichter den alten Grafen, der da hört, daß seine Frau wahnsinnig geworden ist, sagen läßt: Wo weilt ihre Seele jetzt? Inmitten des Geheuls von Wahnsinnigen! Dieser abgeklärte Geist, der in Ehrfucht vor dem Weltall lebte, er ist verfinstert. Ihre Gedanken hat sie in die Wüste geschickt, mich zu suchen!

Dann geht der Vater einmal zu dem Kinde. Das Kind ist physisch blind geboren, aber hellsichtig geworden, und es spricht von seiner Mutter. Das Kind bleibt zunächst blind, und wo es spricht, da werden, einige Zeit nach dieser Szene, von dem Grafen merkwürdige Worte gesagt. Die Mutter ist nämlich mittlerweile gestorben. Das Kind erzählt dem Vater, daß sich seine Seele wie mit Flügeln immer erheben könne dorthin, wo die Mutter sei, die Mutter, die es nie gekannt hat. Und so erzählt das Kind, indem es schildert, wie es hineinschaut in die geistige Welt, dasjenige, was das Kind selbstverständlich nicht gehört hat, aber was der Vater von der wahnsinnigen Frau als deren letzten Wunsch vernommen hat. Da sagt der Graf wieder ein merkwürdiges Wort, merkwürdig für den, der geisteswissenschaftlich hineinschauen kann in diese Dinge: Ist es denn möglich, daß derjenige, der durch den Tod hindurchgegangen ist, in der geistigen Welt noch eine Zeitlang fortbehält die Ideen, die er zuletzt gehabt hat hier, bevor er durch die Todespforte hindurchgegangen ist?

So sehen wir, wie Mutter und Kind physisch zusammenbrechen,

und wie sie in einer gewissen abnormen Weise, atavistisch, in die geistige Welt hineingetragen werden. Mitten um den Grafen herum, der ganz in der Vergangenheit mit seinem Geiste lebt, brechen sie zusammen, aber atavistisch werden sie in die geistige Welt hineingetragen.

Man kann nicht anders, als einen inneren Zusammenhang zu finden zwischen dem atavistischen Hineingetragenwerden in die geistige Welt derjenigen, die in der Nähe des polnischen Grafen sind, und dem Hineingetragenwerden des Götterfabrikanten, dieses großen Sünders in dem «Maha Guru», der seine Kunst schildert, der eine ganz neue Götterwelt herauszauberte, als er wahnsinnig geworden, physisch zusammengebrochen war. Man vernimmt aus dem polnischen Drama fast noch mehr als aus dem «Maha Guru» den Schrei der Menschheit: Was soll werden, wenn nicht in richtiger und reiner Form die Menschenseelen empfangen können die Lehren von den geistigen Welten? Was soll werden mit der Menschheit in der Zukunft? Sollen die Menschen, damit sie in die geistige Welt hineinkommen, physisch zerbrechen müssen?

Diese ernsten Fragen mußten diejenigen, die ernst waren, an das Schicksal stellen. Und gerade wenn man die Vorrede zu dieser «Comédie infernale» liest, dann bekommt man ein Gefühl davon, daß dem polnischen Dichter voll vor der Seele die Fragen standen, die ich eben angeschlagen habe. Es gibt in der Poesie vielleicht keine feinere, intensivere Schilderung dieser Tragik, als sie in dieser Vorrede zu der «Comédie infernale» gegeben ist. – Dann wird im weiteren dem Grafen, der also physisch seine Familie um sich hat zusammenbrechen sehen, eine Persönlichkeit gegenübergestellt, die der Dichter wie eine kraftvolle Persönlichkeit in die Welt stellt, die nichts wissen will von einer Vergangenheit; innerlich ein ganz tatarisch-mongolischer Charakter, äußerlich eine Persönlichkeit, die aufgenommen hat die sozialistischen Lehren von *Fourier, Saint-Simon* und anderen, der alles daransetzen will, dasjenige, was da ist, zu zerstören und der Menschheit ein neues soziales Leben zu geben. Der sagt: Das, was da ist, in dem der Graf lebt, das muß gründlich von der Erde vertilgt werden. – Die Menschen werden hingewiesen auf diesen Gewaltmenschen, der alles zerstören will, der nicht leidet, daß es so ist, wie es ist. Und ein Kampf entspinnt sich zwischen dem Träger der Vergangenheit und dem Träger der Gegenwart, ein Kampf von großer Heftigkeit, der in glänzender Weise geschildert wird. Die einzelnen Szenen, die übertragen sind ins Französische, sind so, daß man durchaus in dieser Weise sprechen kann.

Dann wird uns auch ein Zwiegespräch, ein Dialog zwischen dem Gewaltmenschen und dem alten Grafen gegeben, ein Dialog, den nur Menschen führen können, in deren Seelen lebt und gegenübersteht: Weltenschicksal gegenüber Weltenschicksal. Ein Kampf entspinnt sich, in dem sogar dann der alte Graf mit dem hellsehenden Kinde erscheint. Dabei ergibt es sich: das Kind geht unter, der alte polnische Graf geht unter, und der Gewaltmensch hat gesiegt. Das Gesinde, der ganze Anhang des Grafen wird zugrunde gerichtet. Das, was das Alte war, ist überwunden, der Gewaltmensch hat die Oberhand, die Gegenwart hat über die Vergangenheit gesiegt.

Die Schilderung des Schlachtfeldes ist eine ganz grandiose. Dann wird uns noch eine Szene vorgeführt: Nach der Schlacht steht der Gewaltmensch mit einem Freunde da, er sieht nach dem Himmel auf, oder vielleicht, besser gesagt, nach einem Felsen, hinter dem die Sonne untergeht und den sie im Untergehen vergoldet, und plötzlich hat er eine Vision. Der Freund sieht nichts Besonderes, sieht nur den in der Sonne erglühenden Felsen; der Gewaltmensch aber, der so viel auf seine Seele geladen hat, der noch den Eindruck von einem Menschen gewonnen hat, der so vieles in seinem Leben erfahren hat wie der alte Graf, er steht da und sieht auf dieser Bergeszinne das Bild des Christus Jesus erscheinen.

Er weiß von diesem Momente ab, daß weder der alte Graf, der Repräsentant der Vergangenheit, der nur bis zum atavistischen Leben im Geiste gekommen ist, das, was um ihn herum zusammenbrechende Vergangenheit ist, hat retten können, noch daß er, der in der Gegenwartswelt lebt, den Sieg davontragen wird. Er sieht ein, daß ein Kampf sich entspinnen wird, aber daß keiner von diesen beiden siegen darf, weder die Vergangenheit, die es in bezug auf das Leben in der geistigen Welt nur bis zum Atavismus bringen kann, noch die Gegenwart, die vertreten ist durch den Gewaltmenschen. Die auf den Fourierschen und Saint-Simonschen Lehren aufgebaute Gegenwart, die spottet über die Engel und über die Lehren von Gott. Der Christus Jesus, der ihm nun erschien, der zeigt ihm: Nicht auf der einen Seite noch auf der anderen Seite ist der Sieg, sondern in dem, was über beiden steht. – Und das, was der Gewaltmensch jetzt schaut über der von den Sonnenstrahlen vergoldeten Felsenzinne, den Christus Jesus, das bringt ihn dazu, zu sagen: «Du hast gesiegt, Galiläer!» So ruft der Gewaltmensch aus und fällt tot hin. Diese große tragische Folge entsteht durch dasjenige, was höher ist als die beiden Strömungen, die so grandios in diesem Drama einander gegenübergestellt sind. In diesem – wie aus den einzelnen Szenen hervorgeht – wunderbaren Drama der polnischen Literatur lernen wir eine bedeutsame Manifestation des polnischen Messianismus kennen. Wir sehen, wie mit dem Herankommen der modernen Zeit die Menschen über das Schicksal ihres Geschlechtes große Fragen stellen müssen.

ZWÖLFTER VORTRAG

Dornach, 1. November 1915

Gestern habe ich über das große polnische Drama «Comédie infernale» von *Krasinski* gesprochen und die besondere Bedeutung dieses Dramas hervorgehoben. Man möchte sagen, es ist wirklich bewußt in die Welt hineingebracht wie das Ergebnis eines Dialoges mit den Geistern der Menschheitsevolution, die in der Mitte des 19. Jahrhunderts mit denen sprachen, die sie hören wollten.

Halten wir für eine Weile die Gedanken fest, die wir dadurch haben gewinnen können, daß wir sahen, wie sich in die äußere literarische Kultur herausdrängte, was im Innersten der Menschheitsevolution lebt. Wir müssen sagen: sowohl aus dem «Maha Guru» wie aus der «Comédie infernale» – wir könnten noch viele dergleichen Beispiele anführen, ich habe nur zwei sehr markante herausgewählt – sehen wir, daß gewissermaßen hinter den Kulissen des äußeren Weltgeschehens sich Bedeutungsvolles abspielt in der Kulturmenschheit. Und wir haben es aus so vielen Quellen immer und immer wieder herleiten müssen, was uns hinlenken soll die Empfindungen auf den großen Moment der Weltenentwickelung, in dem wir stehen, auf den Moment, der notwendig macht, darauf zu hören, was neu in die Menschheitsentwickelung hereinkommen muß, aber hereinkommen muß unter der Mitwirkung der Menschenseelen, die Verständnis dafür haben können. Man hat verschiedene Ausdrücke, um die Wichtigkeit des Augenblicks zu charakterisieren; man braucht vielleicht aber nur das eine zu sagen, und schon dieses eine genügt, um die Bedeutung des Augenblickes zu kennzeichnen.

In alten Zeiten haben die Menschen ein uraltes Erbgut von großen Weisheiten empfangen, das in atavistischem Hellsehen und in auf atavistische Art erworbenen Erkenntnissen besteht. Aber dieses Erbgut ist, ich möchte sagen, hinuntergedämmert worden, und herauf kam – besonders seit ungefähr drei Jahrhunderten und bis zu einem Höhepunkt sich entwickelnd im 19. Jahrhundert – die materialistische Flutwelle. Einen vollständigen Schleier breitete diese aus über alle die

Möglichkeiten, um in die geistige Welt hineinzuschauen, und ein neuer Weg, eine neue Weise steigt jetzt wieder herauf in der Geisteswissenschaft. Ich habe öfter hervorgehoben, wie dann auf selbstverständliche Art diese Entwickelung in die Menschenseelen kommt. Heute ist es noch so, daß die Seelen lernen müssen, in ihrer übergroßen Mehrzahl lernen müssen, daß es wiederholte Erdenleben gibt. Aber das ist dasjenige, was öfter von mir zur Sprache gebracht worden ist, daß die Seelen, die jetzt leben, wenn sie wiederverkörpert werden, zum großen Teile nicht bloß auf Grundlage einer Theorie wissen werden, daß es wiederholte Erdenleben gibt, sondern daß diese Seelen in eine Zeit hineinleben werden, wo ein naturgemäßes Wissen sich ausbreiten wird dahingehend: es gibt wiederholte Erdenleben. Wie sich jetzt naturgemäß die Menschenseelen zurückerinnern bis zu einem gewissen Momente ihrer Kindheit, wie immer wieder Gedanken aus der Kindheit heraufkommen, so wird es einstmals naturgemäß sein, daß die Menschenseelen aus ihrem Inneren aufsteigen haben werden den lebensvollen Eindruck: Wir sind oftmals dagewesen. – So, wie sich von den anderen, primitiven Stadien des menschlichen Lebens bis zum heutigen Stadium die Menschenseelen entwickelt haben, so werden sie sich auch dazu entwickeln. Dazu braucht nichts zu geschehen, das wird schon eintreten. Was aber zu geschehen hat, ist das Folgende.

Es werden notwendigerweise die Seelen, die heute nichts gelernt haben aus der Geisteswissenschaft, sterben und in einem neuen Leben wiederkommen. Sie werden nichts gelernt haben aus der Geisteswissenschaft und dann mit dem Eindrucke, der von den wiederholten Erdenleben aus ihrem Inneren auftauchen wird, nichts anzufangen wissen, beziehungsweise sie werden durch das, was so aus dem Inneren wie heraufstößt, zur Verzweiflung gebracht werden können. Denn nur durch die Gedanken wird erfaßt werden können dasjenige, was als innerer Eindruck in der Seele aufsteigt; und die Gedanken, die notwendig sind, um zu verstehen, was nun naturgemäß heraufsteigt, das sind die Gedanken der Geisteswissenschaft. Denn diese Gedanken der Geisteswissenschaft sollen uns den ganzen Hergang des Ich verständlich machen und uns zeigen, wie dieses Ich im Menschen enthalten ist. Nur wenn man die Kraft dieser Gedanken hat, wird man den Eindruck verstehen, der von selbst kommen wird, und von dem die Erinnerung gewissermaßen da sein wird.

Aber das Verständnis für diese Erinnerung wird durch die Geisteswissenschaft von jetzt an begründet werden müssen; es wird erworben werden müssen die Erkenntnis von dem Zusammenhange des Ich. Und diejenigen, die sie sich nicht erworben haben, werden nur sagen können, wenn diese Erinnerungen in ihnen aufsteigen: Ich verstehe mich nicht! – und das wird ein Furchtbares sein in der Zukunft, wenn die Menschen in Verzweiflung werden ausrufen müssen: Ich verstehe mich nicht! – Also versuchen wir richtig zu begreifen: Was kommen muß, kann nur, damit die Menschenseele nicht verzweifle, in solcher Weise aufgeklärt werden, daß die Menschenseelen sich Erkenntnis darüber verschaffen. So daß, wenn das Ich, das von Inkarnation zu Inkarnation geht, sich bei den Menschen der Zukunft anmeldet – das heißt bei unserer Wiederverkörperung in der Zukunft –, sie dann auch die Möglichkeit haben, dieses Ich zu verstehen. Sie werden es verstehen, wenn sie an ihren Seelen gearbeitet haben durch die Gedanken der Geisteswissenschaft.

Das Ich, zu dessen völligem Verständnis sich das Mysterium von Golgatha vollzogen hat, das Ich kann nie verstanden werden dadurch, daß jemand in seiner Seele bewahrt – wie ich es gestern in dem polnischen Grafen charakterisiert habe – die heiligsten Gefühle, und sei es auch in Anknüpfung an die Ereignisse des Mysteriums von Golgatha: die Gefühle der Vergangenheit. Mit einer solchen Gesinnung kann man historisch die Ereignisse des Mysteriums von Golgatha aufnehmen, aber man kann das Mysterium von Golgatha dadurch nicht wirklich verstehen. Das Mysterium von Golgatha ist nur dann in seiner Wirklichkeit zu verstehen, wenn wahr wird der Ausspruch: «Nicht ich, sondern der Christus in mir!» Dann aber wird es möglich sein, daß der Christus in seinem lebendigen Fortwirken innerhalb der Erdenentwikkelung für die Menschen nicht unhörbar bleibt. Hörbar soll er gemacht werden durch dasjenige, was unter seiner Inspiration die Geisteswissenschaft zu sagen hat. Durch keine Empfindungen, die an Erinnerungen anknüpfen wollen, kann die Menschheit dem Heil der Zukunft entgegengeführt werden. Aber auch nicht durch den Gegenwartsmenschen, den Gewaltmenschen, den wir gestern charakterisiert haben, kann der Menschheit Zukunft gefördert werden, denn dieser Gewaltmensch macht zwar das Ich geltend, aber er macht nicht den Christus im Ich geltend. Das ist ein tiefes Rätsel, das uns in der polnischen Dichtung so klar entgegentritt.

So stehen sich diese zwei Persönlichkeiten gegenüber, von denen der eine den Christus in der Tradition, in der Überlieferung, in der Geschichte hat, aber Gefahr läuft, daß er ihm entfällt. Und dasjenige, was sich um ihn herum auslebt in der Frau und in dem Kinde, fällt zurück in den atavistischen Zusammenhang mit der geistigen Welt. Eine große Gefahr ist damit ausgesprochen für unsere Zeit: daß diejenigen, die nicht in einer neueren Art die Erkenntnisse des Zusammenhanges der Menschheit mit der geistigen Welt aufnehmen wollen, wenn sie ihn nun dennoch in sich verspüren, aus dem rechten Zusammenhange mit der geistigen Welt herauskommen, in den ihre Menschheitsglieder gesetzt sind. Auseinanderfallen müßte die Menschheit in solche, die verzweifeln müssen und sterben müssen an der Vergangenheit, wie der Graf, und in solche, die in geistige Welten aufsteigen in atavistischer Weise, wie das Weib und das Kind, die, weil sie nicht in Wirklichkeit den Christus in ihr Inneres aufgenommen haben, in die geistigen Welten eintreten, ohne in sich den richtigen menschlichen Schwerpunkt zu finden. Was haben die Familienglieder des Grafen nicht voll entwickelt? Nicht voll entwickelt haben sie das Ich. Sie sind im Grunde genommen noch Überbleibsel aus derjenigen Zeit, die im regelmäßigen Gange der Menschheitsentwickelung schon abgelaufen ist seit dem Mysterium von Golgatha, insbesondere aber in den letzten Jahrhunderten. Überbleibsel aus alter Zeit sind sie, in der das Ich den Menschen noch nicht voll ergriffen hatte; ichlose Menschen, die, weil sie den Christus nicht aufnehmen können in ihr Ich, das sie nicht mit der nötigen Intensität völlig haben entwickeln können, den Christus verlieren. Und entgegengestellt ist der Gewaltmensch, der das Ich ausgebildet hat, der es in aller Intensität in sich trägt, der ohne den Christus in das Ich aufzunehmen, die Welt beglücken will, aber es nicht kann. Schön, großartig erhebt sich vor dem Tode des Gewaltmenschen, aus der Vision heraus – die er nicht begreift, wie er auch nicht begreift, wie man sich dem Tode ergeben kann – der Ausspruch: «Galiläer, du hast gesiegt!» Das heißt, für diejenigen, die zwar ihr Ich erobert haben, aber in dieses Ich den Christus nicht aufgenommen haben, gibt es nur einen Augenblick, wo sie mit dem Christus in Beziehung kommen können: den Augenblick, wo sie aus dieser Welt in die andere Welt eintreten. Weil aber der Christus aus einer anderen Welt in diese gegangen ist, um in dieser Welt die Menschenherzen zu finden, müssen sie ihn sogleich verlieren, wenn sie nach dem Augenblicke des Todes in der anderen Welt ankommen. Alle tieferen Impulse unserer Zeit leben in einer solchen Sphäre, in der wirklich ein Großartiges intendiert, ich kann nur sagen, intendiert ist.

Nun aber müssen wir noch etwas weiter in die Dinge hineindringen, die uns zwar bekannt sind, die wir aber in einem gewissen Zusammenhange betrachten müssen, wenn wir sie ganz im Sinne unserer Zeit begreifen wollen. Wie wir wissen, haben wir die Erdenentwickelung zu teilen in eine Zeit vor dem Mysterium von Golgatha und in eine Zeit nach dem Mysterium von Golgatha. Wir wissen, daß vor dem Mysterium von Golgatha in die Menschenseele hinein auch diejenigen Geister gewirkt haben, welche als luziferische und ahrimanische Geister bezeichnet werden müssen. Gerade wenn wir die Zeiten vor dem Mysterium von Golgatha ins Auge fassen, dann müssen wir uns ganz klar werden, daß man mit dem törichten Gerede: Wir wollen nichts mit Ahriman und Luzifer zu tun haben – nicht auskommt. Denn Ahriman und Luzifer wurden zugelassen von den regelmäßig sich fortentwikkelnden geistigen Wesenheiten, damit sie in entsprechender Weise in die menschliche Erdenentwickelung eingreifen.

Nun wissen wir, daß es geistige Wesen sind, die im Grunde genommen höher stehen als die Menschen, die nur während der Mondenentwickelung nicht jene Höhe erreicht haben, welche sie hätten erreichen können, aber trotzdem stehen sie höher als die Menschen. So daß wir nun, wenn wir den Zusammenhang von den ahrimanischen und luziferischen Wesenheiten ins Auge fassen, auch besser werden begreifen können, was man die alte Weisheit der Erdenentwickelung nennt. Zum Beispiel die alte Weisheit, die in der lemurischen Zeit mißbraucht worden ist und mit den Lemuriern untergegangen ist; die dann mißbraucht worden ist in der atlantischen Zeit, deren Mißbrauch den Untergang der Atlantis herbeigeführt hat. Was hat da gelebt unter den Menschen? Was war eigentlich da? Man bezeichnet das, was da war, sehr abstrakt, wenn man nur sagt: Es war eine große Weisheit da, die in schwarzmagischer Weise mißbraucht worden ist –, aber zu einer bestimmten Vorstellung kommt es dabei nicht. Wir wollen uns zum Beispiel einmal anschauen, wie die Weisheit beschaffen war in den letzen Zeiten der lemurischen Zeit. Woher war diese Weisheit gekommen?

Mit der Erdenentwickelung des Menschen waren auch solche geistigen Wesenheiten verbunden, die während der Mondenzeit nicht voll sich entwickelt hatten, aber die doch höher standen als der Mensch. Nun war der Mensch da, aber, Sie können es sich denken, in seinen allerprimitivsten Zuständen. Alles, was die Menschen später in der atlantischen und nachatlantischen Zeit entwickelten, das war noch nicht da, das haben die Menschen erst später entwickelt. Der Mensch war dazumal in der lemurischen Zeit, wie er so auftrat als Mensch, ganz und gar so, daß er noch unintelligent war, denn die Intelligenz sollte sich erst nach und nach während der Erdenentwickelung entfalten. Er war primitiv in seinem Wollen und Handeln, primitiv in seiner Seelenentwickelung, völlig wie ein Kind. Wenn es nun so gewesen wäre, daß von den Menschen nur die Leiber dagewesen wären mit all ihren höheren Gliedern, die von den sich regelmäßig fortentwickelnden geistigen Wesenheiten der höheren Hierarchien entwickelt worden waren, dann hätten die Menschen nichts Besonderes in der damaligen Zeit an hervorragender Weisheit entwickeln können. Aber das ist nicht der Fall gewesen, sondern gerade in dieser lemurischen Zeit ist eine höhere Weisheit, eine ganz außerordentliche Weisheit entwickelt worden. So zum Beispiel ist dazumal unter diesen primitiven Erdenmenschen die Kenntnis ganz verbreitet gewesen, wie man ein Kind in der Zeit zwischen der Geburt und dem siebenten Jahr so recht behandelt, daß durch eine gewisse Umwandlung seines Ätherleibes, die dann zurückwirkte auf das Gehirn, ein außerordentlich gescheiter Mensch hat entstehen können. Merken Sie wohl: Heute muß man gründliche pädagogische Mittel anwenden, wenn man aus dem Kinde einen gescheiten Menschen machen will, und in wie vielen Fällen es einem nicht gelingt, das wird jedermann wissen. Aber jedenfalls, diese Kunst ist heute ganz und gar verlorengegangen, durch einen gewissen Einfluß auf den Ätherleib des Gehirns, das Gehirn selber so zu präparieren, daß der Betreffende ein gescheiter Mensch wird. Diese Kunst, ich bemerke es gleich, ist heute auch nicht mehr zu gebrauchen, sie ist ganz und gar nicht zu gebrauchen, denn wenn sich auch nur der allerprimitivste Grad dieser Kunst verbreiten würde, so würden furchtbare Mißbräuche damit getrieben werden.

Wodurch war denn nun eine solche Kunst in der lemurischen Zeit vorhanden? Sie war dadurch vorhanden, daß solche Wesen, die auf dem Monde nicht die volle Höhe ihrer Entwickelung erreicht hatten, sondern von ihren sieben Gliedern nur die ersten sechs entwickelt hatten, ihr siebentes Glied noch nicht, sich in Menschen verkörperten, die sonst ganz primitiv gewesen wären. Sie nahmen solche Menschenleiber an, diese geistigen Wesenheiten, die auf dem Monde zwar höher als die Menschen entwickelt waren, die sich aber nicht zur vollen Höhe ihrer Entwickelung haben erheben können. Diese Wesen nahmen also Menschenleiber an und gingen mit ihrer über alles menschliche Erdenwissen erhabenen Kunst an das Werk. Und nun können Sie sich denken, was solch ein Wesen in einem Menschenleibe vermochte; solch ein Wesen, das auf eine Art, die dazu noch höher war als die menschliche Art, das sechste Glied, den Lebensgeist, entwickelt hatte und nun in diese primitiven Menschenleiber, die biegsam und weich waren, sich hineinbegab. Es waren furchtbare Zauberer, ganz furchtbare Zauberer!

Und wiederum, in der atlantischen Zeit, was waren denn da für Künste verbreitet? Da war vor allen Dingen die Weisheit verbreitet, die man anzuwenden hat, um solche Talente, die bei den Vorfahren da sind, rein durch Vererbung auf die Nachkommen zu übertragen und sie noch bei den Nachkommen zu vermehren. Diese Kunst verstanden ebenfalls wieder die auf dem Monde nicht vollentwickelten, aber über den Erdenmenschen hinaus entwickelten Wesen der Mondenzeit. Diese Kunst verstanden sie ganz bedeutsam. Ich will sagen, wie wenn man ein Genie hätte und die Eigenschaften dieses Genies unter gewissen Verhältnissen, die mit allerlei Sternkonstellationen und dergleichen zusammenhängen, auf die Nachkommenschaft veranlagte, so daß sich die geistigen Genieeigenschaften nicht nur vererbten, sondern sogar vergrößerten. Man muß sagen: Ungeheures vermochten damals diese höheren Wesen in Menschengestalt. Das alles ist hinweggefegt. Nun hängt unendlich vieles mit diesen besonderen Künsten zusammen. Unendlich vieles hängt damit zusammen! Es hängt zusammen mit alledem die Möglichkeit, den Gang der geistigen Entwickelung zu beobachten, die Möglichkeit, gleichsam den Strom des Geistigen hineinleiten zu können in die physische Vererbungsströmung.

So gab es dazumal in der atlantischen Zeit Gemeinschaften, deren Vorsteher solche Wesen in Menschengestalt waren, von denen ich gesprochen habe, und die einer gewissen Individualität, von der sie haben wollten, daß sie aufs neue auf die Erde komme, zu einer menschlichen Verkörperung dadurch verhalfen, daß sie gewisse Eigenschaften durch Vererbung hervorriefen und dann immer wieder Nachkommen suchten. Das heißt die Sache war so: Nehmen wir an, ein solches Wesen hätte irgendeine Individualität zu einem Menschenleib auf der

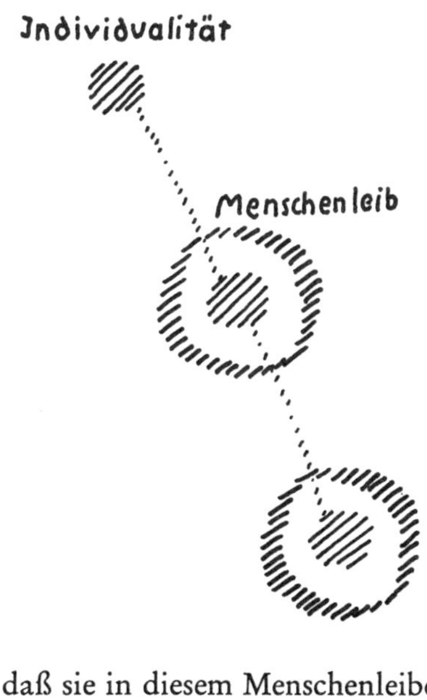

Erde hingeleitet, so daß sie in diesem Menschenleibe darinnen gewesen wäre. Nun stirbt dieser Menschenleib. Die Individualität ist mittlerweile in der geistigen Welt, und nun handelte es sich darum, innerhalb

des Menschengeschlechts durch allerlei Vererbungsbeherrschungen einen solchen Menschenleib zu schaffen, in dem wieder diese Individualität sein konnte. Dieser Menschenleib mußte geschaffen werden, man gab gewissermaßen jener selben Individualität einen Leib. Dieselbe Individualität wurde also nacheinander auf der Erde erhalten.

Das alles ist verlorengegangen, mußte verlorengehen, weil die Menschheit sich in der oft angedeuteten Weise entwickeln mußte. Aber Ahriman hat ein großes Interesse daran, dasjenige, was sich entwickeln soll, das, was anderem Platz machen soll, zu halten, richtig darinnen zu halten in der Welt.

Und so haben wir in unserer Menschheitsentwickelung unendlich vieles – schon die oberflächliche Betrachtung kann es Ihnen zeigen –, was in früherer Zeit seine Berechtigung hatte, was aber in der Art, wie es ist, konserviert wird. Im Kleinen und im Großen ist das so.

Nun wollte *Gutzkow* an einem Beispiele im Großen, in seinem Roman «Maha Guru» einmal so etwas zeigen. Er wollte zeigen: Wie nimmt sich das aus, was einmal eine Bedeutung hatte in alten Zeiten der Menschheitsentwickelung – in der alten atlantischen Zeit, als die Menschen noch die Möglichkeit hatten, die Vererbung zu regeln –, wie nimmt sich das aus, wenn man das in eine Zeit und in eine Gemeinschaft verlegt, die zwar die Traditionen bewahrt hatte, aber von dem Früheren nichts mehr kannte als eine untergeordnete Kunst, die man im Okkultismus okkulte Chemie nennt? Und da zeigte er, daß so etwas in Tibet vorhanden war. Diese Priesterschaft in Tibet hatte natürlich nicht mehr eine Kenntnis davon, wie sie durch Vererbungsverhältnisse der Individualität einen Leib schaffen konnte, von der sie glaubte, daß sie von Leib zu Leib gehen sollte, aber die alten Gepflogenheiten bewahrte sie auf. Wir haben also da ein Beispiel, wo dasjenige, was in der äußeren Wirklichkeit da ist, im allerstärksten Maße dem widerspricht, was es nach den Verhältnissen, die nun einmal in der Menschheitsentwickelung vorliegen, sein kann. Wie kann doch die Wirklichkeit gegenüber ihren Bedingungen eine Maja sein! – so fühlt man sich versucht auszurufen beim Lesen des «Maha Guru».

Oder ein anderes, meine lieben Freunde. Sie können sich ja auch denken, daß die Menschen der lemurischen, der atlantischen Zeit noch nicht so ausgesehen haben wie die heutigen Menschen, denn dasjenige, was sich dazumal innerlich seelisch entwickelt hat, formte auch die äußere Gestalt. Die ganze äußere Gestalt war anders, war weich, biegsam. Nun war zwar diese Gestalt der Menschen der lemurischen und der atlantischen Zeit nicht etwa affenhaft; die Vorfahren der Menschen, die wirklichen Vorfahren der Menschen, haben nicht eine affenhafte Gestalt gehabt. Ich habe das öfter betont. Es müßte denn sein, es wäre von der Weltenentwickelung gerade eine Ausnahme gemacht worden bei denjenigen Menschen, die selbst von sich geschrieben haben, daß sie sich erinnern können, daß sie vom Affen abstammen! Allein, das brauchen wir jetzt nicht zu untersuchen. Also affenhaft haben die Menschen nicht ausgesehen, doch wenn Sie sich unsere Kinder vorstellen, noch viel mehr ins Kindliche gezogen, viel, viel mehr ins Kindliche gezogen, und ein natürliches, elementarisches Element über den ganzen Leib ausgegossen, so werden Sie vielleicht eine Vorstellung bekommen können, wie der Menschenleib damals beschaffen war. Aber dadurch – lesen Sie nach die Aufsätze «Aus der Akasha-Chronik» –, daß sich in diesen weicheren Leibern solche Wesen, wie ich sie geschildert habe, verkörperten, die vom Mond her zurückgeblieben sind, dadurch wurden die weichen Leiber eher tierähnlich als menschenähnlich. Es entstanden verzerrte Gestalten, sogar eigentümliche Verrenkungen der Glieder: Und da haben Sie den Ursprung der Göttergestalten, die bei den einzelnen Völkern zu finden sind. Diese sonderbaren Gestalten, die unmenschliche Gesichter haben und ungeheure Gliedmaßen, die rühren davon her, daß man dieses Zusammenwirken der sich verkörpernden Mondwesen mit dem Menschenleibe ins Auge fassen mußte.

Wenn es in der atlantischen Zeit Maler und Bildhauer gegeben hätte, würden sie diese Gestalten, die da im Menschenleibe gelebt haben als verkörperte Mondwesen, haben nachbilden oder nachmalen können. Aber in Tibet gab es das nicht mehr. Deshalb mußte man sich nach dem Kanon richten, sonst hätten die Künstler alles beliebig gemacht. Wenn sich nun einer nicht nach dem Kanon richten, sondern nach seiner Phantasie schaffen wollte, da war er des Todes schuldig. Selbstverständlich kann man fragen: Hat es denn nur einen Sinn, daß jemand, der nur ein klein wenig an der Gestalt eines Gottes etwas ändert – wie ich das gestern angedeutet habe –, gleich mit dem Tode bestraft wird? Hat das denn einen Sinn? – Ja, in Tibet hatte es keinen Sinn mehr. Aber einmal hatte es seinen Sinn, denn einmal waren, wie Sie gehört haben, diese Gestalten da, und wenn man sie nicht so nachbildete, wie sie da waren, so wich man ab von dem, was da war, so gestaltete man eine Lüge. Eine Lüge aber war in jenen alten Zeiten etwas, was eine viel größere Macht hatte als in der Gegenwart. Wenn in der Gegenwart jeder an einer Lüge ersticken würde, der sie ausspricht, dann – nein, ich will mich darüber lieber nicht aussprechen, denn ich glaube, daß die Furcht vor dem Ersticken zu groß wäre, um die Leute lügen zu lassen! Ich nehme nicht an, daß jetzt die Leute an der Lüge ersticken werden, dazumal aber wären sie wirklich erstickt: Denn der Gedanke, der in Worte gefaßt wurde, hatte eine Kraft, um die Luft im Kehlkopf zu gestalten, und erstickte dann den Menschen. Und wer ein solches Wesen, das auf dem Monde sich nicht voll entwickelt hatte, auf der Erde unrichtig abgebildet hätte, der wäre erstickt daran: das heißt, er ging durch ein Naturereignis in den Tod.

So hängen die Dinge zusammen. Das heißt, die Entwickelung der Menschheit ist doch eine recht komplizierte, und man muß schon eindringen in die Geisteswissenschaft, wenn man dasjenige verstehen will, was da ist. Nun aber ist eben notwendig, daß man, um den Dingen richtig gegenüberzustehen, die in der Weltentwickelung an unsere Seele herantreten, wirklich furchtlos sich einläßt auf dasjenige, was die Geisteswissenschaft aus den geistigen Welten zu verkündigen hat. Denn diese Geisteswissenschaft ist gewissermaßen ein erster Impuls, zu dem immer mehr und mehr andere Impulse hinzukommen müssen, damit die Menschheit in der Zukunft der ihr angemessenen Entwickelung entgegengehen kann. Sie haben aus dem, was ich auseinandergesetzt habe, gesehen, daß zwischen einer Skylla und Charybdis durchzusteuern ist, daß ein ganz bestimmter Weg einzuschlagen ist in unserer Geisteswissenschaft, und das muß tief, tief ernst genommen werden. Wir haben jetzt, nicht wahr, eine Naturwissenschaft mit materialistischen Methoden betrieben. Ich habe ihre Eigentümlichkeiten gerade in den letzten Wochen vor Ihnen auseinanderzusetzen und zu charakterisieren versucht. Ich habe Ihnen das in den letzten Wochen in dem Sinne gesagt, daß eine materialistische Methode der Naturwissenschaft wirklich voll zu rechtfertigen sei. Aber warum muß denn diese materialistische Methode da sein? Wir können ja diese materialistische Methode geradezu dadurch charakterisieren, daß wir sagen – wir haben das in den letzten Wochen gehört –: Sie ist geeignet zu verschleiern, zu verhüllen das eigentlich Geistige, das dahintersteckt. – Warum muß denn diese materialistische Methode da sein? Warum ist sie heute, gerade in unserer Zeit, da?

Sehen Sie, es sollte in unserer Zeit ein früheres Naturwissen abgelöst werden durch ein neues Naturwissen. Ein früheres Naturwissen sollte durch ein neues Naturwissen abgelöst werden. Ich habe Ihnen etwas von diesem früheren Naturwissen angedeutet. Denken Sie, was es für ein Naturwissen war! Durch ganz bestimmte Maßnahmen, die im alten Sinne wissenschaftlich geregelt waren, einen Menschenkopf genial zu formen, daß er ein Werkzeug sein konnte für eine geniale Seele, das bedeutet ein ungeheures Wissen, oder wiederum, die Vererbung so zu regeln, daß geniale Eigenschaften übergehen auf die Nachkommen. Ja sogar noch intensiver ist solch ein Wissen. Es übertraf in Tausenden von Fällen das, was jetzt wiederum heraufkommt an Entwickelungslehren, Physik, Chemie und so weiter.

Aber gerade jenes alte Wissen sollte überdeckt, verhüllt werden durch die heutige materialistische Methode, die voll berechtigt ist und die stehenbleiben kann im rein physischen Felde. Denn der Mensch war in der Zeit, wo jenes hohe Naturwissen da war, das ich charakterisiert habe, kein freies Wesen, sondern er war erst auf dem Wege, die Freiheit allmählich zu entwickeln. Er wurde geleitet und gelenkt. Er war kein willensfreies Wesen, und der größte Teil dessen, was so geschah, um die Menschen zu leiten, wurde von den höheren Hierarchien bewirkt. Und nur einzelne, die abirrten von der Bahn, die auf dem Wege der Freiheit zu weit getrieben wurden, bewirkten das Sinken in den Abgrund, bewirkten, daß die Atlantis hinweggeschwemmt werden mußte. Aber indem der Wille immer freier und freier wurde, würde es der Mensch nicht haben aushalten können, ein solches Wissen zu haben.

Heute ist es undenkbar, ein solches Wissen zu haben, wie es einmal auf der Erde war, weil die Menschen jenes Maß von freiem Willen haben, daß sie es selbstverständlich heute noch mißbrauchen könnten. Wodurch wird dieser freie Wille, den die Menschen haben, in die richtigen Bahnen gelenkt? Schon aus gewissen Andeutungen, die ich in den letzten Wochen gemacht habe, können Sie entnehmen, daß der freie Wille dadurch auf die richtige Bahn gelenkt wird, daß der Mensch sich auf die naturwissenschaftliche Methode einläßt, auf die naturwissenschaftliche Methode mit ihrer Strenge und Genauigkeit; sie ist auf der anderen Seite eine wunderbare pädagogische Maßnahme für die Entwickelung des freien Willens.

Wir haben also gar keine Veranlassung, die naturwissenschaftliche Methode von heute, die wir in ihrer Berechtigung für die Zeit voll anerkennen, irgendwie zu bekämpfen. Und wenn Sie alles, was in unseren Zyklen und Büchern steht, durchgehen, so werden Sie in Wahrheit alles das widerlegt finden, was die einzelnen Verleumder behaupten, so zum Beispiel, daß wir uns gegen die Naturwissenschaft wenden. Gegen die Prätentionen mancher Forscher und Naturgelehrter muß man sich manchmal wenden; aber gegen die Errungenschaften der Naturwissenschaft wird niemals etwas gefunden werden können in unseren Schriften. Es würde eine völlige Verleumdung sein, wenn behauptet wird, daß sich irgend etwas in unseren Schriften gegen die Naturwissenschaft wendet, und es kann für uns auch gar nicht die Rede davon sein, daß man irgendwie sich wider die Naturwissenschaft wendet. Nur muß man sich klar sein darüber, daß man von sogenannter naturwissenschaftlicher Seite her angegriffen werden kann. Dann muß man sich gegen den Angriff wenden, wenn es nötig ist. Aber das muß immer mehr und mehr ins Bewußtsein der eigentlichen Bekenner der Geisteswissenschaft hineingehen, daß wir gerade die Notwendigkeit der naturwissenschaftlichen Methode voll verstehen müssen, und daß wir sie gerade reinhalten sollen, diese naturwissenschaftliche Methode, von allen möglichen nichtnaturwissenschaftlichen Begriffen, zum Beispiel vom Atom und von der Atombewegung, von denen ich in der letzten Zeit gesprochen habe. Das sind Phantasien in der Naturwissenschaft. Da muß man den Unterschied merken.

Man muß sich bemühen, sich so recht klarzumachen, wo wirkliche Naturwissenschaft vorhanden ist, und wo bloß naturwissenschaftliche Phantasien vorhanden sind. Wie oft hört man heute nicht, dieses oder jenes sei in der Wissenschaft festgesetzt, wo gar nichts festgesetzt ist, weil man nur dem bloßen Worte folgt. Niemals war die blinde Anerkennung der Autorität größer als gegenwärtig auf wissenschaftlichem Gebiete, wo jeder eigentlich demjenigen, dem er glaubt, die Sache zu entscheiden überläßt. Dies ist der Sinn des Mysteriums von Golgatha, daß in gewisser Weise allmählich wieder korrigiert wird – symbolisch ist es auch in der Bibel angedeutet –, was durch Luzifer in die Welt gekommen ist: Eure Augen werden aufgetan werden, und ihr werdet unterscheiden das Gute vom Bösen –, das heißt, von außen unterscheiden das Gute und Böse. Aber wenn man nach außen wahrnimmt in der Welt der Wahrnehmungen, so ist es unmöglich, von der Welt der Wahrnehmung etwas anderes als die Wahrnehmungen zu empfangen.

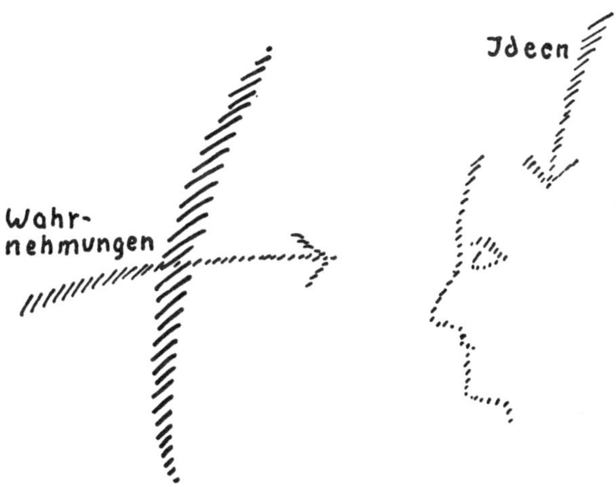

Sobald man anfängt, über die Wahrnehmungen nachzudenken, zu spekulieren und allerlei Ideen aus den Wahrnehmungen herauszunehmen, ist man auf dem Pfade, wirklich dasjenige darin zu finden, was durch Ahriman und Luzifer hineingelegt ist. Die Ideen müssen aus der geistigen Welt kommen, und wir müssen sie erst verbinden mit den Wahrnehmungen: dann sind diese Ideen göttlich. Dann sind sie göttlich, diese Ideen! Im menschlichen Leben muß erst die Ehe eingegangen werden zwischen den Ideen, die aus dem Geistigen heraus dem Menschen gegeben sind, und dem, was er draußen durch seine Sinne sieht. Das muß sich erst zusammenbinden im menschlichen Leben.

Wie es wissenschaftlich gemeint ist, können Sie nachsehen in meiner Schrift «Wahrheit und Wissenschaft». Daß man auch von außen, aus den Wahrnehmungen herein, Ideen, Gedanken wissenschaftlich finden könnte, das ist etwas, was auf Täuschung beruht, auf Täuschung von Ahriman und Luzifer. Aber solange in einer gewissen berechtigten Weise die Mächte zugelassen wurden des: Eure Augen werden geöffnet sein und unterscheiden werdet ihr das Gute und das Böse –, das heißt, in der Außenwelt die Ideen suchen, solange das berechtigt war, also bis zum Mysterium von Golgatha, solange Luzifer und Ahriman berechtigt zugelassen waren, konnte man nichts einwenden. Aber jetzt ist es anders; jetzt sind sie noch unberechtigter innerhalb des äußeren Durchdringens der Wahrnehmung.

Auch das kam in der Mitte des 19. Jahrhunderts durch eine besondere Krisis heraus. Diese Krisis meldete sich durch große, eigentlich durch ganz besondere Leistungen an: daß zum Beispiel die Spektralanalyse heraufkam und in der naturwissenschaftlichen Methode gründlich aufräumte mit der Anschauung, man habe es mit geistigen Wesenheiten zu tun, wenn man nach den Sternen hinaufsieht, und zeigte, daß überall sich Materien ausbreiten, die auch auf der Erde sind. Da ist nicht mehr zu machen die alte Vermischung der Ideen mit der Wahrnehmung, denn solche Entdeckungen machen es notwendig, daß die Ideen wieder den Geistesweg in unsere Seelen finden. Ebenso ist es mit dem Darwinismus. Wenn man bloß kombiniert das, was man in der äußeren Wahrnehmung findet, das heißt, die Ideen in der Außenwelt sucht, so kommt man zu einer bloß materialistischen Ausdeutung der Welt. Kurz, überall kündet sich die Krisis an, überall ist sie da, und überall ist die Auflehnung auch da gegen die Tatsache, daß aus dem Geistgebiete in die Menschenseele herein die Ideen wachsen müssen, wenn die Menschheit weiterkommen soll. Das heißt, wir müssen das Wesen von Ahriman und Luzifer erkennen, damit wir fortan sie beobachten, wenn sie uns dasjenige fortsetzen wollen, was in den Worten liegt: Eure Augen werden aufgeschlossen werden und ihr werdet das Gute und das Böse unterscheiden können. – Wir müssen sie beobachten lernen, sowohl Ahriman wie Luzifer. Wir werden es können, wenn wir das Ich, wie es sich entwickelt hat, durchdringen mit dem Christus, richtig durchdringen mit dem Christus.

Aber auch noch etwas anderes ertönte in uralten Zeiten durch die Welt, und dieses kam von einer anderen Seite heran, nachdem der Mensch die Möglichkeit erlangt hatte, das Gute und das Böse zu unterscheiden, nachdem er die Möglichkeit erlangt hatte, seine Augen nach außen zu richten, daß heißt, seine Sinne anzuwenden und durch sie sinnliche Ideen zu bekommen. Da hat er auch das Wort gehört: Der Mensch muß aus dem Gebiete des Geistes, in dem er bisher drinnen lebte, heraus, damit er nicht auch noch esse von dem Baume des Lebens. – Aber fortwährend wird dem Menschen der Christus zu essen geben von dem Baume des Lebens, und erlebt müssen werden die Ideen, die aus dem Geistgebiete in die Menschenseelen unmittelbar hereindringen. Sie können aber nur erlebt werden, wenn die Menschenseele den Christus in sich aufnimmt. Und dann haben wir etwas ganz anderes als den Erkenntnisbegriff, da bekommen wir den Lebensbegriff. Während wir Luzifer und Ahriman sozusagen auf die Finger schauen müssen, damit – wenn sie in der ferneren Zeit eine Erkenntnis von außen in uns eindringen lassen – wir beobachten, daß dies von Ahriman und Luzifer kommt, so müssen wir uns darüber klar sein, daß durch das Mysterium von Golgatha in dem Menschensein bewirkt worden ist, daß die Menschen Ideen in sich bekommen zum Leben, nicht zum bloßen Erkennen, sondern zum Leben. Und wenn wir von diesem Lebensstandpunkte aus die einzelnen Religionen der Welt betrachten, dann werden wir weit, weit entfernt sein davon, diese Religionen zu untersuchen darauf, ob sie mit unserer Weltanschauung übereinstimmen oder nicht. Nur den Erkenntnisbegriff auf sie anzuwenden, ist gar nicht unsere Aufgabe, sondern den Lebensbegriff.

In der Menschheit gibt es bestimmte Religionsformen. Sehen sollten wir nicht darauf, ob wir sie für wahr halten, sondern ob sie geeignet sind, den Menschen durch das, was in ihrem Kultus lebt, Seelennahrung zu bringen und ihre Seelen zu beleben. Und so kann selbstverständlich, da es verschiedene Menschenseelen gibt, es auch verschiedene Nahrung geben, die ihnen zum Leben dient. Wenn wir das begreifen, dann werden wir einsehen, daß wir uns niemals einlassen können darauf, irgendeine religiöse Form zu bekämpfen, sondern wir müssen uns bemühen, sie zu verstehen, insofern sie die Lebensnahrung ist für Seelen, denen sie gegeben ist als Leben; nicht nur zur Erkenntnis, sondern als Leben. Dann werden wir auch merken, daß der Standpunkt ganz verschoben ist, wenn die Religion anfängt mit einer Wissenschaft zu streiten über ihren Inhalt. Dann werden wir auch wissen, wie es eigentlich selbstverständlich ist, daß die Religion sich stellt auf einen gegnerischen Standpunkt gegenüber der fortschreitenden Natur- oder Geisteswissenschaft. Denn diese Religionen wollen noch immer nicht loskommen von dem alten Versucher, sie wollen noch immer nicht nur an Gott appellieren, der dem Menschen gesagt hat: Er will ihnen das Leben geben, sie sollen nicht selber vom Baume des Lebens essen. – Die Religionsvertreter wollen nicht bloß an Gott appellieren, sondern sie wollen noch an den luziferischen und den ahrimanischen Geist appellieren, und durch die Religion wollen sie aufgeschlossen bekommen das Auge für die Unterscheidung des Guten und Bösen. «Erkenntnis» will die Religion sein. Aber das kann sie nicht sein, weil sie Lebenssubstanz ist. Und unter dieser Versuchung, die noch immer in den Ohren raunt den einzelnen Vertretern der Religionsgemeinschaften, glauben diese, in ihren Religionen Erkenntnisse mitzugeben und bekämpfen die fortschreitenden Erkenntnisse der Wissenschaft, während die Frage der Erkenntnis eigentlich gar nicht in Betracht kommen kann zwischen Religion und Wissenschaft. Wir haben nicht die geringste Veranlassung, irgendeine Religionsgemeinschaft zu bekämpfen, und wir können niemals eine Gegnerschaft haben gegenüber irgendeiner Religionsgemeinschaft aus dem Grunde, weil wir die Religionsgemeinschaften fragen nach ihrer Lebenssubstanz und nicht nach ihrem Erkenntnisinhalt. Aber die Religionsgemeinschaften werden immer versucht sein, die fortschreitende Wissenschaft zu fragen, ob sie mit dem, was sie für Erkenntnis ansehen, übereinstimmt. Da aber das Leben in Entwickelung begriffen ist, so wird die fortschreitende Wissenschaft niemals mit der nach dem Konservatismus hinneigenden Religion übereinstimmen können.

Und jetzt sehen Sie den ganzen Konflikt, der sich natürlich immer und immer wieder abspielen wird. Ich möchte, daß Sie etwas hinsehen auf diesen Konflikt, in der richtigen Weise auf diesen Konflikt hinsehen und begreifen lernen, daß selbstverständlich die Vertreter der Religionsgemeinschaften, weil sie von der Versuchung befallen sind, von ihrem Gesichtspunkte aus immer die Geisteswissenschaft bekämpfen werden. So wie die Naturwissenschaft bekämpft worden ist, wird auch die Geisteswissenschaft bekämpft werden. Aber Sie müssen sich auch klar sein darüber: die Bekämpfer kämpfen aus Unverstand. Das gibt zwar keine Entschuldigung für sie, sie müssen selbstverständlich deshalb auch wiederum bekämpft werden; aber selbst muß man sich klar sein darüber: sie kämpfen aus Unverstand, sie können nicht auf den richtigen Standpunkt sich stellen.

Ich möchte wie ein Wahrzeichen ein Wort vor Ihre Seele hinstellen, das im 14. Jahrhundert ein Mann gesprochen hat, der heraufkommen gesehen hat die Zeit, in der die Naturwissenschaft, die naturwissenschaftliche Denkweise kommen mußte, der den heraufkommenden Humanismus gesehen hat, und der von seinem Freunde gehört hat: man sollte sich nicht befassen mit dem, was man wissen kann und was nicht in der Bibel steht oder von der kirchlichen Tradition bewahrt wird. Es ist anders geworden seit dem 14. Jahrhundert in dieser Beziehung. *Dantes* «Göttliche Komödie» ist ein großes, weltumfassendes Gedicht. Aber Dante lebte gerade in der Zeit, als die Epoche hinuntersank, in der man sich beschränkte auf das bloß historische Christentum. Für Dante war *Virgil* einfach der in die Hölle Verbannte. Dante wußte nicht viel von irgend etwas anderem als von dem Christentum, das ihm wie eine große Ordnung aufging. Anders war es für *Petrarca.* Ein Jahrhundert später, im 14. Jahrhundert, las Petrarca Virgil schon mehr mit Gläubigkeit. Er wendet sich zurück, nicht nur an das christliche, sondern auch an das heidnische Geistesleben. Als nun einer seiner Freunde dem Petrarca einmal schrieb, daß ihm im Traume ein geistiges Wesen erschienen sei, das ihm gesagt habe, er solle sich nicht mit irgend etwas von Literatur befassen, was nicht im Christentum lebte, da gab er eine bedeutungsvolle Antwort. Aber dazumal war das naturwissenschaftliche Zeitalter, jetzt ist das geisteswissenschaftliche Zeitalter. Ich will das hervorheben, weil sogar aus der geistigen Welt heraus der Freund – und dadurch Petrarca – gemahnt worden ist, sich nur mit dem, was das damalige Christentum als christlich ansah, zu befassen. Er schrieb die wunderschönen Worte, die dazumal für das heraufkommende Zeitalter galten. Heute gelten sie noch. Petrarca erwiderte seinem Freunde *Boccaccio* in ernsten, bedeutenden Worten und legte ihm seinen Standpunkt klar, warum er diese außerchristlichen Dinge lese und was sie ihm seien:

«Warum sollen wir denn die heidnischen Dichter und Schriftsteller fliehen, die den Namen Christi nur darum nicht nennen, weil sie ihn nie gehört haben? Sollten doch die Bücher der Ungläubigen viel gefährlicher erscheinen, die Christus nennen und doch bekämpfen – und dabei lesen die Verteidiger des wahren Glaubens sie mit größtem Eifer. Glaube mir: Vieles, was nur von der Trägheit und Feigheit bestimmt ist, wird einer bedachten Überlegung zugeschrieben. Die Menschen verachten oft, was sie nicht erreichen können; und gerade der Unwissenheit ist es eigentümlich, zu verurteilen, was sie nicht erfassen mag, und niemand will sie ein Streben verstatten, zu welchem sie selbst unfähig ist.

Daher stammen die schiefen Urteile über unbekannte Dinge, wobei nicht so sehr die Blindheit der Urteilenden, als deren Bequemlichkeit ins Auge fällt. Wir aber dürfen uns nicht durch irgendwelche moralische Mahnung noch durch Hinweis auf die Nähe des Todes von den Wissenschaften abschrecken lassen. Werden die letzteren in ein gutes Gemüt aufgenommen, so erregen sie die Liebe zur Sittlichkeit, und nehmen die Todesfurcht von uns oder vermindern sie doch; geben wir sie auf, so möchte dies gerade den Verdacht des Unglaubens erwecken, der für das Wissen in Anspruch genommen wurde. Die Wissenschaften halten also den, der sie in der rechten Art besitzt, nicht von der Vervollkommnung zurück, sondern helfen ihm; sie ebnen ihm die Lebenspfade und hindern ihn nicht. Einem kranken und schwachen Magen mag manche Kost nicht zuträglich sein, welche ein Gesunder, der hungrig ist, ohne weiteres verdaut; so auch mag für einen heilen und kräftigen Geist segensreich sein, was einer schwächlichen Natur Verderben bringen würde...

Wohl weiß ich, daß manche zu erhabener Heiligkeit ohne Bildung gelangt sind, aber ich weiß auch, daß die Bildung keinen davon ausgeschlossen hat... Soll ich dir meine eigentliche Meinung sagen, so ist es die: Der Weg zur Tugend über die Unwissenheit ist vielleicht eben, aber feige. Nur ein Ziel haben alle Guten, aber vielerlei Wege führen dahin, und die gemeinsam Wandernden sind untereinander sehr verschieden: der eine geht langsamer, der andere schneller, hier einer im Verborgenen, ein anderer allen sichtbar, dieser demütig gebeugt, und jener erhoben. Alle Wanderschaft ist gesegnet; am herrlichsten aber ist eine solche, die frei und hoch sich vor aller Augen abspielt. Das Wissen, das zum Glauben sich durchgerungen hat, ist weit besser als die Einfalt, und sei sie noch so heilig, und keiner der Toren, die je ins Himmelreich eingegangen sind, steht so hoch, wie ein Wissender, der die Krone der Seligkeit erlangt.»

So ist es auch mit unserer Geisteswissenschaft! Und nicht nur dem Pfarrer Riggenbach, sondern allen anderen, die uns bekämpfen und sich uns entgegenstellen, könnte man die obigen Worte zurufen, die Petrarca seinem Freunde schreibt: «Einem kranken und schwachen Magen mag manche Kost nicht zuträglich sein, welche ein Gesunder, der hungrig ist, ohne weiteres verdaut; so auch mag für einen heilen und kräftigen Geist segensreich sein, was einer schwächlichen Natur Verderben bringen würde.»

Wenn man stehenbleiben will bei dem Widerspruch des ersten und dritten Evangeliums, und nicht sehen will, daß sich der Widerspruch löst, sobald man die zwei Jesusknaben in Betracht zieht, wenn man meint, man müsse bei dem Einfachen bleiben und brauche nicht das phantastische Zeug «derer da oben», wenn man nicht sehen will, daß alle die Formen des Lebens in unsere Bauformen hineingeflossen sind, sondern von «verzerrten, phantastischen Formen» redet, so muß man sagen: «Das Wissen, das zum Glauben sich durchgerungen hat, ist weit besser als die Einfalt, und sei sie noch so heilig, und keiner der Toren, die je ins Himmelreich eingegangen sind, steht so hoch, wie ein Wissender, der die Krone der Seligkeit erlangt.»

Solche Gedanken sind notwendig, damit wir uns wenigstens klar darüber sind, daß es niemals in unserem Prinzipe liegen kann, irgendeine Religionsgemeinschaft zu bekämpfen, und daß es nur eine Verleumdung sein kann, wenn jemand auftritt, der uns als Feind gegenüber den religiösen Strömungen hinstellt. Schon daß man das tut, bezeugt, daß man uns nicht verstehen will. Wir müssen das wenigstens wissen; und wir müssen uns entgegenstellen einer jeden aggressiven Tendenz gegen irgendeine Religionsgemeinschaft, wie wir uns auch jeder aggressiven Tendenz gegen die Naturwissenschaft enthalten müssen, aus dem Grunde, weil aus diesen von selbst herauskommen wird, wie sie sich begegnen werden mit der Geisteswissenschaft! Keine Religionsgemeinschaft brauchen wir zu bekämpfen. Kämpfe können in Wahrheit gar nicht von uns ausgehen, denn es liegt nicht in unserer Natur, anzugreifen. Anzugreifen liegt uns ganz fern. Und notwendig ist es geradezu, zu begreifen, daß es ein Axiom ist, daß, wenn wir nicht Frieden haben, es deswegen so ist, weil es dem bösen Nachbarn nicht gefällt; denn in unserer Natur liegt es nicht, zu kämpfen. Man probiere es einmal und lasse uns in Frieden, ob nicht der Friede erhalten bleibt. Man probiere es! Aber wir müssen selbstverständlich von dieser Gesinnung durchdrungen sein. Es wird zum Beispiel auch viel gesündigt, indem auch von unserer Seite diese oder jene Dogmen oder Kultusdinge angefochten werden, oftmals sogar ohne daß man sie versteht. Wir müssen sie verstehen; aber wenn wir sie richtig verstehen, dann gilt das, was angegeben worden ist, als unser Prinzip. Und so möchte ich ebenso appellieren an dieses Ihr Verständnis des Friedensprinzipes. So wie ich Sie ermahnen mußte, geduldig zu sein in der jetzigen Zeit, so muß ich Sie ermahnen, wachsam zu sein, damit wir dasjenige tun, was notwendig ist, um das uns anvertraute heilige Gut wirklich zu wahren. Denn wir werden immer mehr und mehr mit einer sicheren, inneren Kraft durch die Welt gehen müssen, um fest auf dem Boden stehen zu können, auf den uns die Geisteswissenschaft stellen will.

Das Mysterium von Golgatha und das Christus-Prinzip hängen innig zusammen mit der Notwendigkeit, Geistiges in der Welt zu sehen. Niemals wird das bloße Anschauen genügen, wenn Sie auch nur die historische Wirklichkeit des Mysteriums von Golgatha verstehen lernen wollen. Geistig allein kann das Mysterium von Golgatha begriffen werden, und derjenige, der sich eben wird ergeben wollen einer Wissenschaft, die alles von außen bekommt, und der nicht auf die neuen Offenbarungen schauen will, die uns immer zufließen können gegenüber dem Mysterium von Golgatha, wird nicht begreifen das, was in der Mitte des 19. Jahrhunderts, 1838, gesungen worden ist durch einen anderen von dem, was, ewig wechselnd und doch ewig seiend, seit dem Mysterium von Golgatha durch die Erdenmenschheit waltet. Lassen Sie mich eine Stelle vorlesen, die uns schildern kann, wie sich dasjenige, was das Mysterium von Golgatha nicht begreifen kann, diesem Mysterium von Golgatha gegenüberstellt.

Der Bannspruch

Vierter Gesang

Zum grünen Osterfest mit jungen Palmen
War schon gerüstet ganz Jerusalem
Und schlug die Harfe an zu Jubelpsalmen.

Ein einzig Haus, das letzte von der Reihe,
Die Türe Ahasvers, des grollenden,
Blieb ohne Festeszier und ohne Weihe.

Und fremder Menschen tausende an tausend
Aus Näh' und Ferne walleten einher
Gleich Meereswogen unterm Winde brausend.

Da kam herab, das Letzte zu erfüllen,
Zu seiner Opferung der Gottessohn
In seiner Demut auf geringem Füllen;

Und alles Volk stürzt jauchzend ihm entgegen
Und breitet die Gewänder vor ihm hin
Und streut ihm grüne Reiser auf den Wegen.

Nur Einer gegen sich empört und wütend,
Nur Ahasver saß still in sich gekehrt,
Ein schwüler Tag Gewitter heimlich brütend.

Und: «Hosianna!» hört er tausendstimmig.
Er aber fluchte heimlich in sich selbst,
Doch sprach er nicht, das Herz war ihm zu grimmig.

Still waren nun des Judenvolkes Horden,
Und überall war's Nacht, o eine Nacht
Voll bittrer Leiden, herber Qual geworden!

Es gibt wohl Nächte, so geheimnisvolle,
Wo einem ist, als ob sie die Natur
In schmerzlichem Gebet verwachen wolle.

Da kann sich keines Wesens Auge schließen,
Ob fromm, ob gottlos, keine Seele kann
Des Schlafes, des erquickenden, genießen.

In solcher Nacht ward Gottes Sohn verraten
Der Bosheit und der Schlechtigkeit der Welt,
Und preisgegeben ihren Missetaten.

In solcher Nacht fühlt' Ahasver ein Schauern,
Ein Fieberfrösteln ging ihm durchs Gebein,
Und er begann zu sprechen und zu trauern:

«Wo hat ein Volk so Gräßliches erduldet
Als du, o Israel, von Anbeginn?
Mit Gottesfurcht hast alles du verschuldet.

Deshalb so machtlos, kraftlos, feig und nichtig;
Denn jedem dient stumpfsinnig wie das Tier,
Der Einem erst zum Sklavendienste pflichtig.

So haben wir gefrönt auf allen Straßen,
So in Ägypten und in Babylon,
So einem Gott gedienet übermaßen!»

Und wie die Sonne tief zu Nebelsee'n
Versank in sich jetzt wieder Ahasver
In endlos, unermeßlich tiefe Wehen;

Doch wie von unterirdischen Gewalten
Zuweilen wird die Erde bis zum Kern,
Ihr zuckend rotes Herz entzweigespalten,

So plötzlich sah er in sich selber drinnen
Des Übels Ursach, o ein ewig Leid!
Und weiter sprach er nun in tiefem Sinnen:

«Die arme Erde! Kurze, sel'ge Stunden
Hielt sie in ihrem Arme einen Gott,
Verstoßen ist sie nun und Gott verschwunden.

Die Erde, vom treulosen Gott betrogen,
Mit Liebe und mit Tränen hat sie treu
Ihr armes Kindlein redlich groß gezogen; –

Ihr Kind, der Mensch, den freundlich sie ernähret,
Was drängt er sich dem stolzen Gotte nach?
Dem Bastard ist der Weg zu ihm verwehret.

So von mir werfen will ich sein Gedächtnis,
Ausreißen aus der Brust den Drang zu ihm,
Das väterliche, ärmliche Vermächtnis!

Aus Erde ist der Mensch und auf der Erde
Und von der Erde lebt er, daß er einst
Wie seine Mutter wieder Erde werde.»

Jetzt schwieg er. Bleich und trauernd, wie die Blume,
Die in sich trägt die heil'ge Passion,
Blüht auf der Tag zum großen Martyrtume;

Und alles Volk, gewickelt wie zum Knäule,
Hat sich zum Richthaus lärmend hingedrängt,
Wo oben stand der Heiland an der Säule.

Auf seinem Haupt die blut'ge Dornenkrone,
Im Purpurmantel, in der Hand ein Rohr,
So königlich geschmückt zum Spott und Hohne.

Und Ahasver hört ein unendlich Schreien:
«Ans Kreuz mit ihm! den König an das Kreuz!»
Und immer mehr den Mordruf sich erneuen.

Und immer wütiger hört er es rufen:
«Er hat das Volk verführt! Hinweg mit ihm!»
Da tritt er vor zu seines Hauses Stufen.

Es zog herauf das Volk, es schien, als quölle
Mit Hohngelächter an die Oberwelt
Der Teufel Pöbel aus der letzten Hölle,

Um tödlich den verrat'nen Gott zu schlagen,
Der mitten unter ihnen wankt einher,
Der sich zur Qual das eigne Kreuz muß tragen.

Ein Jubelruf schallt gräßlich, tausendtönig:
«Er hat das Volk verführt, hinweg mit ihm!
Ans Kreuz, ans Kreuz von Israel den König!»

«Tod diesem Nazarener, Gott und Allen!»
Schrie Ahasver; da war es totenstill
Und vor ihm Christus unterm Kreuz gefallen.

Und wie die Knechte ihn vom Kreuz entlasten,
Da flehet Christus auf zu Ahasver:
«Laß mich an deiner Schwelle wenig rasten!»

Doch dieser warf ihm zu dies Wort des Spottes:
«Hilft dir dein Vater in dem Himmel nicht
Und nennst dich doch den Eingebornen Gottes?

Ich stoße dich hinweg von meiner Schwelle,
Ob wahr dein Wort, ob du gelogen hast;
Dir keine Ruhe! keine an der Stelle!»

«Dir keine Ruhe, keinen, keinen Frieden!»
Entgegnet ihm der Herr. «So lebe denn
Das ew'ge Leben ruhelos hienieden!»

Kaum hat der Herr dies schwere Wort gesprochen,
So fiel in jähem Schrecken Ahasver
Auf sein Gesicht; es war sein Geist gebrochen.

Geheimnisreiche, schreckenvolle Kunde,
An Ahasver, an mir zieh jetzt vorbei!
Vorbei, vorbei, gewalt'ge Opferstunde!

Fünfter Gesang

Durch Erd' und Himmel ging ein bittres Weinen;
Als Christus an dem Kreuze ward erhöht,
Zugleich hört' auch die Sonne auf zu scheinen.

Und als der Mittler nun im Todesleide
Ausrief: «Es ist vollbracht!» und so verschied,
Ging durch das Herz der Erde Schwertes Schneide.

Da scholl durch die Natur ein Wehschrei gräßlich,
So mark- und beindurchdringend, unerhört,
So jammervoll, wildfremd und unermeßlich,

Als wär' ihr selbst durch ihre Seel' gestochen
Der Todesspeer, ach! jäh und mörderisch
Durch ihre warme Mutterbrust gebrochen!

Und eine Furcht, ein Schauern unbezwinglich,
Und eine schwere große Finsternis
Sank auf die weite Erde undurchdringlich.

Und wie ein Vöglein in des Geiers Krallen,
Begann der Boden jetzt vor inn'rer Angst
In sich zu beben und emporzuwallen.

Da schienen aufgelöset alle Banden,
Es wankte innerlich der Erde Grund,
Aufwachten da die Toten und erstanden.

«So war er dennoch Gott und mußte sterben?»
Sprach leise Ahasver. «Doch aber ich
Soll auf der Erde nicht den Tod erwerben?»

Doch wie auf arg gefährlich schwanker Leiter
Trieb eine rätselhafte Macht ihn fort
Durch alle Schrecken vorwärts immer weiter,

Bis er von Mauern eines weiten Raumes
Umfangen irrt und wankt von Gang zu Gang,
Wie ein Nachtwandler in dem Bann des Traumes.

Nicht einen Ausweg kann er wiederfinden
In diesem öden, ungeheuren Grab,
Wohin er sich auch wenden mag und winden.

Enträtseln kann er nicht, wie er hereinkam,
Und kann sich nicht besinnen, wo er ist
In solcher Schreckensstunde irr und einsam.

Und wie er weiter tappet an den Wänden,
Da stößt er endlich jetzt auf einen Tisch;
Ein Opfermesser hält er in den Händen.

Da ruft er aus fast zaghaft und beklommen:
«Wie bin ich zu Jehova's Hause doch,
In Salomonis Tempel hergekommen?

Hat er in Christus doch gelebt hienieden,
Den Tod erwählt in menschlicher Gestalt,
So ließ er gern den toten Gott in Frieden.

Furchtbar Geheimnis, lösen wer es könnte!
Im Allerheiligsten hat er gethront, –
Wenn ich hinein mir einen Blick vergönnte?»

In seines Herzens heftiger Erregung
Fand er die Stufen, die lebendig fast,
Wie auch der Boden waren in Bewegung.

Doch als er mühsam so sich dort emporrang,
Zerriß von oben bis nach unten aus
Mit einem Donnerschlag des Tempels Vorhang;

Und schrecklich, in gewalt'ger Blitzeshelle,
Der Engel Michael mit Flammenschwert
Stand hoch und herrlich auf der heilgen Stelle.

Auf Feuerwolken seine Füße ruhten,
In Feuerflammen hob er seinen Arm,
Und also sprach er wie mit Wettergluten:

«Wen suchst du hier? Der Dämon ist gerichtet,
Der zorngewalt'ge Dämon deines Volks;
Und seine Macht hat Gottessohn vernichtet!»

«Jehova?» rief da Ahasver mit Schrecken.
Der Engel sprach: «Ein Abgott war auch Er!
Der Gott der Wahrheit muß ihn niederstrecken,

So ihn, wie alle Götzen dieser Erde,
Damit aus allen Menschen nur ein Volk
Und Eins in ihm die ganze Schöpfung werde!

Ans Erdenleben hast du dich verwettet,
Es werde dir zu Teil, was du begehrt,
So sei an dieses Leben angekettet!

Vorüber spurlos sollen dir die Zeiten,
Vorüberschreiten machtlos an dir hin,
Vorüber, aber lang wie Ewigkeiten!

Versagt sei dir des Todes süßer Frieden,
Versagt des Menschen letzter Trost, der Schlaf,
Versagt von nun an alle Ruh hienieden;

Doch stets zur Gnade offen sind die Arme
Des Gottessohnes in dem Himmelreich,
Damit er jeden Wesens sich erbarme.

So will er dir zur Lösung wiedergeben
Das Rätsel deines eigenen Geschicks,
Dreimal auch deiner Kinder junges Leben,

Bis du zum Heile deinen Weg gefunden
Mit ihnen hin zu Gottes Vaterbrust
Und so vom Erdendienst dich hast entbunden!

Zum ersten Male kann es dir gelingen,
Zum andren Male fleh um Gottes Rat,
Zum dritten Male mußt du es vollbringen.

Sonst wehe dir! Bis zu dem Weltgerichte
Mußt du dann wandern auf dem Erdenrund,
Bis an das Ende aller Weltgeschichte.»

Da plötzlich löschten aus die Wunderflammen,
Und schrecklich, grausig, düster quoll die Nacht
Im wüsten Wirbel wiederum zusammen.

Wiederum solch ein Beispiel, wie die Menschenseele sich gedrängt fühlt, sich auseinanderzusetzen mit dem, was in der Zeit herangekommen ist. Und jetzt, nachdem wir solche Bilder durch unsere Seelen haben durchgehen lassen, möchte ich Sie erinnern an das, was ich schon einmal gesagt habe von dieser Stelle aus: Wir müssen unsere Anschauungsweise ändern, wenn wir richtig in die geistige Welt hineinblicken wollen. Wir müssen nicht glauben, daß wir sie wie die sinnliche Welt anschauen können. Wir müssen uns sogar an andere Ausdrucksweisen gewöhnen. Die Bäume, Flüsse, Berge, das alles sehen wir, nehmen wir wahr, wenn wir in der physischen Welt sind. Die geistigen Wesenheiten aber erleben wir so, daß wir sagen müssen: sie sehen uns, sie nehmen uns wahr. Zum wahren Verständnisse des Mysteriums von Golgatha ist das aber notwendig zu wissen, weil das nur im Geistigen richtig verstanden werden kann. Aber so wollen wir das Mysterium von Golgatha verstehen.

Zeiten müssen kommen, wo durch ein wirkliches Verständnis des Wortes: «Nicht ich, sondern der Christus in mir», es möglich sein wird, sich in der richtigen Weise mit Wissen zu den geistigen Welten zu erheben. Im Jahre 1838 ist dieses epische Gedicht «Ahasver» von *Julius Mosen* erschienen, und es verrät uns das auch, da er diese Legende so schreiben konnte, daß Mosen wirklich ergriffen werden konnte von dem tragischen Geschick, das ihn ereilt hat. Er hat die größte Zeit, fast die ganze Zeit seines Lebens, im Bette gelegen, da sein physischer Leib fast ganz gelähmt war. Dadurch konnte er sich eben zu höheren Ideen erheben. Er erinnert uns darin an jenen Sünder, von dem ich gestern gesprochen habe, in dem Roman des «Maha Guru», der, als er schon wahnsinnig war, seine Kunst gefunden hat, und er erinnert uns an die Frau des Grafen aus dem polnischen Drama, die ebenfalls in krankhaften Zustand geraten mußte, um mit der geistigen Welt in Verbindung zu sein. Heute soll es eben die Aufgabe der Geisteswissenschaft sein, den Menschen im gesunden und normalen Zustande in die geistige Welt aufsteigen zu lassen. Das alles sind Zeichen für den Ernst und für die Würde, mit der wir die Aufgabe der geisteswissenschaftlichen Bewegung aufzufassen haben. Heute, wenn man in ein Wort, in ein Wahrwort zusammen sich denkt dasjenige, was einen als Kraft beseelen kann, so fassen wir es zusammen mit den Worten: Das Mysterium von Golgatha zeigt uns, daß ein geistiges Verständnis notwendig ist, daß wir den Christus als Geist suchen müssen. – Dann müssen wir auch sagen: Der Christus sieht uns, nimmt uns wahr.

Dies wollen wir uns recht tief einprägen und immer vor Augen halten, und unser geistig-seelisches Gewissen muß es befriedigen können, wenn wir unsere geisteswissenschaftlichen Erkenntnisse so vertreten, daß wir mit gutem Gewissen in der Seele die Worte tragen: Der Christus mag zusehen bei dem, was wir als unsere Geisteswissenschaft treiben. – Das ist unser Glaube, das kann uns aber auch so beseelen, wie einmal die Menschen beseelt worden sind durch das Wort des *Bernhard von Clairvaux:* «Gott will es!», das ein Wort geworden ist, welches sich in Taten umgesetzt hat. Möge es bei uns dasselbe sein, daß wir glauben dürfen, den Christus richtig zu verstehen, wenn wir unter dem Eindruck des Wortes leben: Der Christus kennt uns. – Und wenn Sie es richtig verstehen, ich könnte Ihnen nichts Esoterischeres geben für die unsere Geisteswissenschaft im richtigen Licht erblickende Seele und für das im rechten Sinne die Geisteswissenschaft fühlende Herz, als das Wort: Der Christus sieht uns!

So lebe in unserer Seele das Wort: Der Christus sieht uns! – denn das dürfen wir glauben, wenn wir die Geisteswissenschaft richtig verstehen: Der Christus sieht uns!

DREIZEHNTER VORTRAG

Dornach, 7. November 1915

Da es möglich ist, daß wir heute noch hier miteinander sprechen, so will ich einige Punkte berühren, welche da oder dort zusammenhängen mit dem, was wir im Laufe der Zeit betrachtet haben. Ich möchte zuerst Ihren Blick darauf lenken, daß die Stimmung, von der ich das letzte Mal gesprochen habe, die Stimmung einer gewissen Abweisung der geistigen Welten, der wirklich konkreten geistigen Welten, eigentlich etwas ziemlich allgemeines ist in der heutigen äußeren Welt, während im Grunde genommen die Stimmung: heranzutreten an die geistigen Welten, um aus den geistigen Welten etwas aufzunehmen zur Bereicherung und Erkraftung des Lebens, nur bei einem kleinen Häuflein von Menschen vorhanden ist. Ich meine, das können wir ja sehen.

Man wird mit diesen Dingen in seinem Verständnis nur dann zurechtkommen, wenn man sich klar ist darüber, daß heute noch nicht viele Menschen dasjenige kennen, was immer verbreiteter und verbreiteter werden wird in der Welt: das tragische Ringen mit der Erkenntnis. Die Empfindung, daß man die Erkenntnisse der geistigen Welten braucht, daß man sie aber nur erlangen kann in einem geduldigen Hingeben der Seele an die geistigen Welten, diese Empfindung, dieses innere Ringen mit der Erkenntnis, dies konnte in den alten Zeiten, wo gewissermaßen die Erkenntnis an die Menschen durch atavistisches Hellsehen herangekommen ist, noch nicht da sein.

Gerade aus denjenigen Tatsachen heraus, die ich in den letzten Wochen hier auseinandergesetzt habe, kann sich in unserer Zeit erst dieses Ringen mit der Erkenntnis bilden. Und so kommt es denn, daß in unserer Zeit, da wo es sich um Erkenntnis, um Erkenntnisstreben handelt, die Menschen nur zu sehr geneigt sind, sich irgend etwas vorzumachen. Auf der einen Seite möchten die Menschen heute frei sein von jeglichem Autoritätsglauben, auf der anderen Seite sind die Menschen gerade heute dem schlimmsten Autoritätsglauben verfallen. Denn wenn einer irgend etwas bringt – ich habe das oft in anderem Zusammenhange erörtert –, was das Mäntelchen der Wissenschaftlichkeit trägt, dann ist der Glaube an so etwas Wissenschaftliches ganz allgemein. Die Menschen wollen nicht zu dem sich heraufringen, was wirklich individuelles Erkenntnisstreben ist. Sie sind in Wahrheit, ohne daß sie es merken, zu bequem, zu träge, um diejenigen Kräfte der Seele in Tätigkeit zu versetzen, die eben in Tätigkeit kommen, wenn man mit der Erkenntnis ringt. Und so wollen sich die Menschen mit dem, was allgemein als autoritativ-wissenschaftlich anerkannt ist, wie durch ein seelisch-geistiges Narkotikum beruhigen. Sie wollen dasjenige, was so allgemein anerkannt ist, fertig übernehmen, damit sie nicht das individuelle Erkenntnisstreben in Tätigkeit zu versetzen brauchen. Im Grunde genommen ist das Aufbäumen gegen die geisteswissenschaftliche Weltanschauung wesentlich darauf zurückzuführen, daß diese geisteswissenschaftliche Weltanschauung an die einzelnen Seelen die Anforderung stellt, die individuellen Kräfte in Tätigkeit zu versetzen, mitzudenken, mitzufühlen. Das wollen aber die Menschen nicht. Sie wollen sich ein gewisses autoritatives Wissen fertig übergeben lassen.

Allerdings, Seelen, welche durch ihre ganze Konstitution in dem Ringen unserer Zeit darinnenstehen – und «unserer Zeit» bedeutet, wie wir es in diesem Zusammenhang hier immer gezeigt haben, die drei bis vier letzten Jahrhunderte –, also diejenigen Seelen, die so in dem Ringen dieser Jahrhunderte darinnenstehen, die fühlen im Ahnen, wie sie nötig haben, alles heraufzurufen, was in den Tiefen der Seele ist, um an die geistigen Welten heranzukommen, um die eigenen Seelen zu verbinden mit dem, was geistig durch die Welt webt und wallt. An solchen Seelen können wir es dann studieren, wie sie in dem Ringen der Zeit sich darinnen fühlen.

Wir haben das letzte Mal auf solche Seelen aufmerksam gemacht. Ich habe bedeutende Werke aus der Literatur angeführt, aus denen wir ein solches Ringen der Seele innerhalb der Impulse der Zeit ersehen können. Jene Seelen aber, die sich wie durch ein geistig-seelisches Narkotikum betäuben wollten, leben sich ein in eine gewisse Weltanschauungsströmung, in die sie hinein geboren oder hinein erzogen waren. Das sind gewiß eine große Anzahl von Seelen in unserer Zeit, welche durch ihr Karma und durch das, was mit ihm zusammenhängt, mehr nach dem Materialismus hinneigen. Sie übernehmen das, was der Materialismus als Weltanschauung hervorgebracht hat. Andere sind spiritueller gerichtete Seelen, sie übernehmen das, was der Spiritualismus oder der Idealismus zur Welt gebracht hat, und sie betäuben sich an dem, was sie übernehmen, ohne den Willen zu entwickeln, sich hineinzustellen in jenes Ringen, in das die Seele kommt, wenn sie wirklich in die geistigen Welten hineintreten soll.

Ein Beispiel aber einer ringenden Seele, ich möchte sagen, einer, trotz ihrer Bedeutung bescheidenen, ringenden Seele, möchte ich heute besprechen, einer Seele, die voll mitgelebt hat das geistige Ringen des 19. Jahrhunderts. Damals, als die große philosophische Welle durch die Zeit gegangen ist, da war dieser Mann, von dem ich sprechen möchte, jung. Er hat mitgemacht alle jene großen Gedanken, welche die idealistischen Philosophen im Beginne des 19. Jahrhunderts heraufgetragen haben, die idealistischen Philosophen und Naturphilosophen, die, wie *Fichte, Schelling, Hegel,* geglaubt haben, durch intensive Anstrengung des Denkens, des individuellen Denkens, hineinzukommen in die Sphäre, wo die Weltenrätsel sich enthüllen. Jene philosophische Welle hat der Betreffende durchgemacht, welche vorzugsweise aus einer gewissen starren Einseitigkeit des Denkens heraus, man möchte sagen, die ganze Welt konstruieren wollte. Dann hat er mitgemacht den Übergang zu der Zeit, wo man geglaubt hat, daß es mit diesem Denken ganz und gar nichts ist, daß man auf diese Weise gar nicht zu irgendwelcher Enthüllung der Welträtsel kommen könnte. Er wächst deshalb da hinein, wo man sich gesagt hat: Das Denken kann überhaupt nichts, man muß den Blick richten auf das weite Feld der äußeren, sinnlichen Erfahrung, man muß die sinnlichen Erfahrungen messen, wiegen, sie miteinander vergleichen, muß sie auf äußere Weise ableiten. – Man muß hinzufügen: ihm sind noch gegenwärtig die, welche an die Stärke des Denkens noch glauben, während in der zweiten Hälfte des 19. Jahrhunderts ein gewisses Mißtrauen zum Denken vorherrschte und die Ansicht bestand, nur das äußerliche, sinnliche Beobachten sei dasjenige, woran man als Mensch glauben dürfe. Dann hat derselbe Mann sehr bedeutungsvolle Entdeckungen gemacht auf diesem äußeren sinnlichen Gebiete, gerade in einer Sphäre, die erkenntnistheoretisch außerordentlich aufklärend ist.

Aber dadurch, daß er herüberlebt, ich möchte sagen, aus der denkerisch gerichteten Zeit in die sinnlich gerichtete Zeit, hat sich in ihm aufgerührt und aufgerüttelt alles, was die Seele an inneren Kräften hat, an solchen Kräften, die mit der Frage ringen: Wie kann der Mensch überhaupt die Anknüpfung finden an die wirkliche Realität, an das Wahre im Weltall? Da kommen dann über die menschliche Seele eigentümliche Augenblicke, Augenblicke, wo die menschliche Seele sich wie an einem finsteren Abhang stehend fühlt, wo sie sich sagt: Was man auch versucht an Gedankenschöpfungen und an allem möglichen innerlich zu entwickeln, wo hat man denn eine Sicherheit, wo hat man ein Kriterium dafür, daß dies doch nicht auch aus der Seele hervorgeholt ist, daß es nicht menschlich-subjektiv ist, eventuell sogar mit dem Tode seine volle Bedeutung verliert, also im Grunde genommen nicht hineinführen würde in das ganze Getriebe der Welt?

Dann wiederum kommen die Augenblicke über die Seele, wo sie sich sagt: Warum soll man das überhaupt versuchen, aus der Seele selbst etwas hervorzuholen? Da gibt es doch keine Sicherheit! Wenn man chemisch, physikalisch forscht, wenn man sich auf die äußere, physische Welt verläßt, kann man wenigstens am Faden der äußeren Welt fortgeführt sich fühlen.

Man muß solche Stimmungen der Seele eben als Stimmungen nehmen, so als Stimmungen nehmen, daß sie die Seele hin und her werfen zwischen dem Suchen und dem Abweisen eines jeden Suchens. Wenn man eine solche Seele betrachtet, so ist sie gewöhnlich gerade eine von denen, die echte, wahre Erkenntnistriebe haben, die aber in unserer Zeit in eigentümlicher Art hineingestellt sind in das Weltgetriebe, namentlich da, wo dieses Weltgetriebe nach Erkenntnis strebt, weil solch eine Seele sich leicht sagen kann, wenn sie die Menschen ringsherum sich ansieht: Wie leicht, wie leicht machen es sich diese Menschen, an dieses oder jenes wie an etwas nicht zu Widerlegendes zu glauben! Man braucht nur ein wenig die geistigen Augen aufzumachen und man sieht, wie brüchig solch ein Glaube ist.

Da könnte zum Beispiel die Seele, die ich meine, finden, daß die Menschen, auch diejenigen, die für gewisse Dinge in der Welt die Verantwortung tragen, heraufkommen sehen diese oder jene scheinbar wichtige Erfindung oder Entdeckung, die wie etwas Großes und Gewaltiges ausposaunt wird, und sie für wichtig halten, und dann ist es wieder für ein paar Jahre nichts damit. Insbesondere ging es jener Seele, die ich gerade meine, nahe, wie es mit den verschiedenen Heilmitteln ist, wie da oder dort ein Heilmittel entdeckt wird, das dann in die Welt hinein ausposaunt wird, als diese oder jene Krankheit sicher heilend.

Die Menschen, die es sich bequem machen im Leben, nehmen so etwas als großartig auf; aber jene, die etwas wissen, die wissen auch, daß solche Dinge heraufkommen und wieder hinuntersinken. So hatte gegen die dreißiger Jahre des 19. Jahrhunderts hin eine solche Seele gefunden, wie ein Heilmittel, man könnte sagen, Karriere gemacht hat: die Jodine. Aber der Mann konnte nicht so ohne weiteres sich sagen: Ich mache den ganzen Jodinerummel mit –, denn er war zu bekannt mit der Leichtigkeit, mit der sich die Menschen zumeist aus ihrer Bequemlichkeit heraus Erkenntnisse erwerben. Und da stand er denn da, es war im Jahre 1821, die Jodine hatte ihre Karriere gemacht, und schreibt in der zweiten Auflage eines kleinen Schriftchens – die zweite Auflage erschien 1832 – daß der Mond aus Jodine bestehe und man deshalb auch durch den Mond heilen könne.

«Die erste Auflage dieses Schriftchens erschien im Jahre 1821, zu der Zeit, wo die Jodine anfing, als Heilmittel Aufsehen zu machen. Es war sonach eigentlich für ein temporäres und zum Teil lokales Interesse berechnet; ich lasse es dahin gestellt sein, inwieweit sich jetzt noch jemand dafür interessieren kann.»

«Die Jodine ist ein Heilmittel von außerordentlicher Wirksamkeit. Sehr natürlich. Es ist noch kein Jahr, daß sie angefangen hat, gegen den Kropf wirksam zu sein, und somit hat sie durch das Alter noch nichts von ihrer ersten Kraft verloren. Denn wir finden bei jedem Heilmittel, daß es zu Anfange seines Gebrauchs unübertreffliche Wirkungen zeigt und alle früher gegen dieselbe Krankheit angewandte Mittel ganz und gar entbehrlich macht; sobald es aber eine Zeitlang im Medizinkasten der Materia medica gelegen hat, zur verlegenen und kraftlosen Ware wird, geradeso wie Kinder, an denen man in ihren frühern Jahren einen ausgezeichneten Verstand bemerkte, im spätern Alter gewöhnlich Dummköpfe werden. Wir haben an der Ratanhiawurzel vor einigen Jahren ein auffallendes Beispiel dieser Art gesehen. Drohte sie nicht in ihrem Übermute, alle unsere Tonica und Adstringentia aus den Apothekerkasten zu werfen, und beschämte sie nicht selbst die China, die sich doch sonst immer in Respekt zu erhalten weiß, durch die Wunderkuren, die sie von sich erzählte? Jetzt möchte die Ratanhia sich selber mit Ratanhia kurieren, da sie, wie es den Ärzten zu gehen pflegt, die von den Krankheiten, die sie am häufigsten heilen, am öftersten angesteckt werden, an einer so chronischen Schwäche leidet, daß sie alle Prahlereien vergißt und sich ganz ruhig zur Tormentille und Columbo hinsetzt, über die sie sonst mit einer so vornehmen Miene hinwegsah; und wenn sonst kein Schleim- und Blutfluß war, der nicht vor dem bloßen Namen Ratanhia gezittert hätte, so sehen wir jetzt diese ungezogenen Krankheiten häufig der großen Meisterin geradezu ins Gesicht lachen und eine Widerspenstigkeit zeigen, von der sie zu Anfange ihrer Praxis laut allen Nachrichten nie eine Spur erfahren hatte. Man kann nach diesem Allen den Ärzten nicht genug raten, die Jodine jetzt, da sie noch in ihrer ersten Jugendkraft ist, so oft als möglich zu benutzen, ehe auch sie der Marasmus senilis unbrauchbar macht.

Jetzt in der Tat dürfte es wohl kaum einen Kropf geben, den die Jodine nicht von Grund aus heilte; und dies nicht allein. Ein neues Mittel greift den Menschen erst bei einem schwachen Punkte an; aber es frißt um sich wie ein Krebs; und so hat denn die Jodine auch schon die Skropheln und Krankheiten des Uterus angegriffen; und kein Zweifel, daß sie von da aus sich noch weiter umsehen wird. Es geht den Mitteln wie gescheiten Leuten: Lange Jahre können verfließen, ehe Jemand daran denkt, sie zu brauchen; man weiß kaum, daß sie da sind; haben sie aber erst Geschick in einer Sache gezeigt, so häuft man nach und nach so viel Funktionen, Ehren und Würden, mögen sie dazu taugen oder auch nicht taugen, auf sie, daß sie, weil sie doch nicht alles zugleich leisten können, nun gar nichts mehr leisten und bloß von ihrem alten Rufe zehren. Die Jodine hat es allerdings noch nicht so weit gebracht; sie muß noch rüstig sein und sich rühren, ehe sie sich ihrerseits wird zur Ruhe setzen können. Unterstütze man sie darin; man wird desto eher das Vergnügen haben, zu einem andern Mittel übergehen zu können. Indes ist es unnötig, hierzu noch besonders zu ermahnen, da ohnehin in neuerer Zeit schon das Mögliche geschieht, ein Mittel durch alle Krankheiten hindurch zu jagen, bis es zuletzt todmüde absteht; man hat überdies jetzt den Vorteil, doppelt so schnell als früher zustande zu kommen, weil, während ein Mittel gegen die eine Hälfte der Krankheiten von der Allopathie verordnet wird, es stets zugleich gegen alle Krankheiten von direkt entgegengesetzter Natur von der Homöopathie gebraucht wird, so daß ihr keine Krankheit so leicht entgehen kann. So werden wir gewiß nächstens erleben, daß die Einen die Jodine gegen die Fettsucht empfehlen, weil sie die Leute mager macht, und die Andern gegen die Schwindsucht, auch, weil sie die Leute mager macht: und da mithin die Jodine vermöge dieses Grundes zwei geradezu entgegengesetzte Wirkungen zu leisten vermag, so wüßte ich nicht, was im Himmel und auf Erden die Jodine nicht sollte zu bewirken vermögen, bloß aus dem Grunde, weil sie die Leute mager macht.

Übrigens sollte es mich freuen, wenn sich die Jodine nun zunächst gegen die Schwindsucht wendete. Es ist wirklich schon zu lange her, daß *Herz* in Hufeland's Journal dem Phellandrium aquaticum an den Rezepttafeln am Krankenbette seinen Platz als Symptom der Schwindsucht anwies, die man manchmal daran erkennen kann, auch wenn die übrigen Symptome derselben fehlen (in welchem Falle besonders glückliche Kuren damit vorkommen); es mag der Jodine immerhin nun seinen Platz abtreten; und diese wird ihm gern eine andere Krankheit dafür ablassen. Gewiß, es bedarf nur dieser Anregung, einen Arzt zu vermögen, die Sache zu veranstalten.

Freilich aber bleiben diese und ähnliche Vorschläge nur *pia vota*, wenn wir nicht einen Weg aufzufinden wissen, die Jodine in reichlicherem Maße zu gewinnen, als dieses bisher möglich war. Bei der Homöopathie zwar besteht die Verlegenheit nicht sowohl darin wie sie recht viel Jodine, sondern, wie sie recht wenig bekommen soll, da, wenn wir allen Homöopathen zusammen einen Gran schenken, sie darum wie die Ameisen um den Chimborasso, in Verzweiflung, ihn je abtragen und klein machen zu können, herumlaufen werden, allein die Allopathen, die minder genügsam sind, wollen doch auch kurieren. Für diese wäre in der Tat sehr zu wünschen, daß nun auch ein Bergwerk von Jodine entdeckt würde, welches die nötige Quantität von Zentnern lieferte, die die jährliche Konsumation erfordern dürfte. Denn schon jetzt wollen alle Fucusarten des Weltmeeres nicht mehr zureichen, den nötigen Bedarf von Jodine zu verschaffen, da man doch von derselben noch weiter nichts hat, als die Tinktur. Wie soll es dann werden, wenn sie erst eine ganze Nachkommenschaft von Salben, Pflastern, Pillen und andern Kompositionen in der Polygamie mit andern Mitteln wird erzeugt haben, die einem so kräftigen Heilmittel gar nicht fehlen kann. Ich tue daher, da sich bis jetzt von einer solchen Fundgrube noch keine Spur gezeigt hat, folgenden Vorschlag zur Auffindung derselben. Man lasse künftig bloß mit Kröpfen und Skropheln behaftete Bergleute, und Weiber, die an Unordnung der Katamenien leiden, in den Gruben arbeiten. Findet man nun, daß hier ein Kropf einsinkt, dort eine angelaufene Drüse verschwindet, oder bei einer Frau die Katamenien wieder eintreten: so hat man *eo ipso* den Beweis, daß diese Grube Jodine enthalten müsse, und kann nun keck die Erde aus derselben als jodinehaltig in schicklichen Verbindungen gegen die genannten Krankheiten anwenden. Auf ähnliche Weise wurde ja auch die Wirksamkeit des Braunsteins gegen die Krätze entdeckt, nur daß ich hier den Schluß umdrehe, wobei ich indessen hoffe, nicht gegen die logischen Regeln verstoßen zu haben.

Ich bahne mir nun den Weg zu der Hauptaufgabe dieses Büchleins dadurch, daß ich die gewöhnlichen Wege, auf denen man bisher die Gegenwart der Jodine auszuforschen und zu erweisen pflegte, kürzlich beleuchte und zugleich zeige, in wie fern sie brauchbare Resultate geben konnten, oder nicht.

Ein Apotheker *Courtois* entdeckte die Jodine zuerst in der Asche des Tangs, eines Meergewächses. Sogleich faßte man den Verdacht gen alle Meerbewohner, daß sie dies Heilmittel verheimlichten; durch das ganze Meer wurde sogleich die strengste Haussuchung angestellt, und die gelddurstigen Spanier können den armen Indianern nicht ärger mitgespielt haben, als wir es den Seegeschöpfen taten: denn welche Marter, welche Wasser- oder Feuerprobe wurde wohl in unsern chemischen Laboratorien unversucht gelassen, um den armen Meerprodukten das Geständnis auszupressen, daß sie Jodine versteckt hielten; und als solches sah man denn allgemein einen *roten Dampf* an, den man durch siedende Schwefelsäure von ihnen zu erzwingen pflegte. Ein solcher roter Dampf war hinreichend, gerade wie sonst die roten Augen einer Hexe, alle Individuen der Art zum Scheiterhaufen zu verdammen, die man nun mit unerbittlicher Strenge aus ihren Schlupfwinkeln hervorzog, um aus ihrer Asche die Jodine zu gewinnen. Dies ist auch jetzt noch die gewöhnlichste Art, die Jodine aufzusuchen und darzustellen, und jedes Meerprodukt kann daher Gott danken, das sich von dieser gefährlichen Ware frei weiß. Freilich bemerkte man bald, daß man auf diesem Wege nur eine sehr spärliche Ausbeute erhielt, und voll Unmut darüber, daß den Kindern des Ozeans so wenig abzugewinnen war, packte man nun sogar den alten Oceanus selber an, schüttete ihn in eine Destillierblase (in der Tat untersuchte man das Meerwasser auf Jodine) und suchte durch Sieden und Schmoren ihn zum Geständnisse seiner Reichtümer zu zwingen; aber bis jetzt hat er standhaft die Folter ausgehalten.

Was nun zu tun? Jodine mußten die Ärzte haben, und die Apotheker schafften keine. Sie gerieten also auf eine weit sinnreichere Art, die Gegenwart der Jodine auszuforschen, als bisher Statt gefunden hatte, und waren auch wirklich so glücklich, auf solche Weise dieselbe in Substanzen zu finden, in denen der Chemiker mit seinen Reagentien freilich keine Spur entdecken konnte. Und wie fingen die Leute denn dieses an? Je nun, sie dankten die Chemie ab und machten die Logik zum Hüttenknechte. Diese warf die ganzen Retorten und Blasen der Chemie zum Fenster hinaus, setzte sich an den Blasebalg, heizte eine Weile mit Syllogismen und Soriten ein, und siehe da, in kurzem lag aus einer Menge Substanzen ein schönes braunes Jodinekorn da, wie man es sich nicht schöner hätte wünschen können...»

«Da wir den Grundsatz zur Basis unsrer Untersuchungen aufgestellt haben, daß jede Substanz Jodine enthalte, die den Kropf heile: so wollen wir jetzt die Mittel aufzählen, die dieses Vermögen in vorzüglichem Grade besitzen sollen. Dies sind folgende: Gebrannter Schwamm, von dem schon oben die Rede gewesen ist, Extractum Cicutæ, Digitalis, Antimonium crudum, Mercurius dulcis, gebrannte Eierschalen, Juchten und Tuchlappen. Nun ist gar kein Zweifel, daß alle diese Mittel wirklich Jodine enthalten, die sich auch nach unsrer Zerlegungsmethode sehr leicht würde daraus darstellen lassen; und selbst das Messer, welches die Exstirpation des Kropfes verrichtet, kann dies nicht anders, als durch seinen Gehalt an Jodine bewirken, indes steht doch zu befürchten, daß bei unserm immer skrophulöser werdenden Zeitalter am Ende alle diese Mittel nicht mehr ausreichen werden, und ich habe daher, um diesem Mangel im Voraus vorzubeugen, darüber nachgedacht, ob sich nicht ein andrer Körper entdecken ließe, der die Jodine in noch reichlicherem Maße enthielte, und siehe, da bin ich auf eine herrliche Entdeckung geraten, von der sich nie ein Arzt, nie ein Chemiker noch Physiker je etwas hat träumen lassen, und die, ich kann es mit Stolz sagen, als ein glänzendes Meteor in den Jahrbüchern der Wissenschaft dastehen wird. Hört es und staunt! Der Mond, ja der Mond ist nichts weiter, als ein großer Klumpen Jodine. Als echtes Meeresprodukt schwimmt er dort im blauen Himmelsozean herum, um, wie selbst jedem alten Weibe bekannt ist, die Kröpfe auf dieser Erde zu vertreiben, und beurkundet hierdurch so schön, daß nichts ohne Nutzen und Zweck an seinen Ort gestellt ist. Man könnte zwar dann fragen, wozu die kleinen Jodinekleckse, die Sterne, da wären? Je nun, doch wohl um die Warzen zu kurieren, als kleinere Verkröpfungen der Hände und des Gesichts, deren Vertreibung man sonst fälschlich mit auf Rechnung des Mondes setzte. Welche reichhaltige Quelle von Jodine ist uns durch diese Ansicht auf einmal geöffnet, wie schön lassen sich alle Erscheinungen an und im Monde damit in Übereinstimmung bringen, und zu welchen glänzenden Resultaten wird sie uns noch weiter führen, so daß ich behaupten kann, das ganze Jahrhundert habe keine folgenreichere und für die Wissenschaft wichtigere Entdeckung aufzuweisen.

Ich hätte übrigens nun nicht nötig, noch weitere Beweise für die Jodinität des Mondes anzuführen, da, wenn man den Mond auf den Probierstein unsers oben angeführten Grundsatzes legt, er die Probe so schön aushält; aber ich will der Welt zeigen, daß ich auch eine nähere Beleuchtung meines Fundes nicht zu scheuen brauche, und zugleich mit auf die wichtigen sich daraus ergebenden Folgerungen aufmerksam machen.

Jetzt erst sind wir im Stande, auf eine ganz genügende Weise das periodische Abnehmen des Mondes zu erklären: denn da wir finden, daß der Mond bloß, wenn er im Abnehmen begriffen ist, den Kropf heilt, folgt daraus nicht sehr natürlich, daß eben diese große Konsumtion für Kropfkranke den Substanzverlust am Monde hervorbringt, der sich alle Monate auf eine uns noch unbekannte Weise wieder reproduziert, was wir allerdings eben so wenig erklären können, als warum der Krebs seine Scheren wiederbekommt.

Durch diese unsre Ansicht gewinnt auch die schon alte Meinung wieder sehr an Wahrscheinlichkeit, daß der Mond ein Exkrement und quasi sputum der Erde sei, das sie, wahrscheinlich nach einer Überladung, ausvomiert habe. Wenigstens erklärt sich daraus sehr genüglich, warum jetzt nur noch so wenig Jodine auf der Erde angetroffen wird, denn wenn man viel Galle weggebrochen hat, wird der Magen rein.

Ferner kommen wir nun endlich auch aufs Reine über den Ursprung der sogenannten Mondsteine. Man hat sie bisher häufig für eine Art Deserteurs und Überläufer von dem Monde zur Erde gehalten. Allein, wenn sie wirklich von dem Fleisch und Bein des Mondes entstanden wären, so müßte sich notwendig Jodine in ihnen nachweisen lassen, oder vielmehr, sie müßten ganz aus Jodine bestehen. Da nun beides von den Verteidigern ihres selenitischen Ursprungs noch nicht dargetan worden ist: so ist mir allerdings eine von den folgenden beiden Meinungen viel wahrscheinlicher: entweder, daß sie als eine Art Gichtkonkremente zu betrachten seien, die sich in der Atmosphäre, dem Gelenkwasser zwischen zwei Weltkörpern, die man nicht übel mit Knochen des Weltalls vergleicht, erzeugen; oder daß sie ein käseartiges Gerinnsel des Äthers seien, der, wie die Milch, durch elektrische und galvanische Prozesse zusammenschlickert ...»

«Wenn aber der Mondschein kein wahres Licht ist, was ist er denn? – Nun natürlich weiter nichts, als ein Ausfluß von Jodine. – Aber er sieht ja gelb aus? – Je nun, das rührt bloß von der verschiedenen Potenzierung her, die die Jodine hier erlitten hat, antworte ich, und hoffe, einem Naturphilosophen klar und verständlich geantwortet zu haben; und da ich bloß für gescheite Leute schreibe: so wird jeder Naturphilosoph sogleich wissen, daß ich schon zufrieden bin, wenn er es nur verstanden hat. Hieraus läßt sich übrigens auch erklären, warum im Mondschein Kälte entsteht, die ja allemal eintritt, wo eine Substanz sich verflüchtigt, also auch bei dieser Verflüchtigung der Jodine.

Ich würde nun nach allem diesem recht sehr raten, daß ein Chemiker den Mondschein in einer Schüssel auffinge und einer chemischen Analyse unterwürfe ...»

«Ich füge nun bloß noch der Charakteristik des Mondes, als Jodinekloß, Folgendes bei: der gelbsüchtige Teint des Mondes rührt auf jeden Fall von der Eigenschaft der Jodine her, die Haut gelb zu färben, die sie an ihrem eignen Felle zuerst versucht hat; und das Abend- und Morgenrot am Himmel lassen sich sehr füglich daraus erklären, daß der Mond wahrscheinlich Abends und Morgens mehr als zu andern Tageszeiten schwitzt; was vielleicht auf einem hektischen Zustande desselben beruht, da er oft so auffallend dabei abnimmt; und daß die Jodine schön rot oder violett schwitzt, ist ja bekannt.

Durch diese beiden letztern Ansichten hoffe ich auch die gewöhnlichen Chemiker, die manchmal in dem Verlaufe dieser Schrift nicht ganz mit mir zufrieden gewesen sein dürften, wieder mit mir versöhnt zu haben, da die Schlüsse, worauf die Beweise beruhen, alle Spekulation verschmähend, bloß auf reinen Tatsachen beruhen.

So scheide ich denn von allen hiermit in Ruhe und Frieden und wünsche nur noch schließlich der Jodine eine längere Jugend, als ich ihr in meinem Prognostikon habe prophezeien können.»

Es ist das etwas, was scheinbar jeder aufgeklärte Mensch mit ganzem Recht absurd nennen würde. Aber das hindert ihn nicht, diesen aufgeklärten Menschen, jede Stunde einmal einen ähnlichen Fehler zu machen. Nur bemerkt er es nicht, wenn es sich um etwas handelt, was er in die Gegenstände seines Glaubens eingeschlossen hat. Der Mann, der das geschrieben hat, im Jahre 1821 – er nannte sich dazumal Dr. *Mises* –, das ist derselbe, den Sie aus der wissenschaftlichen Literatur kennen als Professor *Gustav Theodor Fechner*, derselbe, der in den fünfziger Jahren versuchte, eine Ästhetik von unten herauf zu begründen auf Grundlage von sinnlich-anschaulichen Experimenten, nicht von oben herunter, das heißt aus dem Gedanken- und Empfindungsmaterial der Seele heraus. Das war ein Mann, der, man kann wirklich sagen, alle Qualen des Erkenntnisringens des 19. Jahrhunderts durchgemacht hat. Es war derselbe Mann, der den Streit hatte mit dem Botaniker *Schleiden* über die Einwirkung des Mondes auf verschiedene Vorgänge der Erde. Ich habe Ihnen erzählt, wie dann durch Frau Professor Schleiden und Frau Professor Fechner hat entschieden werden sollen, wer von beiden recht hatte. Das ist auch derselbe Mann, der versucht hat, aus seinem Ringen heraus eine Art idealistisch-spirituelle Weltanschauung zu gewinnen. Sie können sehen, wie er das versucht hat, aus der Darstellung, die ich über Gustav Theodor Fechner gegeben habe in meinen «Rätseln der Philosophie».

Man möchte sagen: an einer solchen Seele sieht man so recht die Realität, als welche der Mensch empfinden kann dasjenige, in dem er mit seinem Erkenntnisstreben darinnen lebt, wenn er dieses Erkenntnisstreben in allem Ernste hat. Nun ist aber die Geisteswissenschaft wohl wirklich erst dasjenige, was uns den ganzen Ernst und die ganze Bedeutung der Sache klarmachen kann. Wenn solch ein Mensch wie Gustav Theodor Fechner so etwas ausspricht, wie es in dem kleinen Schriftchen steht: «Beweis, daß der Mond aus Jodine bestehe», dann will er damit gleichsam zeigen, wie leichtgeschürzt das Denken der Menschen ist, und wie leicht das menschliche Denken gar nicht herankommt an die Realität, ganz fern steht der Realität. Es wird eben von den Menschen nicht der ganze Ernst und die ganze Bedeutung und die ganze Schwere der menschlichen Entwickelung empfunden. Die Geisteswissenschaft will uns deshalb den Horizont, den wir überblicken in bezug auf das Menschenwesen, etwas größer machen, als man es mit der heute anerkannten Wissenschaft kann. Sie will uns hinweisen auf weit zurückliegende Epochen der Menschheitsentwickelung, zum Beispiel auf die atlantischen Zeiten, will uns zeigen, wie der Mensch in der Atlantis war, und will uns dann hinweisen darauf, in welcher Entwickelungsumwandlung eigentlich dieser Mensch begriffen ist.

Machen wir uns dann nur das eine klar, wenn wir das, was wir gelernt haben über die alte Atlantis, einmal an unserer Seele vorüberziehen lassen: wie ist es denn, wenn wir den Blick werfen auf das, was heute als Tierwelt, als Menschenwelt um uns herum lebt? Das alles war noch zur Zeit der alten Atlantis ganz anders! Vergegenwärtigen wir uns, was wir in dieser Beziehung wissen. Wir wissen, daß erst während der alten Atlantis die Menschen als Seelen herunterkamen von der Wanderung, die sie durchgemacht hatten in der Sternenwelt. Sie suchten sich erst wieder menschliche Leiber aus, die aus dem Materiale, der Substanz des Irdischen heraus ihnen zugeformt waren. Und wir wissen aus der Darstellung, die gegeben worden ist, wie anders in der atlantischen Zeit diese menschlichen Leiber waren. Ich habe wiederholt darauf aufmerksam gemacht – und Sie können es auch in meinen Schriften lesen –, daß der Menschenleib dazumal noch weich, biegsam, bildsam war, so war, daß die aus den Himmelswelten herunterkommenden Seelen die Leiber noch formen konnten.

Nehmen Sie einmal an, eine Frau – oder damit wir nicht einseitig sind –, ein Mann wird heute zornig, richtig böse, und macht sich mit bösen Gedanken über einen anderen Menschen her. Nicht wahr, gar so stark kommt das nicht in der Umformung des Gesichtes zum Ausdruck, ein bißchen schon, aber nicht so stark. Die Menschen können heute schon sehr böse sein, und es kommt nicht so stark in ihrer Physiognomie zum Ausdruck. Das war früher in der alten atlantischen Zeit anders. Da wurde das Gesicht, wenn der Mensch etwas Böses im Sinne hatte, ganz Ausdruck seines Inneren, da wandelte es sich ganz um, so daß es dazumal nicht unrichtig gewesen wäre, wenn man gesagt hätte: Der schaut aus wie eine Katze. – Es schaute dann wirklich der Mensch wie eine Katze aus oder wie eine Hyäne, wenn er ganz falsch wurde. Das Äußere des Menschen war dazumal noch ganz und gar Ausdruck des Inneren. Also verwandlungsfähig war dazumal der Mensch in hohem Grade.

Bei den Tieren war diese Verwandlungsfähigkeit schon geringer, aber sie war auch vorhanden; ihr physischer Leib war schon viel mehr verfestigt als der des Menschen, und eine Verwandlung fand nur ganz allmählich statt. Namentlich waren die Tiere gattungsmäßig verwandelbar, nicht so, daß sie die Eigenschaften so stereotyp vererbten wie heute. Alles hat sich also für den physischen Menschenleib immer mehr verfestigt, möchte ich sagen, in feste Formen gegossen seit der atlantischen Zeit. Der Mensch hat heute zwar noch die Möglichkeit, seine Hand zu bewegen, auch ein gewisses Mienenspiel des Gesichts zu entfalten; aber in gewissem Sinne ist die Form seines Leibes doch fest geworden. Und völlig verfestigt sind die Tierformen, die daher Starrheit in ihrer Physiognomie uns zeigen. Das war auch bei den Tieren in dem Maße noch nicht der Fall in der alten atlantischen Zeit.

Wir können, wenn wir den Menschen charakterisieren wollen, im allgemeinen sagen: Heute ist sein physischer Leib in hohem Maße starr, sein Ätherleib, der ist noch leicht beweglich. Der Ätherleib formt sich daher auch noch nach dem, wie der Mensch innerlich ist. So hat es schon eine größere Bedeutung, sogar eine gewisse Realität, wenn zum Beispiel jemand böse wird, daß sich äußerlich sein Gesicht ein wenig zur Hyänenähnlichkeit formt, sein Ätherleib schon hyänenähnlicher wird. Der Ätherleib ist schon noch metamorphosierbar, der Ätherleib hat noch etwas, was ihn verwandelbar sein läßt. Aber er ist ebenso auf dem Wege zur Starrheit wie der physische Leib. Wie der physische Leib von der atlantischen Zeit bis in unseren fünften nachatlantischen Zeitraum hinein feste Formen bekommen hat, so wird von dem fünften in den sechsten nachatlantischen Zeitraum hinüber auch der Ätherleib starrere, festere Formen erhalten, und die Folge davon wird sein – ich habe das in verschiedenen Vorträgen angedeutet –, daß dieser Ätherleib, der mit seinen Formen wieder in den physischen Leib hineingeht, sich sehr stark geltend machen wird. Wir sind im fünften Zeitraum der ersten nachatlantischen Zeitepoche, dann kommt der sechste und dann der siebente Zeitraum; also im sechsten und siebenten Zeitraum wird dieser Ätherleib in seiner Starrheit einen großen Einfluß haben auf den physischen Leib, er wird den physischen Leib zu seinem getreuen Abbilde machen.

Das hat Wichtiges im Gefolge. Das hat im Gefolge, daß in diesem sechsten Zeitraume unserer nachatlantischen Erdenentwickelung die Menschen mit ganz bestimmten, ihre inneren moralischen Qualitäten ausdrückenden Leibern geboren werden. Man wird den Menschen begegnen und wird aus der Art, wie sie aussehen, wissen: sie sind moralisch so oder so geartet. Die moralische Physiognomie wird dann besonders stark ausgeprägt sein, während dasjenige, was jetzt mehr die Physiognomie ausmacht, mehr zurückgetreten sein wird. Jetzt wird der Mensch in seiner Physiognomie sehr durch die Vererbung bestimmt: er sieht seinen Eltern, seinen Voreltern, er sieht seinem Volke und so weiter ähnlich. Das wird im sechsten Zeitraume ganz und gar keine Bedeutung mehr haben. Da wird der Mensch durch seine Inkarnationsfolge sich das Gepräge seines Aussehens geben. Die Menschen werden sehr verschieden sein, aber sie werden ein scharfes Gepräge haben. Man wird genau wissen: Du begegnest jetzt einem wohlwollenden oder einem übelwollenden Menschen. So wie man heute weiß: Du begegnest jetzt einem Italiener oder einem Franzosen –, so wird man dann wissen: Du begegnest jetzt einem mißwollenden oder einem wohlwollenden Menschen, mit den verschiedenen Abstufungen. – Das wird also immer mehr und mehr sein, daß das Moralische sich im Gesicht ausdrückt.

Auch die äußere Physiognomie der Umgebung wird sich mannigfaltig ändern in diesem sechsten Zeitraume. Namentlich werden diejenigen Tiere ausgestorben sein, welche die Menschen heute ganz besonders zu ihrer Fleischnahrung wählen. Dann werden die Menschen ein großes Loblied auf die fleischlose Kost singen, denn es wird dann eine alte Erinnerung sein, daß die Väter in alten Zeiten sogar Fleisch gegessen haben. Nicht etwa so ist es, daß alle Tiere aussterben, sondern nur gewisse Tierformen; besonders die, welche die starrsten Formen angenommen haben, werden von der Erde verschwunden sein. Also auch die äußere Physiognomie der Erde wird sich etwas geändert haben.

Sehen Sie, dieses Darinnenstehen in einer so festen moralischen Physiognomie, wie es später kommen wird, das wird dem Menschen infolgedessen wie ein Fatum sein, wie ein richtiges Fatum, wie ein Schicksal, ein seinem ganzen Wesen aufgedrücktes Schicksal. In sich wird er dann nicht die Möglichkeit finden können, irgend etwas zu tun gegen dieses Fatum, gegen dieses Schicksal. Nun denken Sie sich diese Tragik! Der Mensch wird dann tatsächlich sich sagen müssen: Im fünften nachatlantischen Zeitraume, da gab es einzelne Materialisten, die glaubten, wenn der Hinterhauptlappen nicht genau über das Kleinhirn geht, dann müßten die Menschen Verbrecher werden. Für diese Menschen war es damals Theorie, aber jetzt ist es wirklich so geworden, jetzt ist dasjenige fest geformt, wovon sie gesagt haben, daß es nicht formbar ist, nämlich der Ätherleib. Wir gehen wirklich der Tendenz entgegen, die Theorien der materialistischen Weltanschauung gewissermaßen zu verwirklichen. Jetzt sind sie noch nicht eine Wirklichkeit, aber wir gehen der Tendenz entgegen. Da sind wir an einem eigentümlichen Punkte der Weltanschauungsgeheimnisse. Diejenigen, welche sich ganz und gar dagegen wehren würden, Propheten zu sein, sind die wahren Propheten, sind die, welche heute erzählen: Man ist deshalb ein Verbrecher, weil der Hinterhauptlappen das Kleinhirn nicht bedeckt. – Diese werden sich als Vorverkünder einer Wahrheit erweisen; das wird schon so sein! Die Materialisten von heute sind die ärgsten Propheten, sie wollen es nur nicht sein. Heute besteht noch die Möglichkeit, daß durch Erziehung eine solche eigenartige Bildung des physischen Leibes, wie ein zu kurzer Hinterhauptlappen, durch ein Gegengewicht paralysiert werden kann; in der sechsten nachatlantischen Zeitepoche wird das nicht mehr der Fall sein können, die Ätherleiber werden dann nicht mehr verwandelbar sein. Da braucht es stärkere Mittel, ganz andere, stärkere Mittel, um dem vorzubeugen.

Wenn dem nicht vorgebeugt wird, so kommt eben der Zustand, den die Materialisten beschreiben und der dann eine Wirklichkeit ist: dann kommt der Zustand, den Sie in einer solch schmerzdurchwühlten Weise geschildert finden in den Gedichten der *Marie Eugenie delle Grazie*, die heute vorgelesen wurden. Diese Gedichte können Sie auf eine Zeit beziehen, welche schon vorgeahnt wird, die wirklich in der sechsten nachatlantischen Zeitperiode eintreten wird. Man kann in den Gedichten leicht fühlen: das ist eine Seele, die durch das, was sie als heutige Erkenntnis gewinnen kann, sich fühlt wie ins Nichts getaucht. Sie will weitergehen, hat aber noch nichts, was als Gegenmittel da ist, und da kommt ihr ein Bild, wie es sein wird, wenn es in der nächsten Zeit so fortginge mit dem Materialismus! Und um nichts anderes könnten die Menschen sich bekümmern in der sechsten nachatlantischen Zeit, als um solches, was die delle Grazie heute schon zum Ausdruck bringt, wenn kein Gegenmittel geschaffen würde gegen die Entwickelungsrichtung, die der Mensch einmal nimmt aus den Kräften heraus, die er nun einmal hat.

Alle bisherigen Religionssysteme der Welt könnten das nicht hindern, daß der Mensch im sechsten nachatlantischen Zeitraume einem furchtbaren Fatum unterworfen wäre, dem Fatum, daß in seinem Gesichte, in seiner ganzen Körperphysiognomie – wogegen er nichts unternehmen könnte, wenn er alles so ließe, wie die heute geltende Weltanschauung von der Welt es will –, seine moralischen Qualitäten ausgedrückt wären.

Das sind ernste Betrachtungen, ungeheuer ernste Betrachtungen. Es gäbe ein gutes Mittel, die Träume der Materialisten in Realität umzusetzen, und dieses Mittel bestünde darinnen, daß diejenigen Leute den Sieg davontrügen in bezug auf die Weltanschauung, die da sagen: Da träumt die Geisteswissenschaft davon, daß die Menschheit in der Zukunft Äthergestalten sehen wird, zuerst den Christus in ätherischer Form und danach dann noch andere Äthergestalten sehen wird; davon träumt die Geisteswissenschaft! Diejenigen aber, die das sagen, sind Narren, die sperrren wir ins Irrenhaus. – Gescheite Leute sind dies, die so etwas für Wahngebilde halten. Wenn diese Weltanschauung siegen würde, dann käme das, was ich geschildert habe. Aber diese Weltanschauung *darf* nicht siegen, das muß unsere unverwüstliche Überzeugung sein. Wissen müssen wir: wenn unsere Ätherleiber so stark sein sollen, daß sie die Fehler unseres physischen Leibes korrigieren können, so muß diese Stärke dadurch herauskommen, daß die Menschen lernen werden für Ernst und Wahrheit zu nehmen, was ihnen aus der ätherischen Welt heraus entgegentreten wird. Dann wird das gegen die Zukunft immer mehr und mehr heilend wirken. Dazu müssen wir vor allen Dingen Geisteswissenschaft aufnehmen, damit wir uns vorbereiten, wenn es an uns herantritt, die ätherische Gestalt des Christus zu sehen, damit wir das im richtigen Ernste zu nehmen wissen.

Einen großen Strich könnten wir ziehen in der Menschheitsentwikkelung. Vorher hat das Ätherische im Menschen gewirkt und noch das Physische geformt; aber auf der anderen Seite wird die Zeit kommen, wo das Physische und das Ätherische fest sein werden. Der Mensch muß sich daran gewöhnen, das Ätherische außerhalb zu sehen, in allerlei Formen und Gestalten, und es wird das Ätherische sein, nach dem wir uns so richten müssen, wie die sinnlichen Wahrnehmungen uns entgegentreten. Einer Zeit müssen wir entgegengehen, wo wir zunächst den Christus finden, und in seinem Gefolge immer mehr Ätherisches. Dieses Ätherische wird die Stärke haben, dann noch individuelle Menschen aus uns zu machen.

Viele Geheimnisse sind es, die hinter dem Weltenwerden liegen, und erschütternd sind viele Geheimnisse. Es hat einstmals einen *Homer* gegeben. Lesen Sie nach mit Verstand dasjenige, was ich gesagt habe in verschiedenen Zyklen und auch in dem Büchelchen: «Die geistige Führung des Menschen und der Menschheit», so werden Sie sich sagen müssen: Wodurch ist Homer Homer geworden? Dadurch, daß noch ein höherer Geist ihn leitete. – Homer wußte das wohl. Seine Gesänge beginnen daher nicht mit den Worten: Ich singe –, sondern sie beginnen mit den Worten: «Singe, o Muse . . .» Das ist ganz ernst zu nehmen. Er wußte, daß ein höherer Geist ihn inspirierte. Nur unsere jetzige Zeit nimmt das als Phrase, wie sie als Phrase nimmt die Goetheschen Sätze:

«Die Sonne tönt nach alter Weise,
in Brudersphären Wettgesang,
und ihre vorgeschrieb'ne Reise
vollendet sie mit Donnergang»

und so weiter. Insofern nun Homer sich wieder inkarniert, wird sich der «Mensch» inkarnieren, nicht aber der Geist, der ihn dazumal leitete. Aber man wird dieser Gestalt im Ätherischen begegnen, die damals Homer inspirierte, oder dem Geist, der den Sokrates, Plato inspirierte, insofern sie eben inspiriert waren. Anfangen müssen wir, die geistige Welt durch die Geisteswissenschaft zu verstehen. Das andere kommt dann von selbst. Aber wenn wir nicht anfangen mit der Geisteswissenschaft, dann gehen wir der Zeit entgegen, die der Menschheit ein furchtbares Fatum aufdrängt.

Die materialistische Weltanschauung braucht nicht wahr zu sein, aber sie hat eine innere Wahrheit. Sagen kann man von der inneren Wahrheit dieses: Was die materialistische Weltanschauung von den Menschen schildert, das würde werden, wenn diese materialistische Weltanschauung siegte. Und es ist in die Hände der Menschen gegeben, durch eine andere Weltanschauung diesen Materialismus nicht zum Siege kommen zu lassen. Nicht so einfach liegt die Sache, daß man sagen könnte, die materialistische Weltanschauung sei falsch; sondern so liegt sie, daß es in des Menschen Hand gegeben ist, sie nicht durch den lahmen Gedanken der Widerlegung, sondern durch die Tat zu besiegen. Und je mehr Menschen sich finden, welche ihre Augen öffnen gegenüber dem Geistigen, desto mehr Menschen werden sich finden, die einsehen, daß die Verwirklichung des Materialismus in Bann gehalten werden kann, und desto mehr ergibt sich auch die Möglichkeit, daß der Materialismus im Banne gehalten wird.

Jetzt noch sitzt der Mensch und ahnt dieses oder jenes – er ist vielleicht ein Dichter, ein Künstler – und sagt: Ich fühle mein Genie in mir! – Gewiß, das wird noch eine Zeitlang dauern. Aber verschwinden wird diese Stimmung, total verschwinden wird diese Stimmung. Denn jene Stimmung wird heraufkommen, wo die Menschen sagen werden: Ich hatte eine bestimmte Stunde, da erschien mir ein ätherisches Wesen, das teilte mir dieses oder jenes mit. Ich bin das Instrument, durch welches dieses geistige Wesen hereinwirkt in diese Welt! – Immer mehr und mehr muß die geistige Welt bewußte Realität werden.

Gewiß, die geistige Welt ist da; aber die Menschen können sich von ihr abwenden. Und die materialistische Weltanschauung kann genannt werden: die große Verschwörung gegen den Geist. Diese materialistische Weltanschauung ist nicht bloß ein Irrtum, sie ist eine Verschwörung, die Verschwörung gegen den Geist.

Ich hoffe, daß dies trotz der wenigen einzelnen Striche, mit denen ich das andeuten konnte, Ihre Seelen ergreifen wird, so daß Ihre Seelen in diesen Gedanken arbeiten. Gerade die Bekenner der geisteswissenschaftlichen Weltanschauung sollen etwas wissen von den Impulsen der Weltentwickelung, in denen die Menschheit darinnen lebt. Und möglich ist ja, daß noch viele Menschen kommen und sagen: Das ist nicht so, das ist nicht so, das ist nicht christlich, christlich ist anders – und so weiter. Wenn diese kommen, dann werden wir, wenn wir mit Tiefe und im Ernste und mit Würde aus der Geisteswissenschaft heraus erfaßt haben, was die Welt bewegt, in unserem meditativen Leben ewige Grundgesetze ahnen können. Mögen Menschen behaupten, daß wir Phantasten oder sonst irgend etwas seien, wir wissen, wie es mit der Menschheits- und Weltentwickelung ist. Und derjenige, der um ihretwillen durch das Mysterium von Golgatha gegangen ist, der sieht auch das, was sich in unserer Seele als der Ausdruck der Weltentwickelung ergibt. «Christus sieht uns», daran wollen wir festhalten.

HINWEISE

Textunterlagen: Die Vorträge wurden von verschiedenen, namentlich nicht bekannten Hörern mitgeschrieben. Gegenüber der ersten, nach einer bestimmten Nachschrift gedruckten Buchausgabe von 1939, konnten auf Grund der anderen Nachschrift manche Fehler und Unklarheiten im Text berichtigt werden. Trotzdem bleiben noch Mängel und Lücken der Nachschrift spürbar. Die Inhalte sind jedoch so wichtig, daß schon Marie Steiner sich für den Druck entschlossen hatte. Im übrigen vergleiche man zu den Ausführungen über die Geschichte der Theosophischen Gesellschaft und deren Deutscher Sektion – später Anthroposophische Gesellschaft – Rudolf Steiner, «Mein Lebensgang», Bibl.-Nr. 28; Rudolf Steiner/Marie Steiner-von Sivers, «Briefwechsel und Dokumente 1901–1925», Bibl.-Nr. 262; sowie Rudolf Steiner «Die Geschichte und die Bedingungen der anthroposophischen Bewegung im Verhältnis zur Anthroposophischen Gesellschaft», Bibl.-Nr. 258.

Werke Rudolf Steiners innerhalb der Gesamtausgabe (GA) werden in den Hinweisen mit der Bibliographie-Nummer angegeben.

Zu Seite

9 *Auseinandersetzungen, wie wir sie in der letzten Zeit gepflogen haben:* Bezieht sich auf die unmittelbar vorangegangenen Vorträge, in denen die Broschüre von F. v. Wrangell «Wissenschaft und Theosophie», Leipzig 1914, besprochen wurde. Siehe «Der Wert des Denkens für eine den Menschen befriedigende Erkenntnis. Das Verhältnis der Geisteswissenschaft zur Naturwissenschaft», GA Bibl.-Nr. 164.

14 *kabirische Götter . . . Vielleicht können wir auch solche Dinge noch einmal genauer schildern:* Vgl. «Geisteswissenschaftliche Erläuterungen zu Goethes Faust», Band II: «Das Faust-Problem. Die romantische und die klassische Walpurgisnacht», GA Bibl.-Nr. 273; ferner «Mysteriengestaltungen», GA Bibl.-Nr. 232.

18 *Ich habe davon öfter gesprochen, namentlich bei Gelegenheit der Gründung einzelner Zweige:* Hauptsächlich in den Anfangszeiten der anthroposophischen Bewegung, um 1904/05. Siehe «Zur Geschichte und aus den Inhalten der Ersten Abteilung der Esoterischen Schule 1904–1914», GA Bibl.-Nr. 264.

19 *Wir haben ja in den letzten Wochen vielfach davon gesprochen:* Bezieht sich auf gesellschaftsinterne Auseinandersetzungen, die in dieser Zeit neben den Vorträgen stattfanden.

20 *Tatsache, daß beim Verbrecher der Hinterhauptlappen das Kleinhirn gar nicht oder nicht ganz bedeckt:* Nach Moritz Benedikt, «Anatomische Studien an Verbrechergehirnen», 1878. Darüber hatte Rudolf Steiner gerade im Vortrag des vorhergehenden Tages, am 9. Oktober 1915, ausführlich gesprochen. Vgl. Hinweis zu Seite 9.

20–23 *was Herr von Wrangell geschrieben hat:* Vgl. Hinweis zu Seite 9.

24 *Nun hatten wir ... 1904 einen Besuch:* Auf Einladung Rudolf Steiners machte Annie Besant im September 1904 in Begleitung verschiedener Freunde eine Vortragsreise durch deutsche Städte.

In der Zeitschrift «Luzifer-Gnosis» ... Artikel über das Atlantis-Problem ... Sonderabdruck «Unsere atlantischen Vorfahren»: Vgl. «Aus der Akasha-Chronik» (1904–08), GA Bibl.-Nr. 11.

25 *in der Theosophical Society sehr angesehene Persönlichkeit:* Bertram Keightley, englischer Theosoph.

26 *Buch Scott Elliots über die Atlantis:* «The Story of Atlantis», 1896, deutsch «Atlantis, nach okkulten Quellen», Leipzig o.J.

27 *«Geheimlehre» von der Blavatsky:* «The Secret Doctrine», 1888, deutsch «Die Geheimlehre» – Die Vereinigung von Wissenschaft, Religion und Philosophie, Leipzig o.J. (1899) und Arkana-Verlag Ulm a.D. 1960.

32 *Mahatmas:* Indisch-theosophisch für die sonst gebräuchlichere Bezeichnung «Meister». Siehe «Zur Geschichte und aus den Inhalten der Esoterischen Schule 1904–1914», GA Bibl.-Nr. 264.

33 *so könnte ich das in der Zukunft einmal sagen:* Ist nicht geschehen.

34 *Stücke von dem ... habe ich da und dort immer wieder gesagt:* z. B. 1911 in «Der irdische und der kosmische Mensch» (1. Vortrag), GA Bibl.-Nr. 133; 1912 in «Der Mensch im Lichte von Okkultismus, Theosophie und Philosophie», (7. und 10. Vortrag), Bibl.-Nr. 137; 1912/13 in «Der Zusammenhang des Menschen mit der elementarischen Welt» (zwei Ansprachen für Russen), GA Bibl.-Nr. 158. Auch später hat Rudolf Steiner wiederum die Hintergründe um Blavatsky besprochen, z. B. 1916 in «Gegenwärtiges und Vergangenes im Menschengeiste», GA Bibl.-Nr. 167 und in der fünfbändigen Reihe «Kosmische und menschliche Geschichte», GA Bibl.-Nrn. 170–174 sowie 1923 in «Die Geschichte und die Bedingungen der anthroposophischen Bewegung im Verhältnis zur Anthroposophischen Gesellschaft», GA Bibl.-Nr. 258.

Blavatsky wurde in okkulte Gefangenschaft gesetzt: Rudolf Steiner spricht darüber noch einmal in den Berliner Vorträgen «Gegenwärtiges und Vergangenes im Menschengeiste» (3. Vortrag), GA Bibl.-Nr. 167.

35 *H. P. B.:* Mit diesen drei Buchstaben bezeichnete sich Helena Petrowna Blavatsky selbst und wurde darum in der Theosophischen Gesellschaft allgemein so bezeichnet.

36 *Olcotts Buch «People from the other World»:* Erschien 1875 in Hartford USA.

36 f. *unter der Maske einer früheren Individualität, die bezeichnet worden ist als Mahatma Koot Hoomi:* Als Mahatma oder Meister Koot Hoomi bezeichnete Blavatsky einen ihrer ursprünglichen Meister, an dessen Stelle dann von ihr unerkannt eine andere Persönlichkeit auftrat. Dies hatte Rudolf Steiner schon in einem vorangegangenen Vortrag, am 1. August 1915, auseinandergesetzt. Bibl.-Nr. 162. Vgl. auch die Ansprache für Russen, Helsingfors 11. April 1912 in «Der Zusammenhang des Menschen mit der elementarischen Welt», GA Bibl.-Nr. 158.

36 *Nun sprach sich schon Colonel Olcott in merkwürdiger Weise über diesen John King aus. Er sagt . . .:* In der 1. englischen Ausgabe S. 453 heißt es wörtlich: «After knowing this remarkable lady, and seeing the wonders that occur in her presence so constantly that they actually excited at length but a passing emotion of surprise, I am almost tempted to believe that the stories of Eastern fables are but simple narratives of fact; and that this very American outbreak of spiritualistic phenomena is under the control of an Order, which while depending for its results upon unseen agents, has its existence upon Earth among men.» Zu deutsch: «Seit ich diese interessante Dame kenne und die Wunder sehe, die in ihrer Anwesenheit so fortwährend stattfinden, daß sie tatsächlich schließlich nur noch ein flüchtiges Erstaunen hervorrufen, bin ich beinahe versucht zu glauben, daß die orientalischen Wundergeschichten nur einfache Schilderungen von Tatsachen sind und daß dieses sehr amerikanische Hervorbrechen von spiritualistischen Phänomenen unter der Kontrolle eines Ordens steht, der, während er für seine Resultate auf unsichtbare Vermittler angewiesen ist, dennoch auf der Erde unter den Menschen existiert.» Nach einer Zwischenbemerkung fügt Olcott hinzu: «The first evening I spent in Philadelphia, I had a very long conversation trough rappings with what purported to be the spirit who calls himself ‹John King›. Whoever this person may be, whether he was the Buccaneer Morgan or Pontius Pilate, Columbus or Zoroaster, he has been the busiest and most powerful spirit, or what you please to call it, connected whith this whole Modern Spiritualism. In this country and Europe we read of his physical feats, his audible speaking, his legerdemain, his direct writing, his materializations. He was with the Koons family in Ohio, the Davenports in N. Y., the Williams in London, and the mediums in France and Germany. Mme. de B. encountered him fourteen years ago in Russia and Circassia, talked with and saw him in Egypt and India, I met him in London, in 1870, and he seems able to converse in any language with equal ease.» Zu deutsch: «Am ersten Abend, den ich in Philadelphia verbrachte, hatte ich vermittels Klopfzeichen eine sehr lange Unterredung mit einem, der behauptete, der Geist zu sein, der sich selbst John King nennt. Wer er auch sein möge, entweder der Seeräuber Morgan oder Pontius Pilatus, Columbus oder Zoroaster, er war der tätigste und mächtigste Geist innerhalb dieses ganzen modernen Spiritismus. In diesem Land [Amerika] und in Europa lesen wir über seine physikalischen Kunststücke, seine gesprochenen Manifestationen, seine Zauberkunst, seine schriftlichen Manifestationen und seine Materialisationen. Er war bei der Koons-Familie in Ohio, den Davenports in N. Y., den Williams in London und den Medien in Frankreich und Deutschland. Frau Blavatsky begegnete ihm vor 14 Jahren in Rußland und Tscherkessien [Kaukasus], sprach mit ihm und sah ihn in Ägypten und Indien. Ich selbst begegnete ihm in London im Jahre 1870 und er scheint sich in jeder Sprache mit gleicher Leichtigkeit unterhalten zu können.»

37 *auf dem Wege der Präzipitation:* Der Vorgang war nach Sinnett folgender: Ein Brief wird vom Meister in gewöhnlicher Art geschrieben, hierauf verflüchtigt und die verflüchtigten Stoffe durch Willenskraft an den Bestimmungsort dirigiert, wo sie sich wiederum verdichten und als «präzipierter» Brief plötzlich aus der Luft fallen.

Bücher von Sinnett: «The occult World», London 1881, deutsch «Die okkulte Welt», Leipzig o. J.; «Esoteric Buddhism», 1883, deutsch «Die esoterische Lehre oder Geheimbuddhismus», Leipzig 1884.

39 *mein Buch «Welt- und Lebensanschauungen im 19. Jahrhundert»:* 1. Band 1900, 2. Band 1901. Die erweiterte Neuauflage erschien 1914 unter dem Titel «Die Rätsel der Philosophie», GA Bibl.-Nr. 18.

43 *Wenn Goethe sagt:* In «Sprüche in Prosa», 1. Abt., Das Erkennen. Siehe «Goethes Naturwissenschaftliche Schriften», herausgegeben und kommentiert von Rudolf Steiner 1884–1897 in Kürschners «Deutsche National-Litteratur», 5 Bände, Nachdruck Dornach 1975, GA Bibl.-Nr. 1a–e, Band V.

Ernst Haeckel findet: Siehe «Welträtsel» (Volksausgabe Bonn 1903, S. 11).

45 f. *Besprechung . . . in . . . «Der Freidenker»:* Von Julius Frisch, Wien, Nr. 24, 9. Jg., 15. Dezember 1901, unter dem Titel «Ein Jahrhundert deutscher Philosophie».

46 f. *«Mystische Verschrobenheiten» . . . Den Titel hat, wie ich glaube, Herr Bauer geprägt:* Michael Bauer gehörte damals zum Zentralvorstand der Anthroposophischen Gesellschaft.

47 *kann ein anderes Mal geschehen:* Ist nicht erfolgt.

Bekannte der Gräfin Brockdorff (und Marie Steiners): Eine für die Theosophische Gesellschaft tätige Baltin namens Nina Gernet. Vgl. Hella Wiesberger: «Aus dem Leben von Marie Steiner-von Sivers», Dornach 1956.

Orden, der begründet worden ist für die Neugeburt des Christus: Bezieht sich auf den von Annie Besant 1910 begründeten Orden «Star of the East», innerhalb dessen der Inderknabe Krishnamurti zum Träger für die zu erwartende Neugeburt des Christus proklamiert wurde. Rudolf Steiner stellte sich gegen diesen «okkulten Unfug», was im weiteren zum Ausschluß der unter seiner Leitung stehenden Deutschen Sektion aus der Theosophischen Gesellschaft führte. In den dreißiger Jahren hat sich dann Krishnamurti selber von der ihm zugedachten Rolle distanziert.

Tag der Begründung der Theosophical Society: 17. November 1875. Das Gespräch fand demnach am 17. November 1901 statt.

49 *daß okkultistische Brüderschaften mir diese oder jene Vorschläge machten:* Näheres darüber ist nicht bekannt.

Zum Schluß des zweiten Vortrages: Rudolf Steiner machte noch folgende Bemerkung: «Ich will diese Dinge nicht weiter fortsetzen, sondern das Wort an Herrn Bauer abtreten, der nunmehr entgegennehmen wird, was zu sagen ist in Anknüpfung an die gestrige Vorlesung eines Schriftstückes von einer Seite her, die allerdings nichts kannte und nichts kennenlernen wollte von dem ganzen Ernst und der ganzen Würde unserer Bewegung und nur ihre persönlichen, egoistischen Interessen in dieselbe hineintragen wollte. Ich werde ankündigen, ob ich in kürzerer oder längerer Zeit Ihnen die Fortsetzung der heutigen Betrachtungen werde liefern können.»

50 *Bemerkungen . . . im Anschluß an die Broschüre des Herrn von Wrangell:* Vgl. Hinweis zu Seite 9.

53 *«Die Theosophie des Rosenkreuzers»:* 14 Vorträge, München, 22. Mai bis 6. Juni 1907, GA Bibl.-Nr. 99.

57 *Ausspruch Saint-Martins:* Aus «Le Nouvel Homme», Paris o. J. (1792), 28. Kap. S. 155 . . . *den ich Ihnen schon angeführt habe:* Im Vortrag Dornach, 19. September 1915 in «Der Wert des Denkens für eine den Menschen befriedigende Erkenntnis. Das Verhältnis der Geisteswissenschaft zur Naturwissenschaft», GA Bibl.-Nr. 164.

60 *viele Sitzungen:* Vgl. Hinweis zu Seite 19.

61 *Auf der anderen Seite haben wir gesehen, welche große Lobrede zu halten ist auf den Materialismus:* In den dieser Vortragsreihe vorangegangenen Vorträgen, vgl. Hinweis zu Seite 9.

62 *Vortragszyklus in Wien ... «Inneres Wesen des Menschen und Leben zwischen Tod und neuer Geburt»,* GA Bibl.-Nr. 153.

64 *was ich zu Ostern auseinandergesetzt habe:* Vgl. Vortrag Dornach, 11. April 1915 in «Geisteswissenschaftliche Erläuterungen zu Goethes Faust», Band I: «Faust, der strebende Mensch» GA Bibl.-Nr. 272.

unsere figürliche Darstellung: Bezieht sich auf das in dieser Zeit (Oktober 1915) eben fertig erstellte, 2 Meter hohe Modell für die plastische Gruppe: Der Menschheitsrepräsentant zwischen Luzifer und Ahriman. Abbildungen in «Die Holzplastik Rudolf Steiners», Philosophisch Anthroposophischer Verlag am Goetheanum, Dornach 1969.

70 *europäische Okkultisten, esoterische Christen, die der hochkirchlichen Partei nahestanden ... Von dieser Seite fanden dann Kundgebungen statt:* Vgl. C. G. Harrison, «The transcendental Univers», London 1893; deutsch: «Das transzendentale Weltenall», 6 Vorträge über Geheimwissen, Theosophie und den katholischen Glauben, gehalten vor der Berean Society. 1. deutsche Ausgabe o.O.u.J. (1897) übersetzt von Carl Graf zu Leiningen-Billigheim, Mitglied der Theosophischen Gesellschaft zu Indien.

73 *Sie können das in der Literatur verfolgen:* Vgl. Hinweis zu Seite 70.

81 *Zitat Schelling:* Aus «System des transzendentalen Idealismus», Tübingen 1800.

achte Sphäre ... es werden sich aber hoffentlich Gelegenheiten finden, noch weiter darüber zu sprechen: Dazu ist es in den folgenden Jahren nicht mehr gekommen, jedenfalls nicht in derselben Weise. Kurze Erwähnungen finden sich im Vortrag Dornach 11. September 1916 in «Geisteswissenschaftliche Erläuterungen zu Goethes Faust», II. Band, Bibl.-Nr. 273, und Dornach, 27. November 1916 in «Das Karma des Berufes in Anknüpfung an Goethes Leben», GA Bibl.-Nr. 172. Ausführlicher, jedoch von einem anderen Aspekt, im Vortrag Dornach 8. September 1918 in «Die Polarität von Dauer und Entwickelung im Menschenleben», GA Bibl.-Nr. 184, und in Vortrag Dornach 23. November 1919 in «Die Sendung Michaels. Die Offenbarung der eigentlichen Geheimnisse des Menschenwesens», GA Bibl.-Nr. 194.

teilweise auch früher erörtert: z. B. in Vorträgen vom Oktober 1904, vorgesehen für Bibl.-Nr. 92.

90 *daß der Mond wieder hineingeht in die Erde:* Vgl. Vortrag Dornach, 13. Mai 1921, in «Perspektiven der Menschheitsentwickelung», GA Bibl.-Nr. 204.

96 *erster Artikel in «Luzifer»:* Ebenfalls «Luzifer» betitelt im ersten Heft (Juni 1903) der von Rudolf Steiner begründeten und herausgegebenen «Luzifer», Zeitschrift für Seelenleben und Geisteskultur, Theosophie (1903–1908). Vgl. «Luzifer-Gnosis», GA Bibl.-Nr. 34.

99 *Zyklen ... nicht mehr in der Hand haben:* Die Vortragszyklen galten ursprünglich als Privatdrucke und waren nur für Mitglieder bestimmt. Durch vielfache Nichtbeachtung dieser Bestimmung wurde die Einschränkung von Rudolf Steiner bei der Neubegründung der Anthroposophischen Gesellschaft, Weihnachten 1923/24, aufgehoben. Vgl. «Die Konstitution der Allgemeinen Anthroposophischen Gesellschaft und der Freien Hochschule für Geisteswissenschaft – Der Wiederaufbau des Goetheanum», GA Bibl.-Nr. 260a.

Als ich das Allerheikelste veröffentlicht habe, nämlich die Geschichte von den zwei Jesusknaben: In «Die geistige Führung des Menschen und der Menschheit» (1911), GA Bibl.-Nr. 15.

100 *kann Ihnen den betreffenden Aufsatz vorlesen:* Es konnte nicht festgestellt werden, um welchen Aufsatz es sich gehandelt hat.

101 *in seinem Namen eine Andeutung davon ..., daß es ... «sprengelt»:* Bezieht sich auf die Hauptveranlasserin der unter der Bezeichnung «mystische Verschrobenheiten» geführten Verhandlungen, auf die in diesen Vorträgen immer wieder Bezug genommen wird und deren Name Alice Sprengel war.

110 *Heinroth-Zitat:* Aus «Die Psychologie als Selbsterkenntnislehre», 2. Buch, Kap. 2: «Der Leib in seiner Wirksamkeit für sich selbst und für die Seele, oder das organische Leben», Fußnote zu dem Wort Ernährung auf S. 208 f., Leipzig 1827.

Heinroth, von dem ich im Zusammenhange mit Goethe einmal gesprochen habe: Vgl. «Goethes Weltanschauung», GA Bibl.-Nr. 6.

111ff. *Stelle aus einem Buch, das allerdings noch früher erschienen ist* (als Heinroth): Goethe, «Wilhelm Meisters Wanderjahre», 1821, 15. Kapitel.

117 *Brief einer Dame:*

120f. *Gegenschriften der letzten Wochen:*

} Es handelt sich hierbei um die schon mehrfach erwähnten gesellschaftsinternen Vorkommnisse jener Zeit.

123 *in einem Vortrage angedeutet habe:* Vgl. «Wiederverkörperung und Karma», Bibl.-Nr. 135.

125 *Ludwig Lindemann:* Begründete in Mailand und Palermo die damaligen kleinen Zentren der anthroposophischen Bewegung. Vgl. Rudolf Steiners Nachruf in «Unsere Toten», GA Bibl.-Nr. 261.

131 *Anders ist es, wenn unser Ich [durch den Schlaf] unterbrochen wird:* Die Worte «durch den Schlaf» fehlen in den Nachschriften und wurden vom Herausgeber der 1. Buchausgabe eingefügt. Der Text dieser Passage und des ganzen weiteren Absatzes konnte vom Nachschreibenden offensichtlich nur ungenügend festgehalten werden.

145 f. *Carlyle ... über Dante:* In «Über Helden, Heldenverehrung und das Heldentümliche in der Geschichte. Dritte Vorlesung: Der Held als Dichter. Dante, Shakespeare», 1. deutsche Übertragung von J. Neuberg, Berlin 1853.

146 *daß viele, viele Kräfte, die da waren, unterbunden worden wären in ihrem geheimnisvollen Wirken:* Diese Stelle lautete in der Buchausgabe von 1939 «. . . *nicht* unterbunden worden wären». Da jedoch das «nicht» in den beiden vorliegenden Nachschriften fehlt und sich ein ganz bestimmter Sinn dadurch ergibt, wurde es in dieser Ausgabe weggelassen.

147 *diese Dinge werden wir schon einmal begründen:* Ist nicht erfolgt.

148 *Erzählung, die ja bekannt ist:* So in der einen Nachschrift, in der anderen heißt es: «die Ihnen ja bekannt ist». Bekannt konnte sie jedoch damals kaum sein, ausgenommen, Rudolf Steiner hätte sie schon einmal besprochen, wovon jedoch nichts überliefert ist. Denn als literarische Quelle konnte bisher nur eine Erzählung über Paulus den Einfältigen in der Schrift von Palladius «Leben der heiligen Väter» festgestellt werden, die aber auf deutsch erst im Jahre 1912 erschienen ist («Bibliothek der Kirchenväter», 5. Band «Des Palladius von Helenopolis Leben der heiligen Väter. Aus dem Griechischen übersetzt von Dr. St. Krottenthaler, Kurat in München», Kempten und München 1912). In dieser Erzählung über Paulus den Einfältigen findet sich ein Motiv, das denen von Rudolf Steiner erzählten parallel geht, wenn es heißt: «. . . Während jener Tage führte nun Antonius eine so strenge Lebensweise, wie nicht einmal in seiner Jugend. Er tauchte Palmzweige in Wasser und sagte: ‹Da nimm und hilf mir Stricke flechten!› Der Greis [Paulus der Einfältige] begann zu flechten und mühsam flocht er fünfzehn Klafter bis um die neunte Stunde. Da trat Antonius hinzu, musterte die Arbeit und war nichts weniger als zufrieden. ‹Schlecht geflochten!› sprach er, ‹das alles trennst du wieder auf, um es nochmal zu flechten.› So tat er, um den Greis, der noch immer nüchtern war, unwillig zu machen und zu vertreiben. Paulus trennte nun alles auf und flocht es zum zweiten Male mit noch größerer Mühe, weil die Zweige nun verbogen und zerknittert waren. Daß er weder seufzte noch mißmutig und verdrossen war, änderte den Sinn des Antonius . . .»

158 *Die Zweizahl ist die Zahl der Offenbarung, habe ich einmal gesagt:* In den Vorträgen Stuttgart, 13.–16. September 1907, und Köln, 26.–29. Dezember 1907, vorgesehen für GA Bibl.-Nr. 101. (Bisher nur abgedruckt in «Was in der Anthroposophischen Gesellschaft vorgeht – Nachrichten für deren Mitglieder», 1948, 25. Jg.) Ferner im Vortrag Kopenhagen, 4. Juni 1910, in «Wege und Ziele des geistigen Menschen», GA Bibl.-Nr. 125.

162 *Nietzsche weist einmal in seinen Schriften auf diesen Orden hin, ohne daß er den eigentlichen Tatbestand wirklich kennt . . .:* Rudolf Steiner bezieht sich hier offensichtlich auf die schon in seinem Buch «Friedrich Nietzsche, ein Kämpfer gegen seine Zeit» (I. 3) GA Bibl.-Nr. 5 erwähnte Stelle bei Nietzsche über den Assassinen-Orden. In Nietzsches «Zur Genealogie der Moral» (dritte Abhandlung «Was bedeuten asketische Ideale?» 24. Abschnitt) in «Friedrich Nietzsche. Werke in drei Bänden» herausgegeben von Karl Schlechta (zweiter Band), heißt es: «Als die christlichen Kreuzfahrer im Orient auf jenen unbesiegbaren Assassinen-Orden stießen, jenen Freigeister-Orden par excellence, dessen unterste Grade in einem Gehorsame lebten, wie einen gleichen kein Mönchsorden erreicht hat, da bekamen sie auf irgendwelchem Wege auch einen Wink über jenes Symbol und Kreuzholz-Wort, das nur den obersten Graden als deren secretum, vorbehalten war: ‹Nichts ist wahr, alles ist erlaubt› . . . wohlan *das* war Freiheit des Geistes, damit war der Wahrheit selbst der Glaube gekündigt . . .».

162 *Ein . . . Konzil hat . . . den Geist abgeschafft:* Das 8. ökumenische Konzil 869 in Konstantinopel. Vgl. hierzu die ausführliche Darstellung z. B. im 8. Vortrag von «Bausteine zu einer Erkenntnis des Mysteriums von Golgatha», GA Bibl.-Nr. 175.

171/172 *verschiedene Schilderungen, die ich gegeben habe:* Vgl. hierzu vor allem «Die Geheimwissenschaft im Umriß», GA Bibl.-Nr. 13.

178 *ich will ein Beispiel anführen:* Die Quelle hierfür ist vermutlich A. Cullerre «Die Grenzen des Irreseins», Hamburg 1890 (S. 51).

eine kleine Anekdote: Vermutlich entnommen «Aus meinem Leben. Erinnerungen und Erörterungen» von Moritz Benedikt. Wien 1906 (S. 346).

182 *unsere Statue:* Vgl. Hinweis zu Seite 64.

183 *Cullerre-Zitat:* A. Cullerre, «Die Grenzen des Irreseins», Hamburg 1890, S. VI/ VII.

Es gibt auch Abhandlungen, die Goethes Narrheit nachweisen: Paul Möbius «Goethe», 2 Bde. Leipzig 1903.

190 *Gesellschaft für theosophische Art und Kunst:* Siehe die Ansprache Berlin, 15. Dezember 1911 in «Zur Geschichte und aus den Inhalten der ersten Abteilung der Esoterischen Schule 1904–1914», GA Bibl.-Nr. 264.

197 *unsere Säulen- und Architravformen:* Siehe «Der Dornacher Bau als Wahrzeichen geschichtlichen Werdens und künstlerischer Umwandlungsimpulse», GA Bibl.-Nr. 287.

plastische Gruppe: Siehe Hinweis zu Seite 64.

199 *Roman von Gutzkow:* «Maha Guru», Gutzkows erster Roman, erschien 1833.

210 *Drama, das da schließt mit dem Ruf: «Du hast gesiegt, Galiläer!»:* «Nieboska Komedya» («Die ungöttliche Komödie») von Zygmunt Graf Krasinski erschien 1834 anonym in Paris. Die deutsche Übersetzung von Batornichi, Leipzig 1841 (Neudruck 1917 mit einem Nachwort von Karl Hollander), kannte Rudolf Steiner nicht, sondern er beruft sich ausdrücklich auf die Vorlesungen von Adam Mickiewicz am Collège de France 1842–44, in der ein Jahr vor diesen Vorträgen Rudolf Steiners erschienenen Ausgabe «Les Slaves», Paris 1914. Dort wird in der 8. Vorlesung vom 23. Januar 1843 von Adam Mickiewicz «La Comédie non divine ou la Comédie infernale» ohne Nennung des Autors teilweise übersetzt und interpretiert.

225 *Menschen, die selbst von sich geschrieben haben, daß sie sich erinnern können, daß sie vom Affen abstammen:* Annie Besant und C. W. Leadbeater in «Man: Whence, How and Whiter», Adyar 1913.

234/235 *Petrarca-Zitat:* Brief an Boccaccio (Epistolae seniles I, 5). Das Zitat wurde in der Nachschrift nur andeutungsweise festgehalten. Es ist deshalb nicht nachzuweisen, welche Übersetzung Rudolf Steiner benutzt hat. Für die Buchausgabe 1939 wurde der Text aus dem Lateinischen neu übersetzt von Dr. J. W. Ernst, Dornach, und auch für diese Ausgabe beibehalten.

235 *Pfarrer Riggenbach:* Pfarrer aus dem Dornach benachbarten Dorfe Reinach, der sich in einem Zeitungsartikel in unsachlicher Art gegen die Anthroposophen wandte.

«derer da oben . . . verzerrte, phantastische Formen»: Bemerkungen Pfarrer Riggenbachs in bezug auf den Goetheanumbau auf dem Dornacher Hügel.

237 ff. *Stelle vorlesen:* Aus der epischen Dichtung «Ahasver» von Julius Mosen, 1838.

245 *Wort des Bernhard von Clairvaux:* Durch seine feurigen Predigten mit dem Ruf «Gott will es!» wurde Bernhard zum wirksamsten Förderer des zweiten Kreuzzuges.

247 *Da es möglich ist, daß wir heute noch hier miteinander sprechen:* Rudolf Steiner stand vor einer mehrwöchigen Reise nach Deutschland. Der Abreisetermin dürfte sich infolge der damaligen Kriegsverhältnisse verschoben haben.

251 *eines kleinen Schriftchens:* «Beweis, daß der Mond aus Jodine bestehe», von Dr. Mises. 2. Auflage Leipzig 1832.

258 *Gustav Theodor Fechner . . . versuchte, eine Ästhetik von unten herauf zu begründen:* «Zur experimentellen Ästhetik», Leipzig 1871 und «Vorschule der Ästhetik», Leipzig 1876.

259 *Ich habe Ihnen erzählt:* Im Vortrag vom 6. September 1915 in «Zufall, Notwendigkeit und Vorsehung», GA Bibl.-Nr. 163. Siehe auch «Einiges über den Mond in geisteswissenschaftlicher Beleuchtung», Berlin 9. Dezember 1909 in dem Band «Pfade der Seelenerlebnisse», GA Bibl.-Nr. 58.

262 *wenn der Hinterhauptlappen nicht genau über das Kleinhirn geht:* Vgl. Hinweis zu Seite 20.

263 *Gedichte der Marie Eugenie delle Grazie, die heute vorgelesen wurden:* Vgl. «Gedichte von M. E. delle Grazie», Leipzig 1902. Welche einzelnen Gedichte daraus durch Marie Steiner an diesem Abend vorgetragen wurden, ließ sich nicht ermitteln.

265 *Goethesche Sätze:* Aus «Faust» I, Prolog im Himmel.

PERSONENREGISTER

(H = Hinweise)

ÜBER DIE VORTRAGSNACHSCHRIFTEN

Aus Rudolf Steiners Autobiographie
«Mein Lebensgang» (35. Kap., 1925)

Es liegen nun aus meinem anthroposophischen Wirken zwei Ergebnisse vor; erstens meine vor aller Welt veröffentlichten Bücher, zweitens eine große Reihe von Kursen, die zunächst als Privatdruck gedacht und verkäuflich nur an Mitglieder der Theosophischen (später Anthroposophischen) Gesellschaft sein sollten. Es waren dies Nachschriften, die bei den Vorträgen mehr oder weniger gut gemacht worden sind und die – wegen mangelnder Zeit – nicht von mir korrigiert werden konnten. Mir wäre es am liebsten gewesen, wenn mündlich gesprochenes Wort mündlich gesprochenes Wort geblieben wäre. Aber die Mitglieder wollten den Privatdruck der Kurse. Und so kam er zustande. Hätte ich Zeit gehabt, die Dinge zu korrigieren, so hätte vom Anfange an die Einschränkung «Nur für Mitglieder» nicht zu bestehen gebraucht. Jetzt ist sie seit mehr als einem Jahre ja fallen gelassen.

Hier in meinem «Lebensgang» ist notwendig, vor allem zu sagen, wie sich die beiden: meine veröffentlichten Bücher und diese Privatdrucke in das einfügen, was ich als Anthroposophie ausarbeitete.

Wer mein eigenes inneres Ringen und Arbeiten für das Hinstellen der Anthroposophie vor das Bewußtsein der gegenwärtigen Zeit verfolgen will, der muß das anhand der allgemein veröffentlichten Schriften tun. In ihnen setzte ich mich auch mit alle dem auseinander, was an Erkenntnisstreben in der Zeit vorhanden ist. Da ist gegeben, was sich mir in «geistigem Schauen» immer mehr gestaltete, was zum Gebäude der Anthroposophie – allerdings in vieler Hinsicht in unvollkommener Art – wurde.

Neben diese Forderung, die «Anthroposophie» aufzubauen und dabei nur dem zu dienen, was sich ergab, wenn man Mitteilungen aus der Geist-Welt der allgemeinen Bildungswelt von heute zu übergeben hat, trat nun aber die andere, auch dem voll entgegenzukommen, was aus der Mitgliedschaft heraus als Seelenbedürfnis, als Geistessehnsucht sich offenbarte.

Da war vor allem eine starke Neigung vorhanden, die Evangelien und den Schrift-Inhalt der Bibel überhaupt in dem Lichte dargestellt zu hören, das sich als das anthroposophische ergeben hatte. Man wollte in Kursen über diese der Menschheit gegebenen Offenbarungen hören.

Indem interne Vortragskurse im Sinne dieser Forderung gehalten wurden, kam dazu noch ein anderes. Bei diesen Vorträgen waren nur Mitglieder. Sie waren mit den Anfangs-Mitteilungen aus Anthroposophie bekannt. Man konnte zu ihnen eben so sprechen, wie zu Vorgeschrittenen auf dem Gebiete der Anthroposophie. Die Haltung dieser internen Vorträge war eine solche, wie sie eben in Schriften nicht sein konnte, die ganz für die Öffentlichkeit bestimmt waren.

Ich durfte in internen Kreisen in einer Art über Dinge sprechen, die ich für die öffentliche Darstellung, wenn sie für sie von Anfang an bestimmt gewesen wären, hätte anders gestalten *müssen.*

So liegt in der Zweiheit, den öffentlichen und den privaten Schriften, in der Tat etwas vor, das aus zwei verschiedenen Untergründen stammt. Die ganz öffentlichen Schriften sind das Ergebnis dessen, was in mir rang und arbeitete; in den Privatdrucken ringt und arbeitet die Gesellschaft mit. Ich höre auf die Schwingungen im Seelenleben der Mitgliedschaft, und in meinem lebendigen Drinnenleben in dem, was ich höre, entsteht die Haltung der Vorträge.

Es ist nirgends auch nur in geringstem Maße etwas gesagt, was nicht reinstes Ergebnis der sich aufbauenden Anthroposophie wäre. Von irgend einer Konzession an Vorurteile oder Voremptindungen der Mitgliedschaft kann nicht die Rede sein. Wer diese Privatdrucke liest, kann sie im vollsten Sinne eben als das nehmen, was Anthroposophie zu sagen hat. Deshalb konnte ja auch ohne Bedenken, als die Anklagen nach dieser Richtung zu drängend wurden, von der Einrichtung abgegangen werden, diese Drucke nur im Kreise der Mitgliedschaft zu verbreiten. Es wird eben nur hingenommen werden müssen, daß in den von mir nicht nachgesehenen Vorlagen sich Fehlerhaftes findet.

Ein Urteil über den Inhalt eines solchen Privatdruckes wird ja allerdings nur demjenigen zugestanden werden können, der kennt, was als Urteils-Voraussetzung angenommen wird. Und das ist für die allermeisten dieser Drucke *mindestens* die anthroposophische Erkenntnis des Menschen, des Kosmos, insofern sein Wesen in der Anthroposophie dargestellt wird, und dessen, was als «anthroposophische Geschichte» in den Mitteilungen aus der Geist-Welt sich findet.